JN095428

新・ワンステップ会社法

鈴木正彦・田邉真敏【編著】
林 康平・周 劍龍・佐藤文彦・吉田夏彦・林 栄偉【著】

嵯峨野書院

はしがき

本書は，大学において会社法を初めて学ぶ学生を想定して企画・編集された教科書である。「基本をていねいにわかりやすく」を方針として，会社法のエッセンスを体系的に叙述している。

本書の前身は，2019年に刊行された鈴木正彦・吉田夏彦編著『ワンステップ会社法』である。刊行後まもなく令和元年改正会社法が成立したことに加え，執筆者らが授業で実際に使用した結果，学生の理解に資するために設例の追加や記述の見直しが望まれる箇所が明らかになってきた。それらをつぶさに検討して反映し，ここに装いを改め『新・ワンステップ会社法』として刊行することとした。

本書の編集方針は前書と同じであるので，以下前書の「はしがき」からその一部を再録して本書の特長を記すこととする。

解説の中心である「株式会社」は，学生にとってアルバイト先，大学までの通学手段，生活用品購入先など日常生活おいて身近でありながら，その会社がどのような法制度に基づいて組み立てられているのかを深く意識したことがないのが普通であろう。

会社法は，会社の設立，組織，運営および管理について規律しているものであるが，これを学生が具体的なイメージの下で理解していくことは容易ではない。

この教科書はできるだけ具体的に株式会社をイメージできるように解説することを試み，学生時代に知っておくべき会社法の知識を提供することを目標としている。

本書の編成と内容は次のような特徴を持っている。

第1に，学部を問わず初めて会社法を学ぶ学生が，株式会社とそれによって生じる法的問題をイメージできるように，設例を用いている。また図表を用いて，株式会社の法的制度を理解する手助けとしている。

第2に，本書は，コンパクトにする意図から判例・通説・多数説を基本としているが，制度理解や法解釈が鋭く対立している項目については脚注またはコラムで補っている。

第３に，株式会社の機関構成の中で最も活用されている監査役会設置会社を中心に説明することをスタンスとしている。もっとも，指名委員会等設置会社制度や平成26年に創設された監査等委員会設置会社制度などの機関構成を利用した株式会社にも配慮している。

第４に，株式会社の解説を中心とはしているが，持分会社（合名会社，合資会社，合同会社）についても独立した章を設けている。これは合同会社の利用が近時増加していることを配慮したものである。

会社法を含めた実定法の分野では判例の学習が欠かせない。本書中で言及した判例については，『会社法判例百選〔第３版〕』に加えて，初学者向けに編集された『START UP 会社法判例40！』（いずれも有斐閣）の判例番号を掲げている。本書とあわせて利用することで会社法の理解がより深まるであろう。

初学者が本書を学習パートナーとして大いに活用し，次の「ステップ」に進んでゆくことを執筆者一同切に願っている。

著者の１人である林康平先生が，本書の完成を見ることなくお亡くなりになった。山に登ることをこよなく愛し，まじめで，静かな佇まいの研究者であった。ご冥福をお祈りするとともに本書を捧げたい。

本書の刊行には，嵯峨野書院編集部の中江俊治氏に多くのご配慮をいただいた。ここに記して厚くお礼申し上げる。

2021年３月

著　者　一　同

第２刷に際し，『判例百選』の事件番号を含め主な引用文献の表記を最新版のものとしたほか，コーポレートガバナンス・コードの改正等に伴う最小限の補正を行った。

2022年７月

著　者　一　同

目　　次

一目でわかる会社法の編成

会社法（平成 17・7・26 法 86 号） 施行：平成 18・5・1（大改正：平成 26 年・令和元年）

<table>
<tr><th></th><th>規定の性質</th><th colspan="3">編・章，該当条</th><th>本書</th></tr>
<tr><td rowspan="24">本則</td><td>総則的規定</td><td colspan="3">第 1 編　総則（1～24）</td><td>全章</td></tr>
<tr><td rowspan="16">実体的規定
「時系列の原則」による整理
注）</td><td colspan="3">第 2 編　株式会社（25～574）</td><td></td></tr>
<tr><td rowspan="11"></td><td colspan="2">第 1 章　設立（25～103）</td><td>第 8 章</td></tr>
<tr><td colspan="2">第 2 章　株式（104～235）</td><td>第 2 章
第 5 章 2 節</td></tr>
<tr><td colspan="2">第 3 章　新株予約権（236～294）</td><td>第 5 章 3 節</td></tr>
<tr><td rowspan="3">第 4 章　機関（295～430 の 3）</td><td>株主総会</td><td>第 3 章</td></tr>
<tr><td>株主総会以外の機関</td><td>第 3 章</td></tr>
<tr><td>役員の義務と責任</td><td>第 4 章</td></tr>
<tr><td colspan="2">第 5 章　計算等（431～465）</td><td>第 6 章</td></tr>
<tr><td colspan="2">第 6 章　定款の変更（466）</td><td>第 7 章 6 節</td></tr>
<tr><td colspan="2">第 7 章　事業の譲渡等（467～470）</td><td>第 7 章 6 節</td></tr>
<tr><td colspan="2">第 8 章　解散（471～474）</td><td>第 8 章 6 節</td></tr>
<tr><td colspan="2">第 9 章　清算（475～574）</td><td>第 8 章 6 節</td></tr>
<tr><td colspan="3">第 3 編　持分会社（575～675）</td><td>第 9 章 1 節</td></tr>
<tr><td colspan="3">第 4 編　社債（676～742）</td><td>第 5 章 4 節</td></tr>
<tr><td colspan="3">第 5 編　組織変更，合併，会社分割，株式交換，株式移転及び株式交付（743～816 の 10）</td><td>第 9 章 2 節
第 7 章</td></tr>
<tr><td colspan="3">第 6 編　外国会社（817～823）</td><td>第 1 章 5 節</td></tr>
<tr><td rowspan="6">雑則的規定</td><td colspan="3">第 7 編　雑則（824～959）</td><td></td></tr>
<tr><td rowspan="5"></td><td colspan="2">第 1 章　会社の解散命令等（824～827）</td><td>第 8 章 6 節</td></tr>
<tr><td colspan="2">第 2 章　訴訟（828～867）</td><td rowspan="4">全章</td></tr>
<tr><td colspan="2">第 3 章　非訟（868～906）</td></tr>
<tr><td colspan="2">第 4 章　登記（907～938）</td></tr>
<tr><td colspan="2">第 5 章　公告（939～959）</td></tr>
<tr><td>罰　則</td><td colspan="3">第 8 編　罰則（960～979）</td><td>全章</td></tr>
<tr><td colspan="5">附則：施行期日，経過措置</td><td></td></tr>
</table>

注）「時系列の原則」とは，時間を追ってことがらを並べる原則をいう。会社法はこの原則の下で整理されている。

〔関連法令〕

① 会社法の施行に伴う関係法律の整備等に関する法律（平成 17・7・26 法 87 号）⇒旧有限会社法に関連する。

② 会社法施行規則（平成 18・2・7 法務省令 12 号）

③ 会社計算規則（平成 18・2・7 法務省令 13 号）

④ 電子公告規則（平成 18・2・7 法務省令 14 号）

略　語　表

【法令名】

条文数のみ	会社法
整備法	会社法の施行に伴う関係法律の整備等に関する法律
施行令	会社法施行令
会施規	会社法施行規則
会社計算	会社計算規則
金商	金融商品取引法
金商施行令	金融商品取引法施行令
商	商法
旧商法	平成 17 年改正前商法
商登	商業登記法
民	民法
旧有	有限会社法（平成 17 年廃止前）
振替	社債，株式等の振替に関する法律
振替法施行令	社債，株式等の振替に関する法律施行令
独禁	私的独占の禁止及び公正取引の確保に関する法律
民訴	民事訴訟法
非訟	非訟事件手続法
民執	民事執行法
民保	民事保全法
民訴費	民事訴訟費用等に関する法律
法税	法人税法
電子文書	民間事業者等が行う書面の保存等における情報通信の技術の利用に関する法律
担信	担保付社債信託法
金商定義	金融商品取引法第二条に規定する定義に関する内閣府令

【判例】

大（連）判	大審院（連合部）判決
最（大）判	最高裁判所（大法廷）判決
最（大）決	最高裁判所（大法廷）決定
高判	高等裁判所判決
高決	高等裁判所決定
地判	地方裁判所判決
地決	地方裁判所決定
民集	大審院民事判例集
	最高裁判所民事判例集
刑集	最高裁判所刑事判例集
集民	最高裁判所裁判集民事
高民	高等裁判所民事裁判例集
下民	下級裁判所民事裁判例集

【雑誌名】

判時	判例時報
判タ	判例タイムズ
金判	金融・商事判例
ジュリ	ジュリスト
商事	旬刊商事法務
資料商事	資料版商事法務
労判	労働判例

【判例の解説】

百選	神作裕之ほか編『別冊ジュリスト会社法判例百選〔第4版〕』有斐閣，2021年
START UP	久保田安彦ほか『START UP 会社法判例40！』有斐閣，2019年
商法百選	神作裕之・藤田友敬編『別冊ジュリスト商法判例百選』有斐閣，2019年

【教科書・体系書・改正法解説】

江頭	江頭憲治郎『株式会社法〔第8版〕』有斐閣，2021年
神田	神田秀樹『会社法〔第24版〕』弘文堂，2022年
鈴木＝竹内	鈴木竹雄＝竹内昭夫『会社法〔第3版〕』有斐閣，1994年
一問一答	坂本三郎編著『一問一答　平成26年改正会社法〔第2版〕』商事法務，2015年

【注釈書・コンメンタール】

会社コンメ	江頭憲治郎＝森本滋編集代表『会社法コンメンタール（全22巻＋補巻）』商事法務，2008年～2021年

執筆者一覧

（＊印編者，執筆順）

＊鈴木正彦	（広島修道大学法学部教授）	第1章，第7章
＊田邉真敏	（東京経済大学現代法学部教授）	第2章，第3章第1節・第2節
林　康平	（元亜細亜大学法学部講師）	第3章第3節～第6節
周　劍龍	（獨協大学経済学部教授）	第4章
佐藤文彦	（国士舘大学政経学部講師）	第5章
吉田夏彦	（岐阜聖徳学園大学経済情報学部教授）	第6章，第9章
林　栄偉	（AZC会計事務所）	第8章

第1章 会社総論

この章ではまず，事業を営む形態として株式会社が圧倒的に利用されている理由を考える。そのうえで，会社を規律する会社法の目的，会社の概念，会社の権利能力を解説するとともに，「公開会社」などの会社法がさまざまな場面で使用する基本的な用語を確認しておく。

第1節 序説

設例 1-1

Aは手持ちのトラックを利用して引越業を行うことにし，今後を見越して株式会社を設立することを考えている。株式会社という企業形態のメリットは他の企業形態と比べてどのようなものであろうか。

1 個人企業と共同企業

資本主義経済の企業形態では，営利企業が大きな割合を占めているが，この営利企業は，事業を個人が単独で営む**個人企業**と，複数の個人が共同で営む**共同出資企業**に大きく分けることができる。複数の個人が結合して団体を形成して共同事業を営むものに，**民法上の組合**（民667条以下）・商法上の**匿名組合**（商535条以下）や会社がある。会社の種類としては，**株式会社**，**合名会社**，**合資会社**，**合同会社**がある（2条1号）。

個人企業は，事業によって生じた負債について事業者が無限責任を負い，資金調達についても限界がある。その限界を克服すべく，民法上の組合のような共同出資企業が登場するが，法人格がないため，組合の名で法律行為を行うことができず，対外的法律関係が複雑化する。法人格を有する会社はその問題を克服するが，会社のうち株式会社は，その制度的な特徴であり他の会社に対するメリットでもある**「株主有限責任の原則」**，**「株式譲渡自由の原則」**，**「所有と経営の分離」**（本章第4節参照）の下で，資金調達も容易で，大規模な事業に適合する企業形態であり，もっとも多く利用されている。**図表 1-1** に示されてい

図表 1-1　資本金階級別会社数

資本金＼種類	1,000 万円以下	1,000 万円超 1 億円以下	1 億円超 10 億円以下	10 億円超	合　計	構成比(%)
株式会社	2,225,768	337,935	14,279	5,490	2,583,472	94.5
合名会社	3,214	137	1	0	3,352	0.1
合資会社	12,508	457	3	1	12,969	0.5
合同会社	133,170	837	116	19	134,142	4.9
合　計 (構成比(%))	2,374,660 (86.9)	339,366 (12.4)	14,399 (0.5)	5,510 (0.2)	2,733,935 (100.0)	100.0

出典：国税庁「会社標本」調査結果令和 2 年度分をもとに作成

るように，会社数のうえでも，資本金額で表される規模のうえでも，株式会社が他の会社を圧倒している。

2　会社法の目的

会社は多数の法律・規範[1]によって規律されている。その中で，会社法は会社の基本法といわれる。会社法１条の趣旨規定にあるように，会社法は会社の設立，組織，運営および管理について規律し，会社と社員（株主），会社と会社債権者，会社と経営者相互の利害調整を目的としている。会社法は会社の利害関係者の利益調整を行うことを目的とする。

これを株式会社についてみてみよう。

会社は組織体であるからそれを運営する主体が必要である。株主は会社の株式の所有者として，株主総会を通して会社の基本的な事柄を決定する地位にある。しかし，株主はさまざまな属性を持つ。会社の経営に関心を持つ株主もあれば，株価の変動にのみ関心のある株主もいる。さらに親子会社のように会社の経営の決定に与する大株主もいれば少数株主も存在する。会社法は，会社と株主との利益調整のみならず株主相互間の利益調整を行うことが，その目的の１つとなる。

1）株式会社に関係する法律として，会社法以外に，民法，商法，各種の業法，金融商品取引法，独占禁止法，労働法，消費者契約法，倒産処理法などがある。また，法律や会社法施行規則（法務省令）のような法規範のほか，東京証券取引所が定める規則，いわゆるソフトローも規範として企業経営を規律している。「コーポレートガバナンス・コード」や「スチュワードシップ・コード」がその例である。

また，株式会社を現実に運営している経営者（取締役）の権限は強大である。会社法は取締役の権限を会社に対する義務と責任を強化する形で調整している。取締役と会社との間の利益調整，そして会社の法律上の所有者たる株主と取締役との間の利益調整が2つめの目的となる。伝統的な利益調整方法では十分な効果が得られないことから，経営者支配現象が進展するにつれて，コーポレート・ガバナンス（企業統治）論が強く主張されている。これは，企業の繁栄，競争力の強化，業績の向上のために，より効率的な企業統治を目指す攻めのガバナンスと，法令遵守（コンプライアンス）体制およびそれを含めた内部統制システムの確立によって企業不祥事に対応する守りのガバナンスから構成される。平成27（2015）年6月1日から上場会社向けに施行されたコーポレートガバナンス・コード ことば は，もっぱら攻めのガバナンスに軸足を置き，政府の推し進める「成長戦略」に対応するものである。このように会社法は，組織法的な側面と同時に経済政策的な側面を併せ持つ性格を有している[2)]。

会社法の利益調整機能のもう一つの重要な側面は，債権者と株主との間の利益調整である。株主は有限責任を享受する一方で，会社の経営に対して関与する権限を持つ。一方，会社債権者の責任財産は会社財産に限られる。株主の関心は，自己の利益の最大化であり，株主総会で選任される経営者（取締役）がそれに従った経営をするならば，会社財産が株主のために取り崩される可能性もある。これは債権者の利益が害される事態であり，会社法は，もっぱら株主への配当規制で対応している。株主の利益と債権者の利益をどのように調整するのかという観点は，株式会社はどのような存在なのかという問いに結びつく課題でもある。

ことば **コーポレートガバナンス・コード**　上場会社のコーポレート・ガバナンスにおいて遵守すべき事項について東京証券取引所（東証）によって策定された行動規範である。「プリンシプルベース・アプローチ」（原則主義）を基本にしたうえで，「コンプライ・オア・エクスプレイン」（原則を遵守しないなら，その理由を十分に説明すべきである）という手法を採用している。

2）神田秀樹『会社法入門（新版）』（岩波書店，2015）参照。

第2節 会社の概念

1 営利性

会社の概念における要素としての「会社の営利性」とは，団体である社団の対外的営利事業によって得た利益を社員に直接分配することであると解されている（通説）。会社は商人であり，会社がその事業としてなす行為およびその事業のためにする行為は商行為と解される（5条）。商行為によって獲得された利益の株主への分配は，剰余金の配当（利益配当）または残余財産の分配のいずれでも構わない（105条1項1号2号・621条・666条参照）。会社法は，株主の有する株式に対し，まず典型的な権利として剰余金の配当・残余財産の分配を受ける権利および株主総会での議決権を与えている（105条1項）。そして，剰余金の配当・残余財産の分配を受ける権利については，その権利の「全部を与えない旨の定款の定めは，その効力を有しない」とする規定を設け（105条2項），定款による営利性の完全な排除を認めていない。

コラム1-1

CSRと会社法105条2項の解釈

CSR（Corporate Social Responsibility），いわゆる「企業の社会的責任」や「企業の社会貢献」への要請が近時ますます高まり，多くの企業は，必ずしも株主の利益に結びつかない何らかのCSR活動を行うこともホームページ上で掲げている。会社の営利性とCSRの整合性をどのように考えるべきであろうか。会社法105条2項は，剰余金の配当および残余財産の分配を受ける権利の全部を与えない定款規定は無効であると規定している。これについて，いずれか一方の権利を与えない定款の規定は有効であると解釈できることから，株式会社は非経済（非営利）的目的だけを追求することはできないが，営利目的が部分的に含まれていれば，会社形態を用いて慈善的，他益的，共益的な目的を追求することも可能であり，たとえば，定款において，対外的企業活動から得た利益（剰余金）を他の非営利団体に寄付をするといった定めを置くことも，残余財産分配請求権が否定されない限り適法であるとの解釈が主張されている（神作裕之「会社法総則・擬似外国会社」ジュリ1295号138頁以下（2005）参照）。また，このように会社形態を柔軟に利用することは，これまでのわが国の株式会社法制では認められてこなかったことであり，会社法によって新たに拓かれた可能性であるとの有力な主張もなされている（会社コンメ1・285頁〔森淳二朗〕参照）。判例は，「政治献金」に関する事案において，会社の社会的実在性（企業市民性）と事業目的への適合性という2つの柱をもって，CSR活動を認めていると解することができる（八幡製鉄政治献金事件・最大判昭45・6・24民集24・6・625〔百選2・START UP 01〕）。

2　社団性

社団とは，共同目的のために，複数の者が結合した団体である。組合が，組合員相互の直接的な契約関係で結びついている団体であるのに対して，社団は，構成員が団体との間の社員［ことば］関係によって間接的に結合する団体である。また，個々の社員の離脱は，社団たる会社の存続に影響を与えない。このように社団は，個々の社員をこえて団体そのものが独自の自立的存在となっている。個々の社員の権利義務は，社団である団体に対して有するものとなり，社団の財産は社団自身に帰属する。これによって，構成員間の関係を簡便に処理することができ，構成員が多くなった場合でも法律関係の処理に優れている。たとえば，株主総会の運営ルールに見られるように，団体的処理を前提とする規定が多く存在し，直接の明文規定はないが，会社を社団と解するのが通説である。

コラム1-2

一人（いちにん）会社の法的問題

一人会社とは，社員（株主）が1名しかいない会社のことをいう。法制度上は，社員が1人となったとしても解散事由とはならない（471条・639条・641条参照）。会社の社団性との関係が問題となるが，これについて株式が将来他に譲渡されることが可能であるから「潜在的社団性」を有していると解するのが通説である。小規模閉鎖会社において社長兼オーナーがすべての株式を保有する場合や，親会社が子会社のすべての株式を保有して完全子会社にしてしまう場合が，一人会社の典型である。

3　法人性

1　法人格の属性　会社は法人である（3条）。法人とは，出資者や構成員から独立した別個の法人格を有する者のことである。法人格が付与されることにより，団体の外部関係と内部組織に2つの効果がもたらされる。

［ことば］**社員**　社団の構成員のことである。株式会社の社員は株主である。日常用語である従業員という意味ではない。

１つは，団体である社団の対外的取引（法律関係）の処理を簡略化するという効果である。社団に法人格が認められることによって，①会社法人の名において権利を有し義務を負い，②会社法人の名において訴訟当事者になることができ，③会社法人に対する債務名義によってのみ，会社法人に対して強制執行をなしうる。

もう１つの効果は，上記[2]で述べたように，会社という団体は，その構成員と，構成員から自立している社団とその財産という二重の関係が成り立つことから，中間構造である社団に法人格を与えることで，構成員の社団に関する権利義務関係（社員権＝所有権の変形物）と，法人である社団の財産に対する所有関係という二重の所有関係が形成されることである。これによって団体の内部関係が単純化される効果がもたらされる。法人格があることで，会社と社員（株主）の財産は分離され，会社の財産は厳格な管理のもとに置かれ，そのために会社内部に機関が構成される。

2　法人格否認の法理

設例 1-2

Ａは，自らが経営する電気店の税金対策としてＹ株式会社を設立し，その店舗をＸから賃借していた。契約期間満了によりＸが明渡しを求めたがＹ社が応じなかったので，ＸはＡに対して明渡しを求め，同意を得たところ，その後Ａは，この店舗はＹ社が賃借しているのでＡとの同意はＹ社には及ばないと主張している。

法人格否認の法理とは，法人としての形式的独立性を貫くことが第三者（債権者）の利益を害し不当な結果をもたらすような場合に，特定の事案における当事者間の法律関係について会社の法人格を否認し，会社とその社員（株主）とを同一視することによって事案の衡平な解決をはかる考え方である（最判昭44・２・27民集23・２・511〔百選３・START UP 02〕）。

たとえば，小規模な株式会社が倒産した際に，株主の有限責任の原則を排除すべくその実質的な１人株主の個人責任を追及する場合，あるいは親子会社間の法人格の異別性を否定し，子会社の賃金債務につき法人格否認の法理を適用して親会社の責任を追及する場合（仙台地判昭45・３・26判時588・38）に活用される。

(1)　具体的な適用範囲　判例は，法人格否認の法理の適用範囲を，法人格が全くの形骸にすぎない場合，または法人格が濫用された場合に限定している。

(a)　法人格の形骸化　会社の実質が全く個人企業と認められる場合で，①広義の一人会社であり，②会社と株主の業務・財産が全般的・継続的に混同されており，③株主総会などの強行法的組織規定を全く無視している場合である。**設例1-2**はまさにこれに該当する。

(b)　法人格の濫用　法人格の濫用の認定要件として，①会社を利用する者が実質的支配力を有すること（支配の要件），②支配力を有する者が会社の法人格を利用して，法律上・契約上の義務（競業避止義務等）を回避しようとすることの2つの事実があることが必要である。なお，法人格の濫用認定の基準については，法人格の濫用が客観的に社会観念上容認できないことを要するとする客観的濫用説（田中誠二『三全訂会社法詳論上巻』100頁（勁草書房，1980））と，当事者が法人格を濫用するにつき違法または不当の目的を有していることも要するとする主観的濫用説（多数説）の対立がある。

(2)　近時の裁判例　裁判例も続出している。未払賃金を免れるために法人格を濫用したとして，法人格否認の法理を適用したもの（東京地判平24・4・26判例集未登載〔平23（レ）1193号〕），債務の支払を免れるために法人格を濫用したとして法人格否認の法理を適用したもの（横浜地判平26・8・27労判1114・143），法人格の形骸化を理由に，預託金の返還を求めるゴルフ場の元会員に対して，被告会社は，信義則上同一商号・同一本店所在地のゴルフ場経営会社と法人格を異にすることを主張できないとしたもの（東京地判平27・10・8判タ1423・274）など，この法理は活発に利用されている。

第3節　会社の権利能力

会社は法人である（3条）ので，自然人と同様，権利能力を有するが，個々の権利義務の享有に際しては，権利能力の範囲に次の制約がある。

1　性質上の制限

会社は自然人ではないので，生命・身体に関する権利，身分法上の権利・義務の主体にはならない。

2　法令による制限

会社の権利能力は，法令による特別の制限に服する（民34条）。たとえば，解散・破産等による制限（476条・645条）がその例である。

3　目的による制限

設例 1-3

A株式会社（資本金50億円）の代表取締役であるYは，同社を代表してB政党に政治資金として3,000万円の寄付をした。A社の株主Xは，Yの行為はA社の定款で定められた目的の範囲外の行為であると主張して，Yを被告として3,000万円の損害を賠償することを求めて株主代表訴訟を提起した。

会社の権利能力は「定款所定の目的（事業目的）」（27条1号・576条1項1号）の範囲によって制限される（民34条）。法人の目的外の行為は無効であるというイギリスの判例法で認められた「能力外の理論」（ultra vires doctrine）を継承した規定である。判例は一貫して民法34条（平成18年改正前民法43条）の会社への類推適用を認める立場をとっているが，目的を弾力的・合目的的に解釈し，目的を達成するのに必要な行為もまた目的の範囲内であると解している。そして，目的達成に必要な行為か否かは行為の外形からみて客観的・抽象的に判断されなければならないとする（大判昭13・2・7民集17・50）。

設例 1-3のような寄付行為について最高裁判所大法廷判決の多数意見は，会社は定款に定めた目的の範囲内で権利能力を持つが，目的遂行に直接または間接に必要な行為はそこに含まれるという従来の立場をとっている（最大判昭45・6・24民集24・6・625〔百選2・START UP 01〕）。そうすると定款の目的条項の実質的な意義は，会社の対外的代表権を限界づけるものと解するか，あるいは，会社機関の職務執行について会社に対する義務を定めたものにすぎないと解することになる。上記判例は，会社の規模や経営実績からみて合理的な範囲を超える寄付でなければ取締役の忠実義務違反とはならないとしている。

株式会社の制度的特徴

1　株式制度

株式は，均一の細分化された割合的単位の形をとり，だれでも，少額であっても出資が可能であることから，資金調達にとってきわめて有利である。また，株式に基づき会社からリターンを受ける権利が生ずるとともに，株主総会において議決権を通じて取締役等の役員を選・解任することができる。株式は，法的には会社に対する所有権を意味することになる（第 2 章参照）。

2　株主有限責任の原則

会社法 104 条は，「株主の責任は，その有する株式の引受価額を限度とする」と定め，株主有限責任の原則を明らかにしている。これは，株主が，会社の債務について直接弁済義務を負うことなく，債務超過で会社が倒産した場合でも，株式の価値が無価値になるだけであり，会社債権者に対し責任を負うことはないことを意味している。このように株式会社は，出資者である株主のリスクを軽減している（第 2 章参照）。一方，会社債権者にとっては，会社財産だけが唯一の責任財産となるので，債権者保護制度が整備されることになる（第 6 章第 3 節・第 4 節参照）。

3　株式譲渡自由の原則

株主は，原則として出資した資金（投下資本）を直接会社から回収することはできない。そこで，会社法は，保有する株式を株主が他人に譲渡することにより投下資本を回収する方法を採用している。これを株式譲渡の自由の原則という（127 条）。株式が均一化・細分化された割合的単位を取っているため，株式の譲渡を容易に行うことができる（第 2 章参照）。ただし，上場会社以外の多くの会社は，定款で株式の譲渡について会社の承認を要する旨の定めを設けている ことば 。

4　機関の分化

株式会社は組織体であるので，自然人であれば単独で行う意思決定，実行，反省という行為の主体が，各機関に分化している。まず，出資者である株主が株主総会で基本事項を決定（意思決定）し，株主総会によって選任された業務執行者が会社の事業経営上の意思決定と執行（実行）を行い，監督・監査機関が執行のチェック（反省）を行う仕組みが採用されている。そして，出資者である株主が業務執行者である取締役を選任し，これが業務にあたるものと制度化されている。これを**所有と経営の分離**という。株式会社の規模が拡大するに伴い，機関設計も複雑になっている。会社法は機関設計について，会社が定款で定めることができるとする（機関設計の自由化，326条2項）が，規模基準や公開基準を満たす株式会社については一定の機関設計が強制される。機関設計の類型に従って，取締役会設置会社（2条7号），会計参与設置会社（同条8号），監査役設置会社（同条9号），監査役会設置会社（同条10号），会計監査人設置会社（同条11号），監査等委員会設置会社（同条11号の2），指名委員会等設置会社（同条12号）といった区分が設けられている（第3章第1節参照）。

第5節　会社法における重要用語等

1　4種類の会社

会社法は，株式会社，合名会社，合資会社，合同会社の4種類の会社を定めている。株式会社以外の会社は，「**持分会社**」と総称される（575条1項）。合名会社（576条2項）は，社員全員が合名会社の債権者に対して無限の人的責任を負う会社で，社員が自ら経営する会社である。合資会社（同条3項）は，無限責任社員と有限責任社員とからなる会社である。合同会社（同条4項）は，社員が有限責任しか負わないという点では，株式会社と同じであるが，中小企業向けに作られたより簡易な制度に基づいた会社である。持分会社は，いずれも社員が少人数であること，社員の移動がないこと（閉鎖性），社員関係が組合的であ

ことば **譲渡制限株式**　このような譲渡制限が設けられている株式を譲渡制限株式という（2条17号）。

ることを特徴としている（第9章参照）。

これ対し，株式会社は，株式を利用し，より広く多数の者から資金調達が可能となり，大規模な会社となることが想定されているが，現実には**図表1-1**にあるように，小規模な会社においても多く利用されている。

コラム1-3
有限会社

平成17（2005）年の会社法制定に伴い有限会社法が廃止され（整備法1条3号），整備法の施行の際に存立していた旧有限会社（約150万社）は，会社法の規定による株式会社として存続するものとされている（整備法2条1項）。株式会社ではあるが商号中に「有限会社」の文字を用いることが義務づけられ，「特例有限会社」と称されている（整備法3条1項・2項）。簡素な機関設計，取締役・監査役の任期の無制限，貸借対照表の公告等を要しないなど，株式会社と異なるルールの下で運営されている。

2 「大会社」―― 規模区分

会社法は，資本金の額が5億円以上，または負債の額が200億円以上の会社を大会社と定義している（2条6号）。大会社になると，機関設計につき，監査役会および会計監査人を置くこと（公開会社でないもの，監査等委員会設置会社および指名委員会等設置会社を除く）が強制される（328条）。加えて，内部統制システムの整備を決定しなければならない（348条4項・362条5項）。公開会社でもある場合には，社外取締役の設置が求められることがあり（327条の2），社外監査役の設置も義務づけられる（335条3項）。会社の規模が拡大することにより利害関係者が多数になり，社会性が生ずることからこのような強制が働く。

3 「公開会社」と非公開会社

公開会社とは，発行する株式の全部または一部について譲渡制限を設けていない株式会社である（2条5号）。この反対概念である非公開会社とは，すべての株式について譲渡制限を設けている会社のことである。公開会社になると，取締役会の設置義務（327条1項）など一定の機関設計の強制が生じる。会社法上の公開会社という言葉は，通常使用される上場会社と同じではない。上場会社とは，その株式が証券取引所に上場されている会社である[3)]。上場会社は，金融商品取引法が適用され，有価証券報告書を提出しなければならない。会社法上は，公開会社であり，大会社であり，かつ監査役会設置会社の上場会社は，社外取締役の設置が強制されている（327条の2）。

同族会社という言葉もよく使用される。法人税法では，同族会社とは，会社の株主等の上位3株主グループが有する株式数または出資の金額の合計が，その法人の発行済株式の総数または出資の総額の50%超に相当する法人をいうとされている（法税2条10号）。全国でおよそ260万社の会社のうち約250万社が同族会社である。

4　「親子会社」

他の会社に会社の財務および事業の方針の決定を支配されている会社を**子会社**といい，支配している会社を**親会社**という（2条3号・4号，会施規3条参照）。親子会社の判定について法は，総株主の議決権の過半数の保有のほか，実質基準を採用している（会施規3条）。会社法は，規制緩和を目的とする組織再編制度の相次ぐ改正により，親子会社の形成をきわめて容易なものとしたが，親子会社の形成後に生ずる支配株主（親会社）と子会社の少数株主，親会社と子会社の債権者の利害対立の調整については，十分とはいえないのが現状である（これについては第7章を参照）。

5　登記制度・公告制度

1　登記制度　会社の設立登記や組織再編に関する登記など一連の登記事項を907条以下（第7編「雑則」第4章「登記」）にまとめて定めている。

2　公告制度　たとえば，計算書類の公告（440条）のように，会社法は，一定の事項を広く一般に知らせること（公告）を求めている。公告方法として，官報に掲載する方法，時事に関する事項を掲載する日刊新聞紙に掲載する方法，電子公告の方法を規定し，定款でいずれかを定めることができるとしている。また，定款に定めがない場合は，官報による方法とされる（939条）。

3）日本取引所グループに上場されている会社数は，2021年12月31日現在で3,822社である。

6 「外国会社」

日本法に準拠して設立された会社を**内国会社**という。これに対して，外国の法令に準拠して設立された法人その他の外国の団体であって，会社と同種のものまたは会社に類似するものを，**外国会社**という（2条2号）。会社法は，内国会社である「会社」と「外国会社」とを峻別し，817条から823条を設けて，外国会社に対する規制を施している。その趣旨は，日本における外国会社の事業活動に関して，取引の安全を確保することにある。外国会社も，会社法上の公告制度および登記制度に服する（2条33号・933条）。

コラム 1-4

会社法の制定（平成17（2005）年）とその後の改正

会社法は，平成17（2005）年6月に成立し，7月26日に公布された。それまで会社を規律していた商法（第2編「会社」），有限会社法，商法特例法を一本化し，1つの法典とした。その目的は，会社法制の現代語化（平仮名口語体化）と現代化（主に会社法制度間の不均衡の是正と最近の社会経済情勢の変化への対応等）であった。それに伴い，株式会社と有限会社が1つの類型に統合され，有限会社法は廃止された（これについては**コラム 1-3**を参照）。合同会社の創設，株式会社の機関設計の柔軟化，合併対価の柔軟化などの改正などを通じて，会社の競争力の向上という経済政策的側面が強化された。

その後の主な改正には次のものがある。平成26（2014）年の改正では，監査等委員会設置会社の導入，社外取締役および社外監査役の要件の変更等を内容とするコーポレート・ガバナンス規制の改正や多重代表訴訟制度，キャッシュ・アウト規制の導入などの親子会社法制に関する改正もなされた。

平成29（2017）年の民法改正に伴い，これによって影響をける会社法の規定の変更がなされた（たとえば株式の価格の決定等に関する117条4項の「法定利率」など）。

令和元（2019）年の改正では，株主総会参考書類等の電子提供措置の導入，株主提案権の制限，社外取締役設置の義務化，株式交付制度の創設などを行った。

第2章 株　　式

この章では，まず株式会社の出資者である株主が有する権利の内容と，出資者としての地位を表す株式の基本的な特徴を学ぶ。そのうえで，株式の種類，株式の譲渡制限，株式の分割・併合など，基本的特徴の例外となっているさまざまなルールについて理解を深めてゆく。

第1節 株式総論――株主の権利と責任

1 総　　説

株式会社の出資者を株主といい，株式は株式会社の出資者としての地位を表す。株主になるには，出資をして株式を取得するか，他者から株式を承継取得する。承継取得には，譲渡等の特定承継と相続・合併等の一般承継がある。

株主の地位を表す株式は，細分化された均一の割合的単位の形をとっている(図表2-1)。細分化されることで，小さな単位で出資できるので，多くの出資者を集めることが可能となる。また均一であることで，会社と株主の法律関係の処理が簡便になる。そして割合的単位であることで，出資者の個性に左右されることがなくなる。すなわち，ある会社の株式を1,000株有する株主はだれであっても1,000の大きさの地位を有し，100株を有する株主は100の大きさ

図表2-1　株式と株主の持分のイメージ

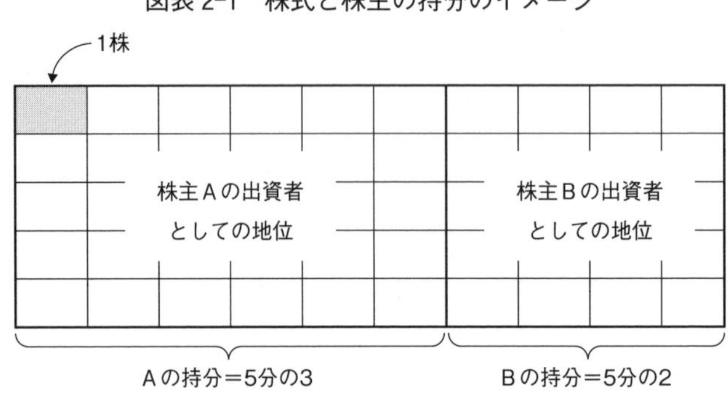

の地位を有する。会社が発行している株式の総数が 10,000 株であるとき，6,000 株を有する株主は，この会社の 5 分の 3 の持分（出資比率）を有しているという。このように株主は，原則として保有する株式数に比例した会社の「観念的」所有者としての地位を有している。観念的と表現されるのは，会社は株主の所有物ではなく，法人という独立した権利義務の帰属主体だからである。株主が会社の所有者であることは，株主の会社に対する権利として現れる。

コラム 2-1

会社はだれのものか？

「会社はだれのものか？」と尋ねられたとき，一般には「社長のもの」とか「役員と従業員のもの」あるいは「顧客や取引先を含めた社会全体のもの」といった答えが返ってくるであろう。それに対して，会社法が株主を会社の所有者とする考え方をとっているのはなぜであろうか。

会社は出資者がいなければそもそも存在し得ない。会社にとって顧客，取引先，従業員が重要な存在であるのは，それらの者が会社に利益をもたらし，その利益が最終的には株主の利益になるからである。また会社が損失を出したときに，それを最終的に引き受けるのも株主である。それゆえ会社は株主のものであって，株主の利益のために経営されなければならないと考えることになる。これを「株主主権論」という。アメリカ会社法の基礎となっており，わが国の平成 17 年会社法にも大きな影響を与えた。

これに対し，会社は顧客，取引先，従業員，地域社会といったさまざまなステークホルダー（利害関係者）の利益を考慮して経営されなければならないとする考え方があり，欧州大陸国の会社法にはそちらを指向しているものがある。どちらに軸足を置くかによって，会社法のルールのあり方も変わり得る（ロナルド・ドーア『誰のための会社にするか』（岩波書店，2006），岩井克人『会社はだれのものか』（平凡社，2005）参照）。

2　株主の権利

株主が株主としての地位に基づいて会社に対して有する権利を株主権という。株主権はその性質に応じて，自益権と共益権，単独株主権と少数株主権に分類される。

1　自益権と共益権　(1)　**自益権**　自益権とは，株主が会社から経済的利益を受ける権利である。自益権は剰余金配当請求権（105 条 1 項 1 号・453 条）と残余財産分配請求権（105 条 1 項 2 号・502 条）からなる。剰余金配当請求権は，会社が生み出した利益の中から株主が配当を受け取ることができる権利であり，残余財産分配請求権は，会社がすべての事業活動を終了して解散・清算するときに，会社の債務をすべて債権者に弁済した後に残った会社財産の分配を受ける権利である。

株主に対してこれら2つの権利のいずれをも与えないとすることは許されない（105条2項）。株式会社に出資をする者は会社が得た利益の分配を受けることを目的としており，それが一切否定されることは会社の営利性という本質に反すると考えられるためである。

一方，株主は原則としていったん出資した資金を払い戻すよう会社に請求することができない。ただし，会社法が定める一定の場合には，株主は自己の有する株式を公正な価格で買い取ることを会社に対して請求することができる（株式買取請求権）（⇒**コラム 2-2**）。

⑵　**共益権**　　共益権とは，株主が経営に参与し，あるいは会社の経営を監督・是正することができる権利である。その中心となるのが議決権（105条1項3号，308条）である。株主は原則として保有株式1株につき1個の議決権を有する（308条1項）。そのほかに株主総会における質問権（314条），提案権（303条～305条），株主総会招集権（297条）がある（第3章第2節）。監督是正権は，株主が会社の監督に関与して，必要に応じて是正を求めることができる権利であり，各種訴訟の提起権（828条・831条・847条等），差止請求権（210条・360条等），各種書類等の閲覧等請求権（31条・125条・318条・442条等）がある。

2　単独株主権と少数株主権　　単独株主権とは1株でも保有していれば行使できる権利であり，これに対し少数株主権は一定数（割合）の株式（議決権）を有している株主が行使できる権利である。自益権は単独株主権である。また共益権のうち議決権は単独株主権であるが（308条1項），その他の共益権は単独株主権と少数株主権とがある。その区分は，少数派株主を多数派株主による株主権の濫用から保護することと，単独株主による権利濫用を防ぐこととのバランスを政策的に判断した結果である。また，単独株主権，少数株主権いずれにおいても，公開会社では一定期間の株式保有が権利行使要件とされているものがある（株主代表訴訟提起権（847条），株主総会招集権（297条），役員解任訴権（854条）など）。

3　株主の義務と責任――株主有限責任の原則

株主には種々の権利が認められているが，それでは株主の義務あるいは責任はどうなっているか。株主は，保有株式の引受価額を限度として責任を負うとされており（104条），それを超えて会社債権者に対して責任を負うことはない。これを**株主有限責任の原則**という。これは，たとえ会社の経営状態が悪化して会社債権者が債権全額を回収できない事態となっても，株主が会社に代わって債務の弁済を求められることはないことを意味する。

しかも株主は，出資時に引受価額全額を拠出しなければならないため，株主になった後はなんら義務・責任を負うことはない。これにより株主のリスクは，株主となった時点で出資額を上限に固定されていることになる。そのような利点ゆえに，投資家は安心して会社に出資することができ，会社は多数の投資家から多額の資金を得て大規模な事業活動を行うことが可能となる。

4　株主平等原則

1　意　義

設例 2-1

Ｙ会社の取締役会は，会社の業績悪化を踏まえて，剰余金の配当を行わないこととしたが，大株主Ｘがそれを知り，強く反対の意を申し入れてきた。そこでＹ社は，株主総会の議案に対するＸの賛成を取りつけるため，毎月一定の金銭をＸに支払うことを約束し株主総会を乗り切った。Ｘが合意に基づき金銭の支払を求めてきたが，Ｙ社はそれを拒否した。

株主は保有する株式の内容と数に応じて，平等の取扱いを受ける（109条１項）。これを**株主平等原則**という。株主平等原則は，株式が株主の地位を均一の割合的単位であるとしたことを裏から表現したものともいわれている（神田77頁）。

株式の内容と数に応じた平等であるので，株主一人ひとりを常に同じに扱うことが要求されるわけではない。株式の内容に応じた平等とは，株式の種類によって株主の権利の内容を異なるものとすることができること（107条・108条）を意味する。数に応じた平等とは，保有株式数に応じた議決権や配当額が与えられることを意味する。しかし，株式の内容や数と関わりない部分においては，株主一人ひとりを平等に扱うことが求められる。したがって，株主総会において大株主のみに特別席を設けることは株主平等原則に反するおそれがある。

株主平等原則は，株式会社の基本原則であり強行法的性格を有するため，この原則に反する株主総会決議などは無効と解されている。**設例 2-1** のような契約は，配当が行われないことによる投資上の損失を補塡する意味を有し，大株主のみを特別に有利に待遇して利益を与えるものであるから，株主平等原則に違反し無効である（最判昭 45・11・24 民集 24・12・1963）。したがって，ＸはＹ会社に対して金銭の支払を求めることはできない。

ではなぜ株主平等の原則が必要となるのか。株主平等原則は平成 17 年会社法制定前には明文の規定がなかったが，それ以前から正義・衡平の理念に基づくもので，会社に限らずすべての団体に共通の理念であるとされてきたが，株式会社では，大株主による多数決濫用や経営陣の専横から一般株主を保護する機能を果たしている[1)]。

株主平等原則の実際的な意義は，株式投資の収益の予測可能性を高め，株式投資を促すことにある。株主平等原則がなければ会社が恣意的に剰余金の配当を割り当てるなどして，株主にとっては投資に対してどれだけの収益を上げることができるかが予測できない事態が生じ得る。そのようなことが許されるとすると，投資家は安心して株式投資を行うことができなくなってしまう。また近年では，株主平等原則が敵対的買収防衛策の許容限界を画する役割を有するといわれるようになっている。すなわち敵対的買収から現経営陣を守るために経営陣自らが打ち出した施策は，株主平等原則の趣旨の範囲内にあると認められるものに限り有効と扱われる。

2　株主平等原則の限界　　株主平等といっても機械的に全く同じ取扱いをしなければならないわけではなく，合理的理由に基づく相当性のある取扱いの差異は許される。たとえば，株主総会に出席した株主に対してのみ，手土産として社交儀礼の範囲内で少額の物品を渡すことは認められよう。

問題となり得るのは，**株主優待制度**と呼ばれるわが国独特の個人株主プロモーション施策である。上場会社の多くは，毎年一定の時期に株主に対して，会

1）平成 17 年会社法では，株主平等原則の例外となる定めを新たに設けたことから，原則の存在を明確化するために 109 条 1 項の規定が設けられたと立法担当官により説明されている。

社が提供している商品やサービス優待券などの金品（たとえば，食品会社では取扱商品の詰合せ，鉄道会社では無料乗車券）を提供することを行っている。これは特に個人投資家によるその会社への投資を促進し，安定して株式を保有してくれる株主を増やすという目的で行われているものである。提供される金品の額は，株主の持株数を段階的に区分して割り当てられていることが多いが（たとえば，1,000株までの株主には優待券5枚，1万株までの株主には10枚など），必ずしも持株数に正比例しているわけではない。

そこでこのような株主優待が株主平等原則に反するのではないかという疑問が生じてくる。学説では，株式投資の促進という合理的な目的を有しており，比較的少額であって，施策の内容が一般に周知されているところから，株主平等原則に反するものではないと考えられている。しかしながら，株主優待に使われる経費は，本来であれば株主への配当に回すことが会社法の理念に合致するものといわざるを得ない。

第2節　株式の内容と種類

1　株式の権利内容

各株式の権利内容は原則として同一である。会社法は例外として，①すべての株式の内容として特別なもの（107条）と，②権利内容の異なる複数の種類の株式（108条）を定めている。

このような権利内容に違いのある多様な株式の発行を法が認めるのは，第1に，資金調達の便宜を図ることにある。たとえば，権利内容が他の株式より優先される株式を発行することで，より多くの投資家からの出資を期待することができる。第2に，支配関係のバリエーションへの対応である。株式の権利内容が同一であれば，資本多数決の原則により発行済株式総数の過半数を保有する株主が実質的に会社の経営を支配する。しかし会社によっては，過半数の株式を保有していない株主に会社の経営を支配する地位を与えたいというニーズがあり得る。また，同族会社のように株主が入れ替わることなく固定していることを前提としている会社では，株式が譲渡されてある日突然見知らぬ者が株主に加わってくることを防ぐ必要性もある。

2　株式の内容についての特別の定め

1　特別の定めの内容　会社は，発行する全部の株式の内容として，①譲渡制限，②取得請求権，③取得条項を定める定款規定を設けることができる（107条1項。登記につき，911条3項7号）。当該会社が発行するすべての株式の権利内容が，①～③のいずれかの性質を与えられることになる（図表2-2）。

譲渡制限とは，株式を譲渡する場合に会社の承認が必要となるというものである。株式譲渡自由の原則の例外である。譲渡そのものが禁止されるわけではないことに留意しなければならない。

取得請求権とは，一定の時期に株主が会社に対して株式の買取りを請求することができるというものである。株式は払戻しが許されず，投下資本の回収は他の者に株式を譲渡することによって行うのが原則であるが，その例外となる。

取得条項とは，一定の時期に会社が株主の保有する株式を買い取ることができるというものである。すなわち会社が強制的に株式を回収することができる。

2　特別の定めをする方法　株式の内容として特別の定めをするには，定款に法定事項を規定しなければならない（107条2項）。

譲渡制限を設ける場合は，株主総会の特殊決議（309条3項1号）が必要とされ，決議要件が加重されている。また反対株主には株式買取請求権が与えられる（116条1項1号）（⇒コラム2-2）。これは，譲渡制限が新たに株式の権利内容となることで，既に株主となっている者が投下資本を回収する機会に重大な変更が加えられることになるためである。また譲渡制限の設定によって非公開会社となるため，取締役会の設置が任意とされ（327条1項1号参照），株主平等原則の例外として株主ごとに異なる取扱いができるようになる（109条2項）など，大

図表2-2　株式の内容についての特別の定め

内　容	特　徴	条　文
譲渡制限	譲渡に会社の承認が必要	2条17号・107条1項1号・2項1号
取得請求権	株主が会社に買取りを請求できる	2条18号・107条1項2号・2項2号
取得条項	会社が株主から取得できる	2条19号・107条1項3号・2項3号

幅に定款自治が認められる会社形態となり，会社の性格が大きく変わるためである。すなわち非公開会社では，株主が入れ替わることを前提としておらず，そのため気心の知れた株主が自分たちの望むように会社のあり方を決めてよいとされている。

定款を変更して新たに取得条項を設定する場合は，株主全員の同意が必要となる（110条）。取得条項付株式となることで，会社が強制的に株主としての地位を奪うことが可能になるためである。

取得請求権の定めは，株主総会の特別決議による（466条・309条2項11号）。

コラム2-2

株式買取請求権

(a)　意義　　株式買取請求権とは，株主が自己の有する株式を公正な価格で買い取ることを会社に請求できる権利である。この権利は，①会社が株主の利益に重大な影響を及ぼす行為を行うとき，および，②単元未満株主に認められる。会社が株主の利益に重大な影響を及ぼすとして株式買取請求権が認められるのは，ⓐ事業譲渡（469条），ⓑ組織再編（785条・797条・806条），ⓒ譲渡制限株式の設定（116条1項1号・2号），ⓓ全部取得条項付種類株式の設定（同条1項2号），ⓔ種類株主に損害を及ぼすおそれのある一定の行為で，種類株主総会の決議が定款で排除されている場合（同条1項3号）である。

(b)　権利を行使できる株主　　買取請求権を行使できるのは反対株主（116条2項1号）であるが，そのためには，①株主総会に先立って当該行為に反対する旨を会社に通知し，②当該総会で反対の議決権を行使しなければならない。

(c)　手続　　株式買取請求権の対象となる行為をしようとする会社は，株主に対して，当該行為の効力発生20日前までに株主に通知するか，または公告しなければならない（116条3項・4項）。株主は効力発生前日までに買取請求権を行使することができる。いったん買取請求権を行使した後は，会社の承諾なく撤回することはできない。

買取価格は，買取請求の原因となった行為の効力発生日から60日以内に，会社と株主で協議して決定する。協議が不調のときは裁判所に価格決定の申立てができる（117条1項・2項）。

行為の効力発生日から60日経過後は，会社は法定利率による利息も支払わなければならない（同条4項）。これは会社による不当な引き延ばしを防止するためである。一方，会社側は仮払いを行って，利息の発生を防ぐことができる（同条5項）。

3　種類株式

1　総説　　会社は内容の異なる2以上の種類の株式を発行することができ

る（108条1項柱書）。107条が会社の発行するすべての株式の権利内容に特別な定めを設けるものであるのに対し，108条は，会社が発行する株式の権利内容に異なる2以上の種類を認めるものである。108条により異なる権利内容を与えられた株式を**種類株式**といい，そうでない株式を**普通株式**という。

種類株式を発行するには，発行可能総数と権利内容を定款に定めなければならない（108条2項）。ただし，定款で内容の要綱だけ定め，具体的な内容を株主総会または取締役会の決議に委ねることが許される（同条3項）。種類株式の機動的な発行を可能にするためである。

2　各種の種類株式　会社法は9種類の種類株式をメニューとして用意している（**図表2-3**）。

実務では，会社法が定めている権利内容を組み合わせた種類株式も利用されている。たとえば，ベンチャー企業では，起業家が取締役選任権付のA種株式を保有し，投資家が残余財産分配において優先するB種株式を保有して，少数派株主の起業家が経営権を保持する仕組みを作ることができる。さらにA種株式，B種株式を，会社が上場を決定することを取得事由とする取得条項付種類株式としておき，上場に際して会社が当該種類株式を取得して普通株式と交換する。起業家と投資家は種類株式と交換に受け取った普通株式を株式市場で売却することで，キャピタル・ゲインを得ることができる。

4　株主ごとに異なる取扱いをする旨の定め（属人的種類株式）

非公開会社では，剰余金配当，残余財産分配，議決権について株主ごとに異なる取扱いをする旨の定めを定款に設けることができる（109条2項）。会社法が明文で認める株主平等原則の例外である。

非公開会社では，特定の者が株主であることに重要な意味があり，株主の個性が重視されることから，株主ごとに異なる取扱いをすることにも合理性が認められると考えられるためである。

保有株式の種類とは無関係に属人的に特別な取扱いが認められ，たとえば特定の株主の保有株式に複数議決権を与えたり，一人一議決権としたりする取扱いが可能である。前者の場合，もし株式が譲渡され株主が交代したときは複数議決権が認められなくなるので，株式の属性として複数議決権が与えられてい

図表 2-3　各種の種類株式（108 条）

株式の種類	株式の内容・特徴
優先・劣後 (剰余金の配当, 残余財産の分配) （1項1号・2号） （2項1号・2号）	• 剰余金の配当または残余財産の分配において，他の株式に優先（または劣後）する。 • 優先配当を受けた後に，さらに普通配当に参加できるか否かにより，「参加型・非参加型」の区分がある。 • ある事業年度で優先配当ができなかった場合に，翌年度に繰り越されるか否かで，「累積型・非累積型」の区分がある。
議決権制限 （1項3号） （2項3号）	• 株主総会で議決権行使事項が制限される。たとえば，役員の選任決議について議決権なしとするなど。 • 利用例として，高配当を重視する投資家や持株制限のある金融機関（独禁 11 条等）が，優先配当と組み合わせた議決権制限優先株式として保有。 • 公開会社では，議決権制限株式が発行済株式の２分の１を超えた場合，新株発行等でそれを２分の１以下にする措置をとらなければならない（115 条）。経営者が少額の出資で会社を支配するのを防止ためである。
譲渡制限 （1項4号） （2項4号）	• 譲渡に会社の承認が必要とされる。株主が入れ替わることを想定しない閉鎖的な会社において，見知らぬ株主が参加してくるのを防止するために用いられる。
取得請求権付 取得条項付 （1項5号・6号） （2項5号・6号）	• 取得請求権付種類株式は株主が会社に買取りを請求でき，取得条項付種類株式は会社が株主から当該種類株式を強制取得することができる。 • ある時点でちがう種類の株式と交換したいという株主のニーズ，または交換させたいという会社のニーズに応じる種類株式。 • 取得対価は現金または株式。
全部取得条項付 （1項7号） （2項7号）	• 株主総会特別決議に基づき，会社がこの種類株式の全部を取得することができる。取得条項付種類株式と異なり，株主総会特別決議が必要であり，取得する場合はこの種類株式すべてを取得しなければならない。 • 取得対価に不満な株主は取得価格決定の申立てができる（172 条 1 項）。 • 取得が法令または定款に違反する場合は，株主に差止請求権が認められる（171 条の 3）。 • 100%減資と株主総入替えによる経営再建手段として利用できる。
拒否権付 （1項8号） （2項8号）	• 株主総会または取締役会決議事項について，この種類株式を保有する株主による株主総会（種類株主総会）の決議が必要。 • 少数派株主に拒否権を与える仕組みが実現できる。
取締役・監査役 選任権付 （1項9号） （2項9号）	• 取締役・監査役の選任に，この種類株式を保有する株主による株主総会決議を必要とする（クラス・ボーティング）。少数派株主が取締役・監査役を選任できる仕組みが実現できる。 • たとえば，２社が 50%ずつ出資する合弁会社が，種類株主総会で取締役を２名選任できる選任権付種類株式を２種類発行し，各株主に１種類ずつ割り当てると，取締役会の構成に持株比率を反映させることができる。 • 非公開会社（ただし指名委員会等設置会社を除く）が利用できる。

るわけではない。株主ごとの異なる取扱いは「属人的種類株式」と呼ばれることがあるが，異なる取扱いの有無はだれが株主であるかによって変わるため，本来の種類株式の属性とは異なる。

株主ごとに異なる取扱いをする定款規定を設けるには，株主総会の特殊決議が必要である（309条4項）。

第3節　株式の譲渡自由とその例外

1　総　　説

株主は，保有している株式を自由に譲渡することができる（127条）。これを株式譲渡自由の原則という。株式会社では株式の払戻しにより出資者の地位を終了すること（退社）が認められていないため，その見返りとして他人に譲渡することによって投下資本回収の道を開いているのである。一方，多数の者が出資するため，出資が確保されればだれが株主であってもよいという性質を有していることもこの原則を支えている。

株式譲渡自由の原則には，定款による譲渡制限，契約による譲渡制限，法律の規定による譲渡制限の3つの例外がある。

2　定款による株式の譲渡制限

1　意義　同族会社などだれが株主であるかが重要視される会社では，会社にとって好ましくない者が株主となることを防止したいというニーズがある。定款による株式の譲渡制限はそれに対応することを可能としている。すなわち，会社は株式の譲渡に会社の承認を要する旨を定款に定めることができる（107条1項1号・108条1項4号）。定款で定めることができるのは株式の譲渡に会社の承認を要するという内容であり，定款で株式の譲渡を禁止することは許されない。

定款を変更して株式の譲渡制限の定めを置く場合は，その定款変更に反対の株主に株式買取請求権が与えられる（116条1項1号・2号）。

2　譲渡の承認機関　株式譲渡を承認する機関は，取締役会設置会社では取締役会，取締役会を設置していない会社では株主総会である。株式譲渡を承認する機関については，定款で他の機関（たとえば代表取締役）とすることもできる（139条1項）。

3　みなし承認規定　定款に定めをおくことにより，一定の場合に会社が株式譲渡を承認したとみなすことができる（107条2項1号ロ）。たとえば，既存の株主間での譲渡は会社にとって好ましくない者が株主となるおそれがないため，会社の承認手続を省略しても問題はない。また，少量の株式を譲渡する場合には，会社の株主構成に大きな影響がないとしてみなし承認と扱うことも考えられる。

4　譲渡制限の公示　会社の定款で株式の譲渡制限を定めたときは，これを登記し（911条3項7号），株券を発行している場合は株券にもその定めを記載しなければならない（216条3号）。これらを怠ると善意の第三者に譲渡制限規定を対抗することができない（908条1項）。

5　譲渡承認手続　譲渡制限株式の譲渡承認手続の概略は次のとおりである（図表2-4参照）。

まず株式を譲渡しようとする株主（136条），あるいはその取得者（137条）は，会社に対し，株式数，譲受人の氏名等を明らかにして譲渡による取得を承認するか否かを決定するよう求める。また会社が承認しない場合は，会社が株式を買い取るか，または別の買取人（指定買取人）を指定するよう求めることがで

図表2-4　譲渡制限株式の譲渡承認手続

会　社	株主A・株式取得者B
・譲渡承認決定 ・承認請求者への通知 ・不承認の場合の買取決定の総会等の決議(139条)	← 株主A・株式取得者Bによる承認請求(136条～138条) ・譲渡制限株式数・譲渡人の氏名 ・譲渡不承認の場合に会社または指定買取人による買取りの請求
↓ ・会社 or 指定買取人による承認請求者への通知(141条・142条)*1	Aに買取通知することで株式譲渡契約成立 ＜ 通知前はAから撤回可能
↓ 売買価格協議が不調な場合，裁判所への価格決定申立て(*1の通知から20日以内) 裁判所は一切の事情を考慮して売買価格を決定(144条)	

きる（138条1号ハ・2号ハ）。

この請求に対して会社は，株式の譲渡を承認するか（139条1項），または承認せずに会社が株式を買い取る旨を決定するか（140条1項2項・309条2項1号），もしくは指定買取人を指定する（140条4項5項・309条2項1号）。請求から2週間以内に会社が不承認の通知を行わなかった場合，および会社による買取請求を受けた場合で，不承認の通知から40日以内に買い取る旨の通知を行わなかったときは，いずれも承認したとみなされる（145条1号・2号）。

会社または指定買取人による買取価格は，会社または指定買取人と株主で協議する。折り合いがつかないときは，いずれかの当事者から裁判所に売買価格決定の申立てを行うことができる（144条1項・2項・7項）。裁判所は，譲渡承認請求時における会社の資産状態その他一切の事情を考慮して売買価格を決定する（同条3項・4項）[2)]。裁判所に売買価格決定の申立てが行われなかったときは，1株あたり純資産額（(資産－負債)÷発行済株式総数）が1株の売買価格とされる（同条5項）。

6　承認のない譲渡の法律効果

設例 2-2

X会社の定款には株式譲渡制限規定が設けられている。株主Aは，X社の承認を得ることなく株式をBに譲渡した。このような株式譲渡は有効か。X社としてはA，Bいずれを株主として扱うことになるか。

もし，X社の株主がAのみであった場合はどうなるか。

譲渡が制限されている株式を，会社の承認のないまま譲渡した場合の法律関係はどうなるか。まず，株式譲渡の当事者間では譲渡は有効である。譲渡承認請求は株式の譲受人からも行うことができると定められているが（137条・138条2号），これは株式の譲渡が会社の承認を受けていなくても当事者間では有効であることを前提としていると解される。

これに対して，会社の承認を得ていない譲渡は会社との関係では無効である

2）売買価格決定に際しては，株式の価値を評価しなければならない。譲渡制限株式は上場株式と異なり市場価格がないため，ディスカウント・キャッシュ・フロー法（DCF法），配当還元方式，収益還元方式といったいくつかの評価手法が編み出されている。裁判例では複数の方式を併用することが多い（大阪地決平25・1・31判時2185・142〔百選17・START UP 23〕）。

（**相対的無効説**）。最高裁判所は，会社の承認のない譲渡について，会社は譲渡前の株主を株主として取り扱わなければならないとしている（最判昭63・3・15判時1273・124）。これに対しては，譲渡前の株主を株主として取り扱う義務はないとする学説があるが，そのように考えた場合，会社にどちらの譲渡当事者を株主として扱うかの裁量権を与えることになり，会社がそれを濫用する危険があるという問題が残る。

一方，会社の承認がない株式譲渡を会社との関係でも有効として扱うことができる場合がある。最高裁判所は，株主が1人の「一人会社」では，定款所定の取締役会の承認がなくても，株式の譲渡は会社に対する関係でも有効であるとしている（最判平5・3・30民集47・4・3439）。株式の譲渡制限は株主の利益を保護するために設けられているのであるから，その保護対象である唯一の株主が株式を譲渡しようとする以上，改めて会社の承認手続を経ることには意味がないためである。同様に考えれば，株主が複数の会社でも，株主全員が株式の譲渡に同意している場合は，所定の譲渡承認手続は不要と考えてよい。

3　契約による株式の譲渡制限

1　意義　株主間の契約により互いに株式の譲渡を制限することが行われる。**合弁会社**［ことば］では，むしろそのような合意を含んだ合弁契約を締結することが通常である。具体例として，合弁会社の出資者の一方が保有する合弁会社株式の売却を希望するときは，他の出資者に通知し，通知を受けた他の出資者はその株式を優先的に買い取る権利を有するというものがある。これを**先買権**（first refusal right）という。

ではこのような株主間契約に違反して株式が譲渡された場合，その効力はどうなるであろうか。株主間契約は一般の契約と同様に債権的効力を有するにすぎず，株主間契約に違反して株式が譲渡されたとしても株式の譲渡自体は有効

［ことば］**合弁会社**　複数の企業が互いの専門性や経営資源を持ち寄って，事業や研究開発を共同で行うために，共同で出資し設立した会社。組合形態による場合を含めて，合弁企業あるいはジョイント・ベンチャー（joint venture）ともいう。合弁会社設立の前提として共同出資者間で締結される契約が，合弁契約と呼ばれる株主間契約である。合弁契約には，出資形態，取締役会の構成，経営方針の決定手続，経営方針不一致の場合の合弁解消などが規定され，合弁会社は合弁契約に基づいて経営される。

と解される。ただし，合弁会社は一般に非公開会社であるので，会社の承認のない譲渡制限株式の譲渡の効力の問題は生じ得る。

2　契約による譲渡制限の有効性　会社法は株式譲渡自由を原則とし，譲渡制限の態様としては，定款で譲渡について会社の承認を要するという制限を置くことのみを認めている。定款による譲渡制限は，それに反対の株主や定款規定を設けた後に株主となった者にも一律に適用されるため，譲渡制限の内容は一定程度画一的なものとせざるを得ない。そうであるとすれば，会社法の定めと異なる株式譲渡制限を設けることがそもそも認められるのかが問題となる。これは株式譲渡自由の原則と契約自由の原則の抵触である。

契約による株式の譲渡制限は，契約当事者がだれであるかによってその効力を区分して検討する必要がある。株主間または株主と第三者の間の契約は，原則として有効と考えてよい。定款による株式譲渡制限は会社と株主の間の問題であり，株主間または株主と第三者の間の契約関係については，会社法が介入する場面ではないためである。ここでは契約自由の原則が適用される。

これに対し，会社と株主の間で会社法の定めと異なる株式譲渡制限の態様を契約することは，無効と解すべき場合が多いと考えられる。これは株式譲渡自由の原則の趣旨に反するとともに，経営者が株主を選ぶということになる点で，当該契約が株主と経営者の関係を逆転させ，経営者支配に利用されるおそれがあるためである。ただし，契約内容が株主の投下資本回収を妨げない場合は有効と考えてよい場合もあろう。

契約による株式譲渡制限の有効性が問題となった裁判例として，**従業員持株制度**による株式の譲渡制限がある。従業員持株制度は，福利厚生や愛社精神の醸成を目的に，従業員が一定の有利な条件で勤務先会社の株式を取得することができる制度である。非公開会社では，従業員の保有株式の譲渡を制限し，かつ，退職時には会社に持株を譲渡することを義務づけていることが多い。退職時に会社に譲渡することを義務づける内容の契約が，株式譲渡自由の原則に違反するかが問題となったが，最高裁判所はそのような合意は株式譲渡自由の原則に違反せず，公序良俗にも違反せず有効であると判断した（最判平7・4・25集民175・91〔百選18・START UP 24〕，最判平21・2・17判時2038・144）。また，会社による買戻価格を，従業員が株式を取得したときの価格と同額とする合意についても有効とされた。この点については，従業員がキャピタル・ゲインを得ることができないとして批判する学説もあるが，非公開会社では株式譲渡自由といっても譲受人を見つけることが困難な場合があり，会社による買戻しはむしろ従業員の利益にかなう面がある。また，株式の市場価格がないため，買戻価格を取得価格と同額とすると事前に取り決めておくこともあながち不合理とはいえないであろう。

4　法律の規定による株式の譲渡制限

会社法の個別の規定により，株式の譲渡に制限が課される場面がある。①株券発行前の株式の譲渡（128条2項），②子会社による親会社株式の取得である。子会社が親会社の株式を取得することは原則として禁止される（135条1項）。

子会社による親会社の株式取得は，自己株式の取得と同様の弊害が生じるが（本章第5節参照），自己株式取得のような財源規制を設けることが困難なため，取得禁止の原則が維持されている。子会社が親会社の株式を例外的に取得できる場面は限定列挙されている（135条2項，会施規23条）。

第4節　株式の譲渡と権利行使の方法

1　総　　説

1　株券から振替制度へ　　株式の譲渡とは，株主としての地位を契約に基づき他の者に移転することである。売買，贈与などによってなされるのが一般的である。

会社法は伝統的に，株式を株券という有価証券として目に見える形にし，株券を用いて譲渡を行う仕組みを作り，その流通の促進を実現してきた。そのことは上場会社にはあてはまったが，非公開会社ではそもそも株式が譲渡されること自体が例外的な事象であったため，株券を発行しないという違法状態が恒常化し，それが後になって紛争の原因をつくり出していた。

平成16年商法改正までは，法は株券の発行を強制し，例外的に株券の所持を望まない株主からの申出により，株券不所持制度を設けていた。平成16年商法改正では，株式の流通実態を踏まえて株券不発行制度を創設し，定款に定めを置くことにより株券を不発行とすることを認めた。これは上場会社の株式取引のペーパーレス化および非上場中小会社の株式の流通性が低いことに対応するものであった。

平成17年会社法では，原則と例外を逆転させ，株式会社では株券を発行しないことを原則とし，定款で定めた場合に株券を発行できることとした（214条）。さらに平成21年施行の社債，株式等の振替に関する法律により，上場会社の株式の譲渡はすべてコンピュータ上の口座間の振替によって行われることになった。

株式会社は，現在の株主を把握し管理するために，株主の氏名・名称および住所や持株数等を記載・記録した株主名簿を作成しなければならない（121条）。株主名簿は，とりわけ上場会社において刻々と入れ替わる株主の権利行使を円滑に処理するための制度である。

2　株券非発行会社における株式の譲渡　株券を発行していない会社では，株式は意思表示によって，すなわち譲渡人と譲受人の合意によって移転する。譲受人が会社または第三者に対して自分が株主であることを対抗するためには，株主名簿の名義を譲受人に変更してもらわなければならない。名義書換えがなされるまでは，会社は株主名簿上の名義人を株主として扱えばよい。また，株式が二重譲渡された場合も，名義書換えがされていなければ，他の譲受人に対して対抗することができない。

名義書換請求は，原則として名義株主（譲渡人）と譲受人が共同で行う（133条2項）。株式を譲り受けたと偽って名義書換請求を行う者が現れるのを防ぐためである。

3　株券発行会社における株式の譲渡　株券発行会社では，株式の譲渡は譲受人への株券の交付によって行う（128条1項）。これは権利移転の要件であって，単なる対抗要件ではない。ただし，会社以外の第三者に対しては，株券の交付は対抗要件となる。

譲受人が会社に対して株主であることを対抗するためには，株主名簿への記載・記録が必要となる。株券の占有者は適法な所持人であるとの推定を受けるため（131条1項），譲受人が単独で株券を提示して名義書換請求をすることができる（133条2項，会施規22条2項1号）。いったん名義を書き換えると，その後は，原則として権利行使の都度株券を会社に提示することは不要となる。

株券占有者は真の権利者との推定を受けることから，株券の交付を受けた譲受人は，悪意・重過失でなければ株式を善意取得する（131条2項）。すなわち株券が盗難にあい，または紛失したものであったとしても，元の株主には株券の占有回復請求権がない。これは取引の安全を民法以上に重視しているためである（民192条・193条参照）。

4　株券の発行　株券は株式の発行日以後，遅滞なく発行しなければならない（215条1項）。ただし，非公開会社では株主の請求があるまでは発行不要である（同条4項）。また，株主から会社に対して株券不所持の申出を行うことができる。この場合，株券発行済みであれば株主は株券を会社に提出し，株券発行前であれば株主名簿に株券を発行しない旨を記載または記録する（217条）。

株券は要式証券であり，その記載事項は216条に定められている。株主の氏名は株券の記載事項ではない。

設例 2-3

Ｘ会社は新たに株主となったＡに対して交付する株券を作成し，郵送したところ，途中で郵便物が盗難にあった。その後Ｂは知人からＸ社の株式購入を勧められ，同人が持っていた株券を受け取ったが，実はその株券が盗難にあった株券であった。Ｂは盗難の事実を知らなかった。

株券が法律上いつ成立するのかについては，判例・学説に争いがある。株券が成立するのは，株券が作成された時か，それとも株券が交付された時かである。この点につき，最高裁判所は株券交付時説を採用し（最判昭40・11・16民集19・8・1970〔百選23〕），これによれば，株券が作成され，株主宛てに郵送中に盗まれた場合は，未だ株券として成立していないとして善意取得の成立は否定される。これに対し，株式の流通の安全を重視する立場から，株券は会社が株券を作成し，どの株券がどの株主のものであるかが確定したときに成立するとするのが作成時説である。この考え方によれば郵送中に盗難にあった株券については善意取得が成立し得る。しかし，今日では株券発行会社が例外化している実態を踏まえれば，株券の善意取得者保護の必要性は低下していることから，株券交付時説が妥当であろう。

株券発行前の株式は，権利としては存在しているが，まだ株券という紙に化体していない。この場合は民法の一般原則により，当事者間では意思表示（契約）によって株式を譲渡することができる。ただし，この譲渡は会社との関係では効力を生じない（128条2項）。したがって，会社は譲渡人に対して株券を発行すればよい。株券発行事務を円滑に行うためである。

株券発行前の株式の譲渡が会社に対しては効力を生じないというルールは，会社が適時に株券を発行することを前提としている。したがって，会社が不当に株券発行を遅らせているなど，株券が発行されないことについて会社に帰責事由がある場合は，このルールを適用する前提が失われ，会社はその効力を否定することができない《判例❶》。

2　株主名簿

1　総説　株主総会招集通知の発送や剰余金の配当を行うために，会社はだれが株主であるかを把握しなければならない。一方，株式譲渡自由の原則により，株主は会社の関与なく入れ替わってゆく。そこである時点での株主を把握し，株主の権利行使を円滑に行うことができるようにするために，会社は株主名簿を作成しなければならない。株主名簿には，①株主の氏名・名称および住所，②保有株式の数・種類，③株式取得日，④株券発行会社の場合は株券番号を記載または記録する（121条）。

株主総会招集通知などの通知や催告を株主に対して行うときは，会社は株主名簿上の株主の住所あてに通知・催告すればよい（126条1項）。株主名簿上の住所あての通知・催告が5年以上継続して到達しない場合は，それ以降，通知・催告をする必要はない（196条1項）。長期間連絡の取れない所在不明株主が有する株式については，競売またはそれに代わる一定の手続に従って売却することができる（197条・198条）。

会社は，自らに代わって株主名簿の管理をする株主名簿管理人を置くことが

《判例❶》　最高裁は，会社が約4年にわたり不当に株券を発行せず放置し，信義則上も株式譲渡の効力を否定することが相当でない状況に立ちいたった場合には，当事者間の意思表示で株式を譲渡することができ，会社はその効力を否定することができないとした（最大判昭47・11・8民集26・9・1489〔百選A4〕）。

できる（123条）。上場会社は，信託銀行や株主名簿管理の受託を専業とする会社を株主名簿管理人としていることが多い。

2　株主名簿の名義書換え　(1)　**総説**　株式が譲渡され名義書換えがなされると，それ以降株式の譲受人は，会社に対して自らが株主であることを主張でき，会社もその者を株主として扱わなければならない（資格授与的効力）[3)]。株主名簿の書換えをしなければ，譲受人は会社に（株券非発行会社では会社以外の第三者に対しても）自らが株主であることを対抗できない（対抗力または確定的効力（130条））。名義書換請求がされていなければ，会社はたとえ株式がすでに譲渡されていることを認識していても，株主名簿上の株主を株主として扱えば足りる（免責的効力）。

設例 2-4

> ＡはＹ会社の株主Ｂから同人の保有しているＹ社株式を譲り受けたが，名義書換請求をしていなかった。Ｙ社は名義書換えが行われていないにもかかわらず，Ａの株主総会出席を認め，Ａは総会で議決権を行使した。

株主名簿の書換えは対会社対抗要件にすぎないから，会社が自発的に名義書換えを済ませていない株式譲受人を株主として扱うことは差し支えないと解されている（最判昭30・10・20民集９・11・1657）。名義書換えが対抗要件とされているのは，事務処理の便宜のためであるから，会社が自発的に実質的権利者（譲受人）を権利者として扱うことに不都合はないからである。これに対しては，会社が恣意的に名義株主（譲渡人）を排除することを許すことにつながるとして反対する説もある。

譲渡制限株式については，会社が譲渡を承認する前は名義書換えを請求することはできないし，会社も譲受人を株主として扱ってはならない。譲渡制限株式の定義として，譲渡に会社の承認を「要する」と規定されているため（２条17号），会社による譲渡承認手続にとって代わるような裁量権の行使を会社に認めるべきではないと考えられるからである。

3）株式が共有されている場合は，共有者のうち権利を行使する者を１人定めて会社に通知しなければ，その株式についての権利を行使することができない（106条）。判例は，共有者の持分の過半数による多数決で権利行使者を指定できるとしている（最判平９・１・28判時1599・139〔百選10・START UP 25〕）。

(2) 失念株

設例 2-5

AはY会社の株主Bから同人の保有しているY社株式を譲り受けたが，名義書換請求を忘れていたところ，Y社では剰余金の配当が実施され，配当金は株主名簿上の名義人であるBの銀行口座に振り込まれた。AはBに対し配当金相当額の支払いを求めることができるか。

名義書換えをうっかり忘れている間に，剰余金の配当が行われた場合，会社としては株主名簿上の株主に配当金を支払えばよいが，譲渡人と譲受人のいずれに配当金が帰属するかが問題になる。このような名義書換えを忘れている状態を「失念株」という。この点につき判例は，譲渡人に権利が与えられるとして，譲受人から譲渡人に対する不当利得返還請求を認めてこなかった（最判昭35・9・15民集14・11・2146〔百選A6〕)。これに対しては，譲渡人と譲受人の間では譲受人がすでに株主となっており，配当金が譲渡人に支払われたような場合は，譲受人から譲渡人に対する不当利得返還請求が可能であって，判例は対会社関係と譲渡当事者間の関係を混同しているとの学説からの批判がある《判例❷》。

(3) **名義書換えの不当拒絶**　失念株と異なり，会社が不当にまたは過失により名義書換えを怠っていた場合は，譲受人は名義書換えなしに自分が株主であることを会社に対抗できると解すべきである（最判昭41・7・28民集20・6・1251〔百選13・START UP 22〕)。会社の不当な拒絶や過失の不利益を譲受人に負担させるのは，信義則違反といえるからである。

(4) **基準日**　上場会社では株主は日々刻々と変動している。したがって，株主の権利が行使される場合に，その時点での株主を把握することは，たとえ株主名簿の書換えを怠りなく行っていたとしても事実上不可能である。

そこで会社は，一定の日を設定してその日時点の株主名簿上の株主を権利行使ができる者と定めることができる（124条1項)。会社が定めるこの一定の日を**基準日**という。基準日は権利行使の日の前の3か月以内の日でなければなら

《判例❷》　これを受けて最近の判例では，株式譲渡人が第三者に株式を売却してしまった場合に，譲受人から譲渡人に対して売却代金相当額の不当利得返還請求を認めている（最判平19・3・8民集61・2・479〔百選14〕)。

ない（同条2項）。基準日と行使できる権利の内容は，定款で定めるか，または2週間前までに公告する（同条3項）。

この結果，定時株主総会に関する基準日以降，総会日までの間に株主となった者は，総会日における株主ではあるが，総会に出席して議決権を行使することはできない。すなわちある権利の行使に関する基準日が設けられている場合は，権利行使日に株主である者と権利行使ができる者に不一致が生じることとなる。ただし，基準日後の新株発行により新たに株主となった者に，会社の側から株主総会での議決権の行使を認めることは許される（同条4項）。基準日の制度はあくまで会社の事務処理の便宜であるため，会社が自ら基準日後に新たに株主となった者に議決権行使を認めてよいとするのであれば，それを禁ずる理由はないからである。ただし，基準日後に他の株主から株式を譲り受けて株主となった者に株主総会での議決権行使を会社が認めることは，基準日時点での株主の権利を害することになるため許されない（同項ただし書）。

わが国では，決算期末を3月末日としている会社が多く，それに伴い定時株主総会についての基準日を同じく3月末日としていることが多い。ただし，これは慣例にすぎず，決算期末と基準日を同一日としなければならないわけではない。

(5)　**株主名簿の備置きと閲覧等請求**　　会社は株主名簿を本店に備え置かなければならない（125条1項）。株主，債権者，親会社社員（親会社の出資者のことであり従業員ではない）は，株主名簿の閲覧または写しを請求することができる（同条2項・4項）。ただし会社法は，請求者の権利濫用によって会社の利益が害される場合に備え，閲覧等を拒絶することができる事由を定めている（同条3項1号～4号）。

3　振替株式制度

1　総説　　会社法は長らく株式の譲渡は株券で行うことを前提としてきたが，コンピュータ技術の進歩と株式事務の効率化の要請を受けて，上場会社の株式譲渡は現在すべてコンピュータシステム上の口座間の振替によって処理されている。

コンピュータシステム上の口座振替による株式譲渡は，昭和59年に株券の保管および振替に関する法律（保振法）に基づく株券保管振替制度により実現したが，株券による譲渡と併存してきた。平成21年施行の社債，株式等の振替に関する法律（振替法）によって，上場会社の株券はすべて廃止され，口座振替の方法のみが用いられている。この制度を利用する株式を振替株式という。

2　振替株式の譲渡　振替株式の譲渡は，銀行口座への送金のイメージで手順をたどるとわかりやすいであろう（図表2-5）。振替株式の取引を行う者（加入者）は，口座管理機関（証券会社など）に口座を開設する。証券取引所における売買で株式を売却した加入者Aが口座管理機関Pに振替の申請を行う。口座管理機関Pは口座データに申請内容を反映させ，そのデータを振替機関Xに送る。振替機関Xは，（直接）口座管理機関Qに振替データを送り，口座管理機関Qがさらに加入者Bが口座を開設している（間接）口座管理機関Rにデータを送る。これによりコンピュータ上のデータの移転によって株式の譲渡が完結する。

ここで振替機関Xは振替データの中央管理センターの役割を果たしており，株式会社証券保管振替機構（略称ほふり）が現在この業務を担っている。

加入者口座における保有株式の記載により，当該加入者は当該振替株式についての権利を適法に有するとの推定を受ける（振替143条）。また，口座振替が行われることによって，それがたとえば振替機関のデータ処理ミスによるもの

図表2-5　振替株式の譲渡手順

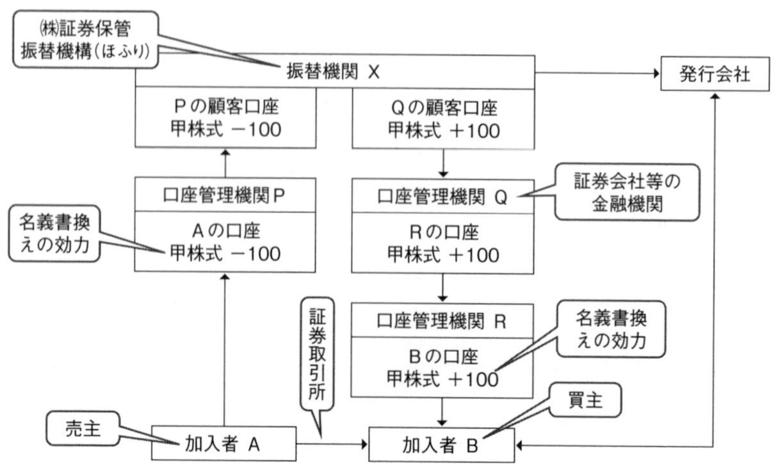

であっても，譲受人は振替株式を善意取得することができる（振替144条）。この場合振替機関は，同数の株式を自ら取得してそれを放棄することで調整する（振替145条・146条）。

3　振替株式の権利行使　振替株式においても，会社に対する対抗要件は，原則として株主名簿の書換えであるが（130条1項），振替株式では株式の譲渡の都度，名義書換えが行われるわけではない。

会社が基準日（124条）を設定すると，振替機関から会社に振替口座簿に記載されている事項（株主の氏名・住所など）を通知する。これを**総株主通知**といい，総株主通知がなされると，基準日に株主名簿の名義書換えが行われたものとみなされる。これをみなし名義書換えといい，これにより株主は会社に対して権利行使ができるようになる。

一方，たとえば少数株主権を行使する場合は，当該株主が口座管理機関を経由して振替機関に申出を行う。これを受けて振替機関は当該株主の保有株式に関する事項を会社に通知する。これを**個別株主通知**という。株主は通知後4週間以内に権利行使しなければならない（振替154条2項，振替法施行令40条）。

このように振替株式発行会社では，株主名簿の名義株主と真の株主が一致しないのが常態となるため，会社法上株主への通知が必要な場合は，通知に代えて公告をしなければならない（振替161条2項）。

第5節　自 己 株 式

1　総　　説

自己株式とは，会社が有するその会社の株式である（113条4項かっこ書）。すなわち，自己株式は会社が自らに出資している状態である。自己株式を取得するには，会社が既存の株主からそれを譲り受けることになるため，株主に対して金銭等を交付するという意味がある。会社法の初学者にとっては，あたかも左のポケットから金を出して右のポケットに入れるようないささか奇異に映る事象であろう。

現行会社法の制定前は，会社が自己株式を取得することは原則として禁止されていた。自己株式の取得にはいくつかの弊害があると考えられていたためである。

第1に，自己株式の取得は株主への出資の払戻しの性格を有する。そのような効果がある自己株式の取得を認めると，会社債権者にとって弁済の担保となっている会社財産が株主に流出し，会社債権者を害するおそれがある。第2に，会社が特定の株主からのみ自己株式を取得すると，株主間に不平等が生じ，株主平等原則に反するおそれがある。第3に，会社が取得した自己株式の権利をその会社の取締役が行使することによって，取締役が会社の経営支配力を強めるといった会社支配の公正が害されることが懸念される。第4に，取締役が自己株式を売買することを通じて，**相場操縦**ことば や**インサイダー取引**ことば などの不公正な証券取引が行われるおそれがある。

しかし平成13年改正商法は，原則と例外を逆転させて，自己株式の取得を原則として認める方向に舵を切った。その理由としては，第1に，たとえば会社が内部に余剰資金を多く抱えているが適当な投資機会がない場合は，利用しない資金を株主に返却することに合理性があると考えられること。第2に，従来考えられてきた自己株式の弊害は，一律禁止ではなく個別に必要な規制を設けることで対処可能と考えられること。第3に，自己株式の取得を認めることで，バブル経済崩壊後低迷していた株式市場を活性化し，また自己株式を利用することで現金を用いずに企業再編を実施することが可能になるという利点があることであった。

それでは，会社法は自己株式の弊害に対処するためにどのような規制を設けているのであろうか。

2　自己株式の取得

1　総説　　自己株式の取得には，その目的が限定されている場合と（155条

ことば **相場操縦**　　株式市場の相場に人為的な操作を加えてこれを変動させる行為。本来，正常な需給関係に基づいて公正に価格が形成されるべき市場の公正性を損なう行為として金融商品取引法により禁止されている。

ことば **インサイダー取引**　　会社の役員や主要株主等が，その地位または職務によって知り得た会社の内部情報が未公表であることを利用して株式の売買取引を行うこと。内部者取引ともいう。市場の公正性を害する行為として金融商品取引法により禁止されている。

1号・2号・4号～13号)，目的が限定されていない場合がある（同条3号)。目的が限定されていない場合は，株主との合意による有償取得の方法によらなければならない。目的が限定されている場合は，より簡易な個別手続が定められている（156条2項参照。たとえば取得条項付株式の取得については168条～170条参照)。

2　株主との合意による有償取得の手続　会社が株主との合意によって自己株式を有償で取得する場合，どの株主からどのような方法で取得するかによってその手続は異なる。株主平等原則に反するおそれへの対策である。

(1)　**すべての株主に申込機会を与えて行う取得**　すべての株主に申込機会を与えて行う自己株式の取得は，まず株主総会決議で，取得株式数，引換えに交付する金銭等，取得可能期間（最長1年）を定める（156条1項)。これを授権決議という。ただし一定の要件を満たした場合は，株主総会決議に代えて取締役会決議で行うことができる（459条1項1号)。

次に，取締役会で取得のために必要な事項を決定し（取得決議）（157条)，取得決議で決定した各事項を株主に通知しなければならない（158条。公開会社では公告でもよい)。株主からの申込総数が取得総数を超えた場合は，公平を確保するために申込者全員で按分する（159条2項)。

(2)　**特定の株主からの取得**　特定の株主から自己株式を取得するには，株主総会の特別決議が必要である（160条1項・309条2項2号)。すべての株主に申込機会を与える取得に比べて株主平等原則違反のリスクが高くなるためである。取得対象の株主は，原則として株主総会で議決権を行使することができない（160条4項)。

取得対象とならなかった株主は，自己を売主に追加するよう請求することができる（売主追加請求権（同条3項))。ただし市場価格がある株式で一定の要件を満たす場合は，特定の株主から会社が高値で買い取るという弊害が生じないため売主追加請求権はない（161条)。また，売主追加請求権を定款で排除することもできるが，その場合は株主全員の同意が必要である（164条)。

(3)　**市場取引等による取得**　会社が市場取引または公開買付けによって自己株式を取得する場合は，すべての株主に売却機会があり，価格も市場によって公正に形成されることから，株主総会決議のみで取得することができる（165条1項)。さらに定款に定めを置くことにより，取締役会決議で自己株式を取得することも可能である（同条2項・3項）。これによって機動的な自己株式の取得が実現できる。

⑷　**手続違反の自己株式取得の効果**　　法令または定款に定められた手続に違反した自己株式の取得は無効である（最判昭43・9・5民集22・9・1846）。ただし，取得の相手方が善意の場合は，会社は無効を主張することができない（江頭260頁）。市場における自己株式取得では，通常は取得の相手方は善意であろう。取締役には任務懈怠責任（423条1項）の問題が生じるほか，刑事罰が科される（963条5項1号）。

3　分配可能額の規制等　　自己株式の取得は，剰余金の配当と同様の経済的機能を有するため，分配可能額規制の対象となる（461条1項1号〜7号。第6章第4節③）。これにより会社債権者の保護を図っている。分配可能額規制に違反して自己株式が取得された場合，譲渡株主と取得に関わった業務執行者等は，連帯して会社に対し取得価額相当額を支払わなければならない（462条）。また，期末に欠損が生じた場合には，剰余金の配当と同じく，業務執行者に欠損填補責任が生じることがある（465条）。

③　自己株式の保有・処分・消却

1　保有　　会社は取得した自己株式を期間の制限なく保有することができる。このことを「金庫株」という言葉で表現することがある。会社が金庫の中に自社の株券をずっと保管しているというイメージである。

保有期間に制限はないものの，自己株式についてはいくつかの権利制限が法定されている。第1に，自己株式については議決権を行使することができない（308条2項）。そのほかの共益権も認められない。会社支配の公正を害するおそれへの対策である。第2に，剰余金配当請求権，残余財産分配請求権がない（453条・504条3項）。第3に，募集株式，募集新株予約権の株主割当てが認められない（202条2項・241条2項・186条2項・278条2項）。これらを認めると会計処理が複雑になる一方，認めなかったとしても会社や株主に不利益が生じることはないためである。ただし，株式併合，株式分割を受ける権利は認められる（182条・184条1項）。第4に，自己株式は純資産から控除される（会社計算76条2項）。このため，自己株式は分配可能額には含まれない。自己株式の取得の経済的実質は出資の払戻しであって，資産の取得ではないと解されるためである。

2　処分　自己株式の処分には募集株式の発行と同様の手続が適用される（199条1項柱書。第5章第2節）。株式市場で売却することはできない。不公正な証券取引を防ぐためである。

3　消却　自己株式はいつでも消却することができる（178条）。消却により発行済株式総数は減少し，株券発行会社ではその分の株券を廃棄しなければならないが，発行可能株式総数は変わらない。取締役会設置会社では取締役会決議で消却する株式の種類と数を決定する。

第6節　投資単位の調整

1　総　説

上場会社の株式の市場価格は，その会社の業績や経済情勢などさまざまな要因により変動する。市場価格が高くなることは会社や既存株主にとっては好ましいことではあるが，これから投資しようとする者にとっては，用意しなければならない金額が大きくなり，なかなか手が出ないという状況になることもあり得る。一方，市場価格が低ければ一般の投資家にとっても投資しやすい環境となるが，小口株主が大量に発生すると，会社にとっては事務コストの増大というデメリットも生じる。1株100円の会社で，1株しか出資していない者に対する株主総会招集通知の郵送や配当金の振込にかかる手数料などを想起すればそのことは容易に理解できよう。

このような場合に，投資単位を調整して，投資のしやすさと事務コストのバランスをとることができる制度が設けられている。これには発行株式の数そのものを増減させる方法と，株式の数は変えずに1株ではない投資単位を設定する方法がある。

2　株式の分割

株式の分割とは，既存の株式を細分化して従来よりも多数の株式とすることである（183条1項）。たとえば，1株を2つに分割すると，分割後は2株となる。

分割により発行済株式総数は増えるが，会社の財産に変動はない。株式の分割により1株の価値は下がるが，各株主の持株数はそれに応じて増えるため持株比率は変動せず，また各株主の保有株式の価値も理論的には変化しない。ただし上場会社が1株を2株に分割した場合に，株式市場での株価が2分の1に下がるかというと，実際にはそれよりやや高い株価にとどまることが多いようである。

株式分割は株主に不利益を与えるものではないため，取締役会決議（取締役会を設置していない会社では株主総会の普通決議）による（183条2項）。分割の効力は取締役会（または株主総会）で定めた日に発生する（184条1項）。

株式分割を行うと会社の発行済株式総数は増加するが，発行可能株式総数（37条・113条）は当然には増加しない。このため株式分割では，定款変更に必要とされる株主総会の特別決議を経ずに，発行可能株式総数を分割割合の限度で増加することが認められている（184条2項）。

3　株式の無償割当て

株式の無償割当てとは，会社が株主に対し，保有株式数に応じて当該会社の株式を無償で交付することである（185条）。たとえば，1株につき1株を割り当てる株式無償割当てが行われると，5株を保有する株主は新たに払込みをすることなく10株を保有する株主となる。株主にとっては株式分割と同じ効果を有する。

ただし，株式分割と異なり，株式無償割当てでは株主が保有している株式と異なる種類の株式を割り当てることができる一方，自己株式に対しては株式無償割当てを行うことはできない。

株式無償割当ては，取締役会決議（取締役会を設置していない会社では株主総会の普通決議）により行う（186条3項。ただし定款で別段の定め可）。

4　株式の併合

株式の併合とは，数個の株式を合わせてそれよりも少数の株式とすること（たとえば，10株を合わせて1株とする）である（180条1項）。発行済株式総数が減少するため，1株の価値が上昇する。会社の財産に変動はない。

10株を1株とする株式併合を行うと，それまで9株以下を保有していた株主の株式は端数株式となり，株主としての地位を失わせる効果が発生する。このように株式併合は株主の利益に与える影響が大きいことから，株主総会の特別決議が必要とされている（180条2項・309条2項4号）。取締役は株主総会において株式併合が必要な理由を説明しなければならない（180条4項）。

公開会社では発行可能株式総数が発行済株式総数の4倍以下という規制があるため（同条3項），株式併合の比率によっては，株式併合と同時に発行可能株式総数を引き下げる必要が生じることがある（同条2項4号）。

株式併合により保有株式が端数となった株主は，会社に対し自己の有する株式を公正な価格で買い取ることを請求することができる（182条の4）。会社が大きな比率の株式併合を実施して，少数派株主を会社から締め出してしまうことに備えた株主保護の規定である。

株式併合を実施するに際しては，事前および事後に株式併合に関する事項を開示しなければならない（182条の2・182条の6）。

5　端数の処理

株式の併合，分割または無償割当てにより，1株未満の端数が生じた場合は，会社がその端数の合計数に相当する数の株式を売却して，売却金を株主に交付する（234条・235条）。

6　単元株制度

単元株制度とは，会社が定款に定めを置くことで，株式の一定数をまとめたものを1単元として，1単元に1議決権を与えることを認める制度である（188条1項）。一株一議決権の原則の例外である。株主管理コストの低減が立法理由とされているが，小口零細株主を排除する効果を有することは否定できない。

1単元の大きさは定款で定める。あまりに大きい単位とすることは株主にとって不利益が生じるおそれがあることから，1単元の上限は1,000株，かつ当該会社の発行可能株式総数の200分の1である（188条2項，会施規34条）。

単元株制度は定款に定めを置くことで導入されるため，その新設および単元株式数の増加には，株主総会の特別決議が必要である（188条1項・466条・309条

2項11号)。ただし，単元株式数の減少および単元株制度の廃止は株主の利益を損なうおそれがないことから，取締役会の決議（取締役会を設置していない会社では取締役の決定）によって行うことができる（195条1項)。

単元未満株主は，株主総会で議決権を行使することができない（189条1項)。また定款で単元未満株主が行使できない権利を追加することができる。ただし会社法は，定款によって奪うことができない権利を列挙している（同条2項)。株券発行会社では，単元未満株主に対して株券を発行しないとすることを定款で定めることができる（同条3項)。また，単元未満株主には名義書換請求権を与えないとすることもできる（同条2項6号，会施規35条1項4号)。単元未満株式が流通することを防ぐためである。

単元未満株主には，単元未満株式の買取請求権が認められる（192条)。株式に市場価格があるときは，その価格を基準とし，そうでないときは当事者間の協議により決定する。協議が調わないときは申立てにより裁判所が買取価格を決定する（193条)。一方，単元未満株主が保有する単元未満株式を1単元の株式数にいたるまで買増しすることを会社に対して請求できる売渡請求権を定款で定めることができる（194条)。

なお上場会社については，全国証券取引所の方針に基づき2018年10月から単元株式数が100株に統一されている。

第3章 機　　関

この章では，会社の意思決定と運営を担う機関の意義にはじまり，機関の組合せ選択に関するルールを述べる。次に，株主総会，取締役・取締役会，代表取締役，監査役・監査役会等の各機関の運営や権限について順に説明する。そして新たな組織形態として設けられた指名委員会等設置会社，監査等委員会設置会社の構造と，それらに期待されている役割について学ぶ。

第1節 機関総説

会社という団体を運営するには，そのための意思決定を行い実際に運営に携わる者（自然人）が必要である。たとえば，「会社の方針」あるいは「会社の取引行為」といっても，その方針を決め，あるいは取引行為をするのはいずれも会社内部の自然人である。この自然人を会社の「機関」という。会社法は，どのような機関を設けなければならないか，または設けることができるかについて，詳細なルールを定め，複数の機関の役割分担と相互牽制によって適正な会社運営の確保を図っている。

設例 3-1

資本金１千万円の非公開会社Ａ社は，創業社長のＢが唯一の取締役として経営を取り仕切っており，順調に業績を伸ばしている。Ｂ社長は，将来上場を目指しており，今後組織体制を整備してゆくことを考えているが，そのためにどのような機関を設置する必要があるかを知っておきたいと思っている。

1 機関の意義

1　機関とは何か　　機関とは法人の意思を決定し，その運営に携わる者をいう。法人は法によって人と認められた存在であるが，それ自身がなにかを考えたり，行動したりすることはできない。したがって，法人の内部にいる特定の自然人の意思決定や行為をもって，法人の意思決定や行為として扱うこととせざるを得ないのである。

法人にどのような機関が必要かは，理論的に解が得られるわけではなく，立法政策の問題である。しかし，株式会社法制が定着している国の会社法は，おしなべて「機関の分化」を基本としている。人類は権限の集中がもたらす危険性を歴史の経験として知っており，それは近代社会において「三権分立」の基本原理として確立した。そのような考え方は株式会社法制にも取り入れられたのである。

出資者たる株主が会社の実質的所有者であるという考え方からすると，株主を機関として会社の運営を行えばよいということになりそうである。しかし大規模な株式会社では，株主は出資はしても経営を行う意思を有しているわけではなく，また多くの場合その能力もない。そこで株式会社では，経営を担う機関が株主から分化した（所有と経営の分離）。一方，株主自身が経営に携わらないとすると，経営を任された者が株主の利益になるように行動しているかを監督する必要が生じてくる（**エージェンシー問題**）ことば。ここに経営を担う機関と監督を行う機関の分化が生じる。このように，出資者，経営者，監督者の機関分化は，国の立法権，行政権，司法権にそれぞれ対応していると考えると理解しやすいであろう。

2　株式会社の主な機関　株式会社の機関は，①会社の意思決定を行うもの，②会社の運営（業務執行）を担うもの，③他の機関を監視・監督するものに分けられ，1つの機関にはこれらのうちの1つまたは複数の役割が与えられる。

すべての株式会社は，**株主総会**（295条1項参照）と**取締役**（326条1項）を設けなければならない。株主総会は株主の集合体であり，会社の組織・運営に関する重要事項を決定する。

取締役会は取締役を構成員とする会議体で，重要な業務について合議を行う

ことば **エージェンシー問題**　委託者（プリンシパル）が代理人（エージェント）に業務行為を委任する場合に，委託者と代理人の利益が一致しない問題をいう。会社では経営者が自己の名声や報酬を重視し，投下資本に対するリターンの最大化を期待する株主の利益と一致しないことが生じ得る。そこに経営者の監督の必要性が出てくる。

ことにより，会社の運営に関する意思決定を行う（362条1項・2項1号）。もっとも，すべての業務について取締役会で合議しなければならないとすると，スピーディな会社経営を妨げるおそれがある。そこで会社法は，取締役の中から**代表取締役**を選定して（362条2項3号・3項），代表取締役に，一定範囲の業務執行を決定するとともに業務全般を執行する権限を与えている（362条4項参照，349条4項）。この場合，その他の取締役には代表取締役を監視・監督する役割が期待されている（362条2項2号）。取締役会を設置していない会社では，取締役が会社運営の意思決定と業務の執行を行う（348条1項・2項）。

このように（代表）取締役には会社の運営に関する大きな権限が与えられているため，その権限を濫用して自らの利益を追求する行動に出るおそれがある。代表取締役社長が会社の資金を使って社長室に高価な美術品をそろえている場面を思い浮かべればよい。そこで会社法は，もっぱら監視・監督を行う機関として，**監査役**と**会計監査人**を定めている。監査役は会社の運営全般と会社の計算書類の作成が適法・適正であるかを監査する（381条1項）。**監査役会**は3名以上の監査役全員で構成され（335条3項・390条1項），その設置が義務づけられる場合がある（328条1項）。会計監査人は，会社の計算書類の作成が適正になされているかを監査する会計の専門家である（396条1項・337条1項）。

また，取締役と共同して会社の計算書類などを作成する機関として**会計参与**がある（374条1項）。

このほか，指名委員会等設置会社を選択すると，**指名委員会**，**監査委員会**，**報酬委員会**の3つの委員会が置かれ（400条1項），業務執行は取締役ではなく**執行役**が担う（418条）。また，監査等委員会設置会社を選択すると**監査等委員会**が置かれる（399条の2第1項）。

これらの機関のうち，取締役・会計参与・監査役を「**役員**」（329条1項）といい，役員に執行役，会計監査人を加えたものを「**役員等**」（423条1項）という。

コラム 3-1

執行役員

大規模な株式会社では，「執行役員」の肩書を有する者がいることがある。これは会社法上の機関ではなく，その会社の中で経営幹部としての職位を与えられた使用人である。会社機関としての執行役とは異なることに注意しなければならない。肥大化した取締役会の規模を縮小し，意思決定のスピードアップを図るための実務上の工夫である。ただし執行役員は，当該会社の内部では人事処遇上役員扱いとされていることも多く，いわばハイブリッドな地位を有している。

3　株式会社の機関構成の変遷　株式会社の機関構成に関するルールは，昭和25年以降繰り返し改正されてきた。それは，①経営を担う取締役の監督をより実効性あるものとするためにはどのような機関構成が望ましいか，②株式会社の規模にふさわしい機関構成はいかにあるべきか，という2つの課題について，より良い解を求めようとする試みであったといえる。

昭和25年の商法改正では，**経営者支配**［ことば］が進んだ実態に対応して，それまで万能機関と位置づけられてきた株主総会の権限を縮小し，業務執行の意思決定と業務執行の監督を行う取締役会を設置することとした。アメリカ法の取締役会制度にならったものである。取締役会は，業務を執行する取締役の権限行使が適正に行われることを確保するための機関と位置づけられた。そして取締役会は，取締役の中から日々の業務執行にあたる代表取締役を選び，それを監督する役割を担うこととなった。また，会計監査を行う機関として監査役を置くこととされた。

一方，昭和13年に制定された有限会社法によって，中小規模の閉鎖的企業を想定した有限会社という会社形態が設けられていた。社員（出資者）により構成される社員総会が，日々の業務執行にあたる取締役を選任し，社員が自ら直接取締役を監督するという機関構成をとっていた。

昭和40年代になると，上場企業の倒産や粉飾決算事件が相次ぎ，取締役の監督強化が求められた。会社法が考えている機関の機能と会社組織の実態にギャップが生じていたことがその背景にあると考えられた。法は取締役会の構成員である取締役が対等な立場で相互監督を行うことを想定していた。しかし，

［ことば］**経営者支配**　大規模な株式会社では，会社の実質的な所有者たる株主ではなく，取締役（経営者）が株式を所有することなく会社を支配している現象をいう。取締役は，株主総会で委任状を集め，また経営に関心のない株主が株主総会に欠席することによって，自らはほとんど株式を所有することなく，実質的に会社を支配できる状態になる。取締役は株主総会によって選任されるが，実際には株主総会は取締役が選んだ取締役候補者を支持するだけの存在となっている。

実際の会社では，取締役はその会社で長年勤めてきた従業員が昇格して就任し，取締役としての職務のほかに，事業部長，開発部長といった社内部門の長としての役割も与えられ，その結果取締役の間に序列と実質的な職務分担が生じ，相互監督の機能が十分に働かなくなっていたことが認識された。

これに対応するため，法は監査役制度を強化する方向を選択した。昭和49年商法改正では，監査役に会計監査権限に加えて適法性の観点からの業務監査権限が与えられた。さらに，会計の専門家による会計監査人制度の導入が主張された。一方，規模の小さい会社ではこのような重層的な監督体制を強制することはいささか無理であるという現実を踏まえ，会社の規模に応じて大会社・中会社・小会社の区分を行い，大会社にのみ会計監査人制度を適用することとした。

平成に入りバブル経済が崩壊すると，経営の効率性を高める観点からの機関構成の検討が提唱されるようになった。それまで取締役会に与えられてきた経営（の意思決定）と監督という2つの役割を分離し，取締役会の役割を監督に特化して，経営は執行役と呼ばれる別の機関に集中させる機関設計が平成14年商法改正で導入された。現行法の指名委員会等設置会社（当初の名称は委員会等設置会社，平成17年会社法では委員会設置会社）である。この機関構成も，アメリカで採用されているものを参考にしている。

平成17年会社法では，有限会社を廃止して株式会社に一本化する会社区分の根本的な改正が行われた。この結果，個人企業に近い小規模閉鎖型の株式会社から世界的大企業の上場会社までが1つの法律で規律されることになった。そこで，それまでの株式会社に対する取締役会設置強制を廃止し，大会社か否か，公開会社か否かによって，設置できる（または設置しなければならない）機関を区分する方法が採用された[1)]。

その後平成26年改正法で，新たに監査等委員会設置会社が設けられた。指名委員会等設置会社（改正前は委員会設置会社）に移行する会社がごく少数にとどまっていた一方で，従来型の機関構成会社における取締役会の監督機能の弱体化が引き続き内外から指摘されたことに対応して，いわば指名委員会等設置

1）会社機関に関する法改正史について詳しくは，「【特集】蘇える旧商法　会社法世代のためのコーポレートガバナンスの歴史」企業会計68巻8号23頁以下（2016）を参照。

会社と監査役会設置会社の中間的な機関構成の選択を可能とするものであった。また，経営監督の機能強化に関しては，**社外取締役**（2条15号）の設置強制が強く提唱され，令和元年改正法で，有価証券報告書提出会社を対象に設置が義務づけられることとなった（327条の2）。

[2] 機関設計の多様化

1　機関設計の考え方　　機関設計とは，本節[1]2で述べたさまざまな機関のうちどれを組み合わせるかという問題である。

株式会社では出資者である株主が会社の経営に最も利害関係を有している。とすれば，株主自身が経営を行うことが期待される。実際に，持分会社に関する規律はそれを前提としている（590条・599条）。しかし，所有と経営が分離し，経営者支配が進んでエージェンシー問題の可能性を抱える大規模な株式会社では，株主に代わって経営を担う機関と，その経営を監視・監督する機関の必要性が高まり，ここに会社機関の分化が生じる。

一方，平成17年会社法では，旧有限会社が会社区分の上で株式会社と統合されたため，上に述べた株式会社の特徴があてはまらない小規模会社もその規整対象に含まれることとなった。小規模会社には，およそ機関の分化が意味を持たない個人企業に類するものが多数存在する。そのような会社に上場会社と同じような機関の設置を義務づけると，かえって経営効率が削がれることになる。

そこで会社法は，株式会社の経営が効率的に行われることと，会社の利害関係者の利益を保護することがバランスよく実現されるように，機関の設置について会社ごとの一定の自由（定款自治）を認める一方で，会社の特徴（会社の規模と公開性）に応じた類型化を行い，機関の組合せ選択の幅が異なるルールを設けている。具体的には，株主総会と取締役を最低限必要な機関とし，その他の機関の組合せは，会社の規模と公開性の有無によってパターン化している。すなわち，大会社（2条6号）と公開会社（2条5号）の分類を用いて，①公開大会社，②公開中小会社，③非公開大会社，④非公開中小会社の4つの区分を設け，区分ごとに設置が義務づけられる機関が定められている（**図表3-1**）。

これにより各会社には，会社法の定めた枠内で，事業の内容や規模，将来に

図表3-1　株主総会・取締役以外の必置機関

	非公開会社	公開会社
中小会社	なし	取締役会 監査役
大会社	監査役 会計監査人	取締役会 監査役・監査役会 会計監査人

向けた経営方針などを考慮して，最もふさわしい機関設計を工夫する余地が与えられている。

以下では，図表3-1の必置機関の組合せを根拠条文と対応させて説明する。まず公開会社は，取締役会の設置が義務づけられる（327条1項1号）。公開会社は，譲渡が制限されない株式を発行しているため，株主が頻繁に入れ替わることが想定される。そのため，株主のみでは業務執行の監督が十分に行えないと考えられ，その役割を取締役会に期待する。また，取締役会が設置されると株主総会の権限が縮減されるため（295条2項），取締役会設置会社（2条7号）は，取締役（会）を監査する機関として監査役を置かなければならない（327条2項）。この結果として，公開会社は取締役会，監査役が必須機関となる。

次に，会計監査人を設置する会社は監査役を置かなければならない（327条3項）。会計監査人には，監査される立場の取締役から圧力がかかるおそれがあるため，会計監査人の選解任や報酬決定について監査役に一定の権限を与えて会計監査人の保護を図っている。また，取締役の監視・監督が効果的に行われるように，会計監査人と監査役による協働が期待されている。そのため，会計監査人を設置する場合は監査役とセットでなければならないとされている。

さらに，大会社は会計監査人を設置しなければならない（328条1項・2項）。大会社には多数の会社債権者が存在することが想定され，その保護を図るために計算書類の適正化を図る必要性が大きく，また，大会社はそのために会計監査人を確保するだけのリソースを有していると考えられるためである。公開大会社はさらに，監査役会の設置も義務づけられる（328条1項）。株主，会社債権者といった利害関係者が多数存在し，取締役の監視・監督の必要性が最も大きいと考えられるためである。

図表3-1の各欄に記載されていないその他の機関は，任意に選択できる。ただし，監査役会を設置する会社では，監査役が3人以上存在することになるため（335条3項），それとのバランスをとるために非公開会社も含めて取締役会の設置が義務づけられる（327条1項2号）。また非公開会社では，監査役の監査の範囲を会計監査に限定することができるが（389条1項），その場合には，資格要件がある会計参与（333条1項・2項）が計算書類の作成に関与している会社に監査役の設置を義務づけることは過剰な規制となることから，監査役の設置は任意とされている（327条2項ただし書）。

以上の機関組合せの制約に基づき，選択可能な機関の組合せを示すと図表3-2のとおりとなる。機関設計の組合せにはA～Hの8つの型があり，各型の右側の列に○印を付した機関が設置されることを表す。非公開中小会社は8つの型のすべてを選択できる一方，公開大会社はH型しか選択できない。公開中小会社はE～Hの4つの型，非公開大会社はC・G・Hの3つの型をそれぞれ選択できる。

図表3-2　機関設計の型（委員会型会社を除く）

	非公開会社							公開会社						
	機関構成型	取締役	取締役会	監査役	監査役会	会計監査人	会計参与	機関構成型	取締役	取締役会	監査役	監査役会	会計監査人	会計参与
中小会社	A	○					△	A						
中小会社	B	○		○			△	B						
中小会社	C	○		○		○	△	C						
中小会社	D	○	○				○	D						
中小会社	E	○	○	○			△	E	○	○	○			△
中小会社	F	○	○	○	○		△	F	○	○	○	○		△
中小会社	G	○	○	○		○	△	G	○	○	○		○	△
中小会社	H	○	○	○	○	○	△	H	○	○	○	○	○	△
大会社	C	○		○		○	△	C						
大会社	G	○	○	○		○	△	G						
大会社	H	○	○	○	○	○	△	H	○	○	○	○	○	△

注：△は置くことも置かないこともできることを表す。

図表 3-3　委員会型会社の機関設計

	取締役会	監査役	3委員会	監査等委員会	会計監査人	会計参与
指名委員会等設置会社	○	×	○	×	○	△
監査等委員会設置会社	○	×	×	○	○	△

注：△は置くことも置かないこともできること，×は置くことができないことをそれぞれ表す。

このほかに，すべての株式会社で指名委員会等設置会社と監査等委員会設置会社（以下，両者を合わせて「委員会型会社」という）を選択することができ，また，Dを除くすべての型で会計参与を置くことも置かないこともできるので，それらの組合せの総合計は47通りとなる。

委員会型会社は，社外取締役による監督機能を強化した機関設計で，取締役の中から選定された委員3人以上で構成される委員会（400条1項2項・399条の2第1項2項）が取締役会の機能の一部を担う。このため，委員会型会社は取締役会を設置しなければならない（327条1項3号・4号）。他の機関設計における監査役の機能は，監査（等）委員会が担うため，権限の重複を防ぐ趣旨で，委員会型会社では監査役を置くことができないとされているが（同条4項），会計監査人は置かなければならない（同条5項）（図表 3-3）。委員会型会社はすべての株式会社で採用することができるが，その趣旨からすれば公開大会社に適した機関設計である。

2　典型的機関設計（監査役会設置会社）　前項で述べたように，会社法は実に多くの機関設計の選択肢を設けており，機関設計の型によって同じ名称の機関でもその役割や権限に違いがある場合もある。しかし，非公開大会社は，上場会社の非上場子会社を中心に約7,000社程度と推定され，また公開中小会社は，新規上場企業の一部や，定款に株式譲渡制限の定めを置くことを失念している中小企業が考えられる程度であり，わが国に存在する株式会社の大半は非公開中小会社の区分に属する。会社法は，それぞれの会社が自分の身の丈に合った機関設計を行えるように，とりわけ非公開中小会社には多くの選択肢を認めている。しかし，会社法に通じているとはいいがたい非公開中小会社にとっては，むしろ選択肢を絞り込んだほうが「使いやすい会社法」になるとの批判もあり得るところである。

図表 3-4　監査役会設置会社の構造

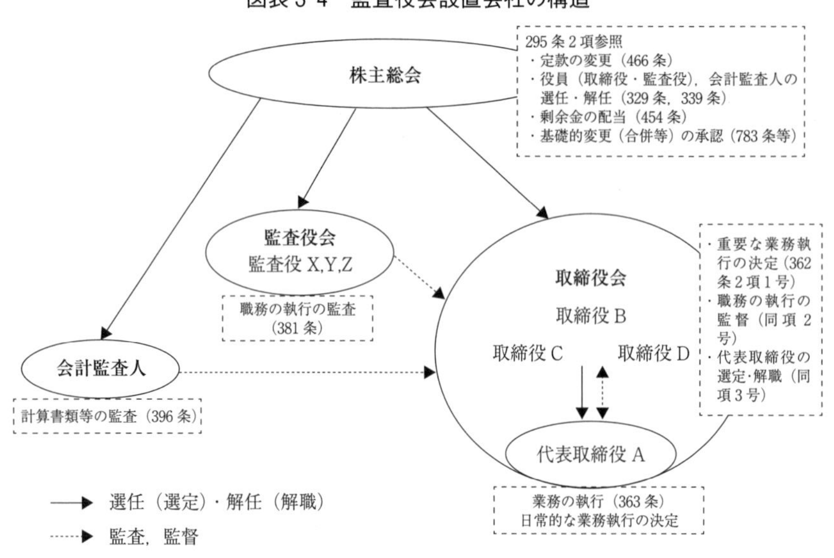

一方，A 型～H 型のうち，変動する多数の株主が存在し，所有と経営の分離を特徴とする株式会社で期待される役割分担と相互牽制を最もよく体現しているのは，H 型の機関設計である。監査役会設置会社（2 条 10 号）と呼ばれる H 型は，すべての株式会社で選択することができる。上場会社の大半は H 型の機関設計である。

図表 3-4 は，監査役会設置会社の基本的な組織構造と各機関の主な役割を示したものである。以下，本章第 5 節までの各機関の説明は，監査役会設置会社を前提として進め，必要に応じてその他の機関設計における違いに触れることとする。

第2節　株 主 総 会

株主総会は株主によって構成される会社としての意思決定機関である。株主が 1 人の会社でも株主総会は設置しなければならない。また株主総会は，機関の名称であると同時に，会社法に基づき株主が出席して開かれる会議をも表す。

株主総会を開催していない会社はあっても，機関としての株主総会がない会社はあり得ない。

1 権　　限

株主総会の権限は，取締役会の有無によって異なる。取締役会設置会社においては，株主総会は会社法および定款で定めた事項に限って決議することができる（295条2項）。すなわち取締役会設置会社の株主総会は，会社の最高意思決定機関であるものの，万能の機関ではない。取締役会設置会社は，会社の規模が比較的大きく，株主が自ら経営を行う意思や能力を持たないため，経営に関する意思決定の多くを専門家である取締役（会）に委ねるほうが合理的と考えられるためである。これに対し，取締役会を設置していない会社（以下，「取締役会非設置会社」）の株主総会は，会社に関する一切の事項について決議をすることができる（295条1項）。その意味で，取締役会非設置会社の株主総会は，最高かつ万能の機関である。取締役会非設置会社は所有と経営が分離しておらず，株主自身が経営の意思と能力を有すると考えられるためである。

会社法は大きく分けて4つの事項について株主総会の決議を要求している。①取締役，監査役などの機関の選任および解任（329条・339条），②定款変更（466条），事業譲渡（467条1項），合併（783条1項・795条1項・804条1項）といった会社の基礎的変更に関する事項，③剰余金配当（454条1項）のような株主の重要な経済的利益に関する事項，④取締役の報酬など取締役に決定を委ねると株主の利益を害する可能性が高い事項である（361条1項）。

以上の会社法が定める決議事項に該当しない事項であっても，株主が自ら決定したいと考えるものについては，定款にその旨を定めることで，株主総会の決議事項とすることができる。一方，上記①～④の事項の決定権限については，それを株主総会から取締役会に移す定款の定めを置いたとしても無効である（295条3項）。株主の利益を保護する観点から，株主自身に決定させることが特に必要と考えられるからである。

2 招　　集

1　総説　株主総会が会社の最高意思決定機関として適切な判断をするた

めには，必要な情報と時間が株主に与えられ，かつ，株主が実際に株主総会に出席する機会が存することが重要である。また，会社としての意思決定の有無を明確にするための手続が必要となるため，会社法は株主総会について厳格な招集手続を定めている。

2　株主総会の種類　株主総会には，定時株主総会と臨時株主総会の2種類がある。定時株主総会は，毎事業年度終了後一定の時期に開催される（296条1項）。わが国の多くの株式会社の事業年度は3月末日に終了し，定時株主総会を6月下旬に開催するのが一般的な実務となっている。臨時株主総会は，合併する場合など必要の都度招集される（同条2項）。

3　招集の手続　⑴　**招集権者**　取締役会設置会社では，取締役会決議で株主総会の招集を決定し，代表取締役が株主総会を招集するのが原則である（298条1項4項・349条4項）。取締役会非設置会社では，取締役が招集権者となる（296条3項）。

例外として，株主が取締役に対して株主総会の招集を請求することができる（297条1項）。取締役（会）が意図的に株主総会の開催を怠る場合への備えであり，中小規模の会社では経営をめぐる内紛からそのような事態が生じることがある。この場合，招集請求権を有するのは総株主の議決権の100分の3を有する少数株主であり，加えて公開会社では株式を6か月以上継続保有している株主でなければならない（同条1項）。非公開会社では継続保有期間の要件は適用されない（同条2項）。株主からの請求にもかかわらず一定の時期までに株主総会招集の手続がとられない場合は，裁判所の許可を得て，株主が自ら招集することができる（同条4項）。

⑵　**招集の決定**　株主総会の招集にあたり決定しなければならない事項がいくつか定められている（298条1項）。

まず，株主総会の日時と場所である。開催場所については特段の制約はないが，株主にとって著しく不便な場所で開催したような場合は，招集手続の著しい不公正として，株主総会決議取消事由となり得る（831条1項1号）。平成17年会社法制定前は，本店の所在地またはそれに隣接する地に招集することを要するとされていたが（旧商法233条），株主の利便性を考慮した会場を選定できるようにするため廃止された。

次に，株主総会の目的事項（議題）である。取締役会設置会社では，あらかじめ株主総会の議題として示された事項以外の事項は決議することができない（309条5項）。株主総会で議論される事項を事前に通知することで，株主がその準備をすることができるようにするためである。

さらに，株主総会に出席しない株主に対して書面または電磁的方法による議決権行使（書面投票・電子投票）を認める場合には，その旨を決定しなければならない。

⑶　**招集通知**　株主総会の招集通知は，株主総会の日の2週間前までに株主に対して発しなければならない（299条1項）。ここで2週間前とは，発信日と総会当日を含めず，その間に14日以上あるという意味である（大判昭10・7・15民集14・1401）。この期間を定款で伸長することはできるが，短縮することは許されない。非公開会社では1週間前とされている。

招集通知は，書面投票・電子投票を実施する場合，または取締役会設置会社である場合は，総会の日時・場所，議題等を記載して，書面で行わなければならない（299条2項・4項。巻末資料1参照）。また，書面投票・電子投票を実施する場合は，**株主総会参考書類**［ことば］と議決権行使書面を添付する（301条1項・302条1項）。取締役会設置会社の定時株主総会では，計算書類や事業報告も添付する必要がある（437条）。招集通知および一部の添付書面は，株主の承諾を得てインターネット（電磁的方法）を利用することができる（299条3項・301条2項）。

取締役会非設置会社で書面投票等を行わない場合は，招集通知の方法に特段の制限はない。電話や口頭での通知も有効であり，総会の目的事項の記載も不要である。

令和元年改正により，株主総会資料をすべてインターネット上のウェブサイトに掲出し，株主に対する招集通知には，当該ウェブサイトのアドレス等の基本的な事項のみを記載することができる「電子提供措置」が設けられた（325条の2）。振替株式を発行する会社は，この制度を利用しなければならない（振替

［ことば］**株主総会参考書類**　株主総会の招集の通知に際して株主に交付される，議決権行使について参考となるべき事項が記載された書面で，議案に関する詳細が記されたものである（会施規65条1項・73条以下）。

159条の2第1項)。掲出期間は，株主総会の日の3週間前から株主総会の終了日後3か月間を経過するまでである（325条の3第1項)。これによって，資料の印刷・郵送等のコストが削減され，招集通知を前倒しすることが可能となる。ただし株主は，ウェブサイトに掲出された電子提供措置事項が記載された書面を交付するよう会社に対し請求する権利を有する（325条の5第1項)。インターネットの利用環境がない株主に配慮したものである。

(4)　**招集手続の省略，全員出席総会**　　書面投票・電子投票を実施する場合を除き，株主全員が同意した場合は招集手続を経ることなく株主総会を開催することができる（300条)。招集通知は，株主に対して出席の機会と議事および議決に参加する準備の機会を与えるために行われるものであるから，招集手続の利益を受ける株主の全員が事前に同意するのであれば，省略しても問題がないからである。また判例は，株主の全員が異議なく出席して行われたいわゆる全員出席総会について，同様の理由で株主総会決議としての有効性を認めている（最判昭60・12・20民集39・8・1869〔百選27・START UP 03〕)。

3　株主提案権

設例 3-2

A株式会社では不祥事が明らかになったにもかかわらず，取締役Bが責任の所在を明らかにせず，辞任する様子もない。株主Cは，来たる株主総会の招集通知に，取締役解任の件を議題としてとり上げさせたい。

1　総説　　取締役会設置会社の株主総会の議題は取締役会が決定する（298条1項2号・4項)。そのため，取締役の解任や配当の増額など，取締役にとって都合の悪い議題や取締役の経営上のフリーハンドを制約する議題を招集通知に含めないおそれがある。そこで会社法は，株主が自ら議題を提案し（議題提案権）（303条)，または取締役会が決定した議案とは異なる議案を株主総会に提出する権利（議案提出権）（304条）を認めている（図表3-5)。

ここで議題とは，会議の目的事項をいい，たとえば「取締役選任の件」がそれにあたる。議案とは，議題の具体的な中身であって，たとえば「Aを取締役

図表 3-5　株主提案権の行使要件

<table>
<tr><th colspan="2" rowspan="2"></th><th colspan="2">取締役会設置会社</th><th rowspan="2">取締役会
非設置会社</th></tr>
<tr><th>公開会社</th><th>非公開会社</th></tr>
<tr><td rowspan="2">議題提案権</td><td>事　前
8 週間前**</td><td>議決権 1 /100 or 300 個*＋
6 か月**継続保有</td><td>議決権 1 /100 or 300 個*</td><td rowspan="2">単独株主権</td></tr>
<tr><td>総会日</td><td colspan="2">行使不可</td></tr>
<tr><td rowspan="2">議案提出権</td><td>要領の通知
8 週間前**</td><td>議決権 1 /100 or 300 個*＋
6 か月**継続保有</td><td>議決権 1 /100 or 300 個*</td><td rowspan="2">単独株主権</td></tr>
<tr><td>総会日</td><td colspan="2">単独株主権</td></tr>
</table>

*　定款で下回る割合または個数を定めることができる。
**　定款で下回る期間を定めることができる。

に選任する件」は取締役選任議案である。

2　議題提案権　株主が提案できる議題は，株主総会の決議事項に該当するものでなければならない（303 条 1 項）。特に取締役会設置会社では，株主総会の目的となっていない事項については決議できないから（309 条 5 項），この権利は取締役と株主の利害を調整するものとして重要である。

取締役会設置会社では，総議決権の 100 分の 1 以上または 300 個以上の議決権を保有している株主に限り議題提案権が与えられる（303 条 2 項）。さらに公開会社では 6 か月前から継続して保有していることが要件である（同条 2 項・3 項）。これは株主による濫用を防ぐためである。また，提案権の行使期限は，株主総会の日の 8 週間前までである。取締役会設置会社では会議の目的とされた事項しか決議できないため（309 条 5 項），請求された事項を株主総会の目的とすることを取締役会で決定する（298 条 1 項 2 号）などの準備が必要になるからである。

これに対して取締役会非設置会社では，提案できる株主の保有議決権数や株式保有期間による制限はなく，また行使期限についての定めもない。株主総会の当日に議題提案権を行使してもよい。

3　議案提出権　株主は，すでに株主総会の議題となっている事項について，自ら議案を提出することが認められる（304 条）。また，提出した議案の要領を株主に通知するよう請求することができる（305条1項）。議案提出権は1株しか保有していない株主にも与えられる単独株主権であるが，議案通知請求には，議題提案権と同じく持株要件および株式の保有期間要件が適用される（305条1項ただし書・2項）。

議案が法令・定款に違反する場合，または実質的に同一の議案が3年以内に総株主の議決権の10分の1の賛成票を得られずに否決された場合は，議案提出および議案通知請求は認められない（304条ただし書・305条6項）。後者は，「泡沫議案」と呼ばれており，大多数の株主の賛成を得られないことが当然に予想される提案が毎年くりかえし行われることによる費用や時間の浪費を回避するためである。

議案通知請求権が行使されると，株主に対して議案の要領が通知される（305条1項）。議案の要領とは，提案する議案の基本的内容について会社や一般株主が理解できる程度の記載を指し，当該議案の提案理由などは含まない（東京地判平19・6・13判時1993・140）。ただし，株主総会参考書類を交付・提供する場合には，株主提案議案そのもののほか（会施規73条1項1号），株主から提出された提案理由や議案に対する取締役（会）の意見などの情報を株主総会参考書類に記載しなければならない（会施規93条1項）。

コラム 3-2

株主提案権の意義

株主提案権は，かつてはたとえば市民グループが電力会社の株主となって，原発建設に反対し，あるいは環境保護を求めて行使するものが多かった。泡沫議案に対する制限は，実質的にこのような株主グループの活動を封じる効果がある。しかし，経営者支配が進んでいる上場会社では，少数株主の独自の提案が可決される可能性はそもそもほとんどなく，そのような実態を踏まえて，株主提案権の意義は少数株主の意見表明による総会の活性化であるといわれた（鈴木＝竹内232頁）。

しかし近年は，機関投資家や投資ファンドが，取締役報酬の個別開示，経営組織の改革や配当の増額を求める提案を行い，さらに委任状勧誘（⇒コラム3-4）と組み合わせることで，株主総会で多くの賛成票を集める例が増えてきた。敵対的企業買収の手段の1つとして，取締役の解任・選任提案が用いられることもある。また，東日本大震災や地球温暖化問題を背景に，電力会社の一般株主の中にも，泡沫議案とされてきた提案に対する共感が生まれてきている。

一方で，私怨を晴らし，あるいは売名を目的としているとしか思えない株主提案も見られるようになっており，株主提案権の濫用といわざるを得ないような状況も存在したため，令和元年改正で提案できる議案の数が制限された（305条4項・5項）。
　株主提案権については，株主総会の円滑な運営や効率性の確保と，会社経営への株主の積極参加のバランスのとり方が難しい問題であるが，今後は株主が取締役の業務執行を監督するための手段として，その存在価値が高まってゆく可能性がある。

4　株主の議決権

1　一株一議決権の原則とその例外　**(1)　一株一議決権の原則**　株主は，株主総会において，その有する株式1株について1個の議決権を有する（308条1項）。これを「一株一議決権の原則」という。1人1票ではなく，出資額に応じて会社の意思決定に参加する権利が与えられる。ただし，非公開会社では，定款に定めを置くことにより，たとえば1人1票など株主ごとに異なる扱いをすることが認められる（109条2項）。

議決権の過半数を有する株主は，株主総会決議，とりわけ取締役の選解任決議を通じて会社の経営を支配することができる。これを「資本多数決の原則」という。より多くの株式を有している者は，一般に会社の利益の最大化についてより大きなインセンティブを有していると考えられることがこの原則の背景にある。

(2)　議決権を行使できない場合　次の場合は，例外として株式の議決権が認められていない。

(a)　議決権制限株式　議決権制限株式（108条1項3号）は，その性質上当然に，議決権が制限された事項に関する議決権がない。

(b)　単元未満株式　単元株制度を導入している会社の場合，単元未満株式には議決権が発生しない（308条1項ただし書）。

(c)　自己株式　自己株式について，それを保有する会社は議決権を行使することができない（308条2項）。会社が保有する株式の議決権をどのように行使するかは，その会社の取締役の経営判断事項である。しかし，自己株式については，その議決権を取締役が行使すると，自分を取締役に選任する議案に自ら賛成票を投じるなどして自己保身のためにそれを行使することで，会社の財産を用いて会社支配の公正をゆがめるおそれがある。そのため，自己株式に

図表 3-6　相互保有株式

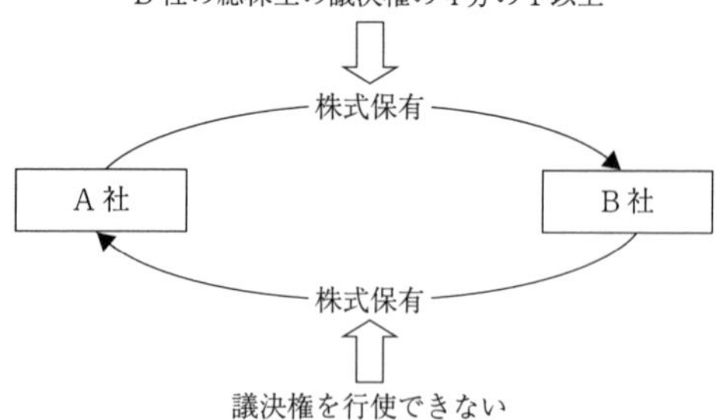

は議決権が認められない。なお，取締役自身が有する株式については，取締役の私的財産として他の株主と同様に議決権の行使が認められる。

(d)　相互保有株式　　A社とB社が互いに株式を持ち合っている場合で，A社がB社の総株主の議決権の4分の1以上を保有しているとき，B社は保有しているA社の議決権を行使することができない（308条1項かっこ書。図表 3-6)。会社法はいわゆる株式持合いそのものは認めているが，両社の取締役が互いになれあって議決権を行使するのを防ぐために，議決権の行使を規制している。なお，A社がB社の議決権の2分の1超を保有するに至った場合は，B社はA社の子会社となり，子会社B社は親会社A社の株式を保有すること自体が禁止されるので（135条1項），相互保有株式規制が適用されるのは，一般にA社によるB社株式の持株比率が4分の1以上2分の1以下のときとなる。

コラム 3-3

株式持合い

わが国の上場会社では，1950 年代から 60 年代にかけて，安定株主工作のために株式持合いの実務が確立した。これにより，企業グループ構成会社相互間，あるいは継続的取引関係にある事業会社や金融機関相互間で，相手方の株式の数パーセント程度以内を持ち合う状態が形成された。当初は株式の買占めによる会社乗っ取りや外資の市場参入対策が目的であった。株式持合いにより一般株主からの取締役に対するプレッシャーが緩和された一方，株主である取引先との関係が強化された。

しかし，バブル崩壊後は保有株式の含み損が表面化したことにより，株式持合いの解消傾向が進んだ。一方，2000 年代後半になると，敵対的買収防衛策として再び株式持合いが増加する動きが見られるようになった。

(e)　特別利害関係株主の議決権排除　　会社法は，一定の株主総会議案の内容に特別な利害関係を有する株主の議決権を排除する定めを置いている。譲渡制限株式の会社による買取り，自己株式の取得，および相続人等に対する株式の売渡請求の場合における株主総会の議案について，会社に対する売主となる株主は議決権を行使することができない（140条3項・160条4項・175条2項）。

2　議決権の行使方法

(1)　総説　　議決権は，株主が自ら株主総会に出席して行使するのが原則である。ただし会社法は，株主総会への出席が困難な場合に備えて異なる議決権の行使方法を定めている。①代理人による議決権行使，②書面による議決権行使（書面投票），③電磁的方法による議決権行使（電子投票）であり，これらの手段を利用することで，より多くの株主の意見を株主総会決議の結果に反映させることが可能になる。しかし，書面投票・電子投票は，実際に株主総会の場での質疑応答や審議に参加しないまま，株主が議案の可否を判断することになるため，通常の招集通知以上に議案内容に関する情報を株主に提供することが必要となる。

(2)　代理人による議決権行使

設例 3-3

Ａ株式会社は，株主の代理人として株主総会に出席できる資格を，定款で株主に制限している。株主Ｂは病気のため，株主でない子のＣに株主総会に代わりに出席してもらいたいと思っている。また，株主Ｄは法人であり，代表者の都合がつかないため，総務課長のＥを代理人として出席させることとしたい。Ａ社はＣ，Ｅの出席を拒否することが認められるか。

株主は代理人を株主総会に出席させ，その代理人に議決権を行使させることができる（310条1項前段）。自ら出席できない株主に，議決権行使の機会を保障するためである。代理権の授与は株主総会ごとに行い（同条2項），代理権を証明する書類（委任状）を会社に提出しなければならない（同条1項後段）。

多くの会社では，代理人の資格を株主に限るという定款規定を設けている。これはわが国の上場会社特有の病理事象であった総会屋の対策として設けられるようになったものである。このような代理人資格の限定については，会社法に明文の規定はないが，判例はこれを有効としている《判例❶》。ただし，これは総会屋が跋扈（ばっこ）していた当時の社会情勢を前提としたものであって，株主総会が攪乱（かくらん）されて会社の利益が害されるおそれがない場合にまで，代理人を株主に限定することができると解すべきではない。たとえば，団体や法人が株主である場合は，職員や使用人が代理人として議決権を行使することが認められる（最判昭51・12・24民集30・11・1076〔百選34・START UP 05〕）。この場合，代理人を認めないと事実上議決権行使の機会を奪うことになるからである。また，個人株主の場合も，その親族や弁護士による議決権の代理行使は定款違反とまではいえないと考えられるが，裁判例は分かれている。

コラム 3-4

委任状勧誘

株主に対して自己に議決権を代理行使させるよう働きかけることを委任状勧誘という。委任状勧誘の主体は，株主または株主でない第三者のほか，会社（経営者）が行うこともある。かつて書面投票制度が整備されていなかった時は，上場会社が大口法人株主に対して委任状勧誘を行い，定足数と賛成票の確保を図っていた。

最近では，会社の経営陣の方針に不満を持つ株主が，自らの経営方針を実現するために，経営陣の交代を主張して他の株主に対して委任状勧誘を行う例が見られるようになった。このような株主は，株主提案権を行使して取締役候補者を立てて，委任状勧誘により議決権の多数を握ろうとするが，経営者側がこれに対抗して委任状勧誘を行う「委任状争奪戦」と呼ばれる事態に至ることもある。

委任状勧誘に関して，会社法では議決権の代理行使に関する規定（310条）が適用されるにすぎないが，上場会社を対象に金融商品取引法で勧誘者側の情報提供等が規制されている。金融商品取引法による委任状勧誘規制は，書面投票制度と類似した内容を有するため，株主総会の招集権者が株主全員に対して金融商品取引法の規制に従った委任状勧誘を行う場合には，会社法の書面投票実施義務の適用がなくなる（298条2項ただし書，会施規64条）。

(3)　書面による議決権行使　　会社は書面による議決権行使を認めることができる（298条1項3号）。ただし株主数が1,000人以上の会社は，書面による議決権行使を認めなければならない（同条2項）。株主数が多い会社では，遠隔地

《判例❶》最高裁は，代理人を株主に限る旨の定款規定は，株主総会が株主以外の第三者によって攪乱（かくらん）されることを防止し，会社の利益を保護する趣旨に出たものと認められ，合理的な理由による相当程度の制限ということができることを理由として示した（最判昭43・11・1民集22・12・2402〔百選29〕）。

に住む株主など出席できない者が多くなることを考慮したものである。この義務は，電磁的方法による議決権行使の機会を提供することによって代替することはできない。上場会社では，取引所規則により，原則として書面投票の実施が義務づけられる（東京証券取引所有価証券上場規程435条）。

書面による議決権行使を採用する場合，会社は招集通知に際して，株主総会参考書類と議決権行使書面（巻末資料2参照）を株主に交付しなければならない（301条1項）。株主は議決権行使書面に必要事項を記載して会社に提出する方法で議決権を行使する（311条1項）。

(4)　**電磁的方法による議決権行使**　　会社は，議決権行使を電磁的方法によることを認めることができる（298条1項4号）。実務上はインターネットを利用しており（2条34号かっこ書，会施規222条），議決権行使のためのサイトを開設した上で，議決権を行使するためのIDとパスワードを記載した通知書が株主に交付される。この場合も書面による議決権行使と同様の情報を株主に提供する。書面による議決権行使と異なり，電磁的方法による議決権行使を認めることが義務づけられることはない。

書面投票や電子投票を実施している株主総会において，総会当日に議場で議案に対して原案の内容を変更する提案（修正動議）がなされた場合に，すでになされている投票をどのように取り扱うかという問題がある。原案賛成の票は修正反対に，原案反対の票は修正棄権として扱う説と，すべてを棄権と扱うべきとする説があるが，いずれをとっても，修正動議については出席議決権数には含めるものの，賛成には含めないことになるため，決議の成否との関係では同じである（会社コンメ7・213頁）[2]。

書面または電磁的方法による議決権行使がなされた場合，株主はその書面または電磁的記録の閲覧・謄写を請求することができる[3]。

(5)　**議決権の不統一行使**　　1人の株主が複数の議決権を有している場合，通常はこれを統一的に行使することが想定されている。しかし，他人のために

2）ただし，たとえば配当を年6％とする原案に賛成したからといって，配当を年8％とする修正動議に反対するとは限らないから，一律に原案賛成票を修正反対として扱うことには難がある（弥永真生『リーガルマインド会社法〔第14版〕』128頁（有斐閣，2015））。

3）ただし，令和元年改正により，株主は請求の理由を明らかにしなければならず，また会社は，一定の事由に該当する場合に株主の請求を拒絶することができる（311条4項5項・312条5項6項）。

株式を保有している者（複数の機関投資家のために株式を保有している信託会社がその代表例である）は，株主名簿上の株主ではあるが，その背後に株式の実質的な保有者である投資家が存在している。そのため，委託者により議案に対する賛否が異なる可能性に備えて，受託者である株主は議決権を統一しないで行使することが認められる（313条1項）。たとえば，100個の議決権を有している株主が，そのうちの60個を賛成，40個を反対として行使するのが不統一行使である。そのためには，株主は株主総会の3日前までに，不統一行使をする旨およびその理由を会社に通知しなければならない（同条2項）。他人のために株式を保有するのではない株主に対して会社が不統一行使を拒む機会を与えるとともに，会社の事務処理の便宜のためである（313条3項）。

コラム 3-5

機関投資家

機関投資家（institutional investors）とは，個人ではなく，法人などの企業体で投資を行っている大口の投資家を指す。業として他人のために株式等の証券投資によって資産運用を行い，常時資本市場に参加している「プロの投資家」である。保険会社，信託銀行，投資銀行，投資ファンド，投資顧問会社，年金基金，ヘッジファンドなどさまざまな名称を持つ機関投資家が存在する。

金融商品に関する十分な情報入手・分析能力を持たない個人の投資家としては，そのような能力を有する者に資金の運用を委ねることが合理的な投資行動であり，資本市場の成熟に伴い株式投資の主体は機関投資家に移ってきた。

機関投資家は資金の提供者である顧客に対して受託者責任を負うとの考え方の広がりとともに，機関投資家は単に資産運用を行うだけでなく，積極的な議決権行使により，投資先の経営者との対話を通じて，当該企業の企業価値向上や持続的成長を促すことが期待されている。そのような期待を反映した機関投資家の行動指針として「責任ある機関投資家の諸原則《日本版スチュワードシップ・コード》」が金融庁により策定・公表された（2014年2月）。

日本版スチュワードシップ・コードには法的拘束力はないが，その趣旨に賛同し，これを受け入れる用意がある機関投資家に対して，その旨を表明することが期待されている。

3　株主の権利行使に関する利益供与

設例 3-4

Ａ株式会社は，定時株主総会の１か月前に，反社会的団体に所属していると名乗る株主Ｂから，「社長の私的な醜聞情報をつかんだ。株主総会で糾弾する」という通告を受けた。総務部長ＣはＢと面会し，株主総会での発言を行わないよう懇願するとともに，現金10万円の入った封筒を手渡した。Ａ社の対応にはどのような問題があるか。

株式会社は，何人に対しても，当該株式会社またはその子会社の計算において，株主の権利の行使に関し，財産上の利益を供与してはならない（120条１項）。いわゆる総会屋対策のために昭和56年商法改正で設けられた。

わが国には，上場会社の株主の地位を利用して，直接または間接に会社に金品等を要求する者が存在し，総会屋と呼ばれてきた。総会屋には，会社が要求に応じないと，株主総会で不規則発言を繰り返して議場を混乱させる「野党総会屋」と，会社が要求に応じれば，株主総会で会社側の議事進行に協力する「与党総会屋」がおり，企業社会の陰の部分を形成していた。平成に入り厳正な法執行によって，わが国を代表する上場会社が次々と摘発された結果，現在その活動は沈静化している。

設例 3-5

Ａ株式会社は，来たる定時株主総会が定足数を満たさず，取締役会が提案している議案が不成立となる事態を懸念して，総会招集通知に，株主総会に出席するか議決権行使書を返送した株主に，500円の商品券を贈呈する旨を記載した。このような措置に問題はないか。

利益供与禁止規定は，総会屋のみを対象としているわけではなく，広く会社運営の健全性・公正性を確保し，会社財産が浪費されるのを防止することが目的とされている。したがって，会社にとって望ましくない株主の議決権行使を回避する目的で，当該株主から株式を譲り受けるための対価を株式譲受人となる者に供与することは，利益供与にあたる（最判平18・4・10民集60・4・1273〔百選12〕）。また，株主総会において現経営陣の経営方針に賛成するよう求めつつ，投票を行った株主に対して商品券を提供する行為が利益供与にあたるとされた裁判例もある（東京地判平19・12・6判タ1258・69〔百選31・START UP 07〕）。一方，①株主の権利行使に影響を及ぼすおそれがない正当な目的があり，②供与される額が社会通念上許容される範囲内で，③供与総額が会社の財産的基礎に影響を及ぼさない程度であるときは，当該行為は許容されると解される。

禁止規定に違反して利益の供与を受けた者は，会社にその利益を返還しなければならない（120条3項）。また，利益供与に関与した取締役等は供与額を返還する責任を負う。この場合，利益供与の実行者は無過失責任とされる（同条4項）。また，利益供与には刑罰規定が設けられている（970条）。

5 議事と決議

1 議事運営

設例 3-6

Ａ電力会社では，原子力発電所廃止を求める株主グループが，定時株主総会を控えて本社前で繰り返し街宣活動を行い，大量の質問書を送ってくるなどしていた。このため，定時株主総会で議事進行が妨害される事態が発生することをおそれ，Ａ社は，株主である従業員の中から会社のバスケットボール部とラグビー部に所属する体格のよい者を選んで，総会当日早朝から来場させて前方５列すべてを占めるように着席させた。このため原発反対派の株主グループは希望する席に座ることができず，その後方に着席せざるを得なかった。このような総会運営に問題はないか。

(1)　議長の選出　　株主総会の議事運営は議長が行う（315条）。通常は，定款に取締役社長が議長となる旨の定めが置かれている。仮に定款に定めがない場合は，会議参加者すなわち株主間の互選で選出するのが一般的な慣例であろう。株主による招集の場合は，定款の議長選出規定は適用されず，新たに議長を選出する必要があるとする裁判例がある（広島高岡山支決昭35・10・31下民11・10・2329）。また，裁判所の命令により招集される総会（307条1項1号・359条1項1号）についても同様に解する説が有力である（鈴木＝竹内243頁）。

(2)　議長の権限　　議長は株主総会の秩序維持と議事整理を行い（315条1項），そのための命令を出すことができる。命令に従わない者その他株主総会の秩序を乱す者を退場させる権限を有する（同条2項）。いわゆる総会屋による総会荒らしを想定して設けられた規定である。議長はこれらの権限を行使して，議事が整然と行えるよう会場内の秩序を維持し，審議すべき議題の提示や発言者の指名を行い，議論が熟したときには採決を行うなどの議事進行を司る。

会社法には議事運営に関する詳細な定めを置いていないため，多くの場合は定款規定や会議体の一般原則[4]に従って議事運営が行われ，議長および会社には議事運営に関して広範な裁量権が認められる。もっともこの裁量権は株主の総会への実質的な参加を確保するように行使されるべきものであって，それが恣意的に行使された場合は，総会の決議方法の法令違反ないしは著しい不公正という瑕疵を帯びる可能性がある（831条1項1号）

最高裁判所は，電力会社が，原発反対を主張する株主グループに対抗するために，従業員株主を先に入場させ前方に着席させたことについて，同じ株主総会に出席する株主に対しては，合理的な理由がない限り同一の取扱いをすべきであるとして，そのような措置を不適切とした（最判平8・11・12判時1598・152〔百選A11〕）[5]。

2　取締役等の説明義務

設例 3-7

A株式会社の定時株主総会に提出された退任取締役に対する退職慰労金贈呈議案には「当社所定の基準に従い相当の範囲内で支給することとし，贈呈の金額，時期，方法等は取締役会にご一任願いたいと存じます」と記されていた。総会当日に支給金額について株主から質問を受けた議長の代表取締役は，プライバシーを理由に回答を拒むことができるだろうか。

(1)　**総説**　取締役等は，株主総会において，株主から特定の事項について説明を求められた場合には，必要な説明をする義務を負う（314条）。株主は株主総会において質問をする権利を有するが，説明義務はこれを取締役等の側から規定したものである。「株主総会において，株主から特定の事項について説

4）たとえば，文書化された会議体の一般原則として「ロバート議事規則（Robert's Rules of Order)」がある。アメリカ議会の議事規則を基に，一般の会議でも用いることができるよう簡略化して考案された議事進行のルールである。

5）ただし，原告株主は，希望の席には座れなかったものの，総会中に発言の機会は得られたため，法的利益の侵害はなかったとして，不法行為に基づく損害賠償請求の主張は認められなかった。

明を求められた場合には」とされているので，会社が株主から事前の質問状を送付されていても，総会の場で具体的な質問がない限り説明義務は発生しない。また実務上は，取締役が総会の冒頭で事前の質問状に一括して回答することが行われているが，このような一括回答はさしあたり説明義務の履行とは関係ないから違法の問題は生じない（東京高判昭61・2・19判時1207・120〔百選32〕）。

⑵　**説明義務の履行**　　問題となるのは，株主の質問によって取締役等に説明義務が発生した場合に，どの程度の説明をすれば，説明義務を尽くしたことになるかである。一般論としては，株主が議題を合理的に判断するのに客観的に必要な範囲で説明をすれば足り，その判定は平均的な株主を基準とする（東京地判平16・5・13金判1198・18〔START UP 06〕）。したがって，取締役等は質問をした株主が納得するまで説明を続けることまでは求められない。

具体的な説明の範囲は，問題となっている議題および議案の内容，株主総会において株主がした質問の内容によって決まってくる。たとえば，取締役の退職慰労金贈呈に関する議案について，確定した退職慰労金支給基準の存在，当該基準の公開および当該基準から支給額を計算できることを説明する必要があるとした下級審判例がある《判例❷》。

⑶　**説明を拒絶できる場合**　　株主総会の場でのあらゆる質問に取締役等が回答しなければならないとすると，かえって不都合が生じることがあり得る。そこで会社法は，説明義務の例外をいくつか定めている（314条ただし書，会施規71条）。

第1に，株主総会の目的である事項に無関係な質問である。ただしたとえば，当該会社が販売している商品のリコールなど事業内容に関する質問は，個別の議題と直接関係がないとしても，報告事項（たとえば事業報告（438条1項））として株主総会の目的事項に含まれるので，説明義務の対象となる。

第2に，質問に回答すると株主共同の利益が著しく害される場合である。たとえば食品メーカーの株主総会で，株主が会社の製品のレシピの説明を求めたときは，それに回答することで会社の営業秘密が公知となって会社の事業に重

《判例❷》　この事案では，株主が退職慰労金の総額および各退任取締役への支給額について質問したのに対し，議長を務めていた代表取締役がプライバシーを理由に具体的な回答をしなかった（東京地判昭63・1・28判時1263・3）。

大な影響が生じることが想定されるため，取締役等は説明義務を負わないと解される。

そのほか，説明に調査を要する場合，プライバシーなど他人の権利を侵害する場合，すでに説明したことを繰り返し質問する場合も説明義務の対象とならない。

3　決議の成立　**(1)　採決**　採決の方法について会社法には特段の定めがない。したがって，投票，起立，挙手，拍手など議長の合理的な裁量によって採決方法を選択してよい。一般に上場会社では，賛否が拮抗する可能性がある場合を除いて，拍手によることが多い。これは，委任状および議決権行使書により，取締役会があらかじめ議案の成否を把握しているためである。

株主総会に対してなされた提案について，議決権を行使できる株主全員が書面または電磁的記録により同意の意思表示をした場合には，株主総会を開かずに，可決する旨の決議があったものとみなすことができる（319条1項）。もっとも株主が多数存在する会社では，株主全員の事前同意は実質的に不可能であるので，総会決議の省略が利用できるのは，株主が特定少数の会社に限られるであろう。

(2)　決議の成立要件　株主総会の決議は議決権による多数決で成立するが，決議が成立するための要件は，決議対象となる事項の重大さによって異なる。

図表3-7　決議の成立要件

<table>
<tr><th></th><th>定足数</th><th>多数決要件</th><th>決議事項</th></tr>
<tr><td>普通決議
（309条1項）</td><td>行使可能な議決権の過半数
定款で引下げ可，ただし役員の選解任では1/3まで</td><td>出席株主の議決権の過半数</td><td>特別決議，特殊決議事項以外</td></tr>
<tr><td>特別決議
（309条2項）</td><td>行使可能な議決権の過半数
定款での引下げは1/3まで</td><td>出席株主の議決権の2/3以上
定款で加重可</td><td>2項1号～12号の重要な決議事項</td></tr>
<tr><td rowspan="2">特殊決議
（309条3項・4項）</td><td colspan="2">議決権を行使できる株主の半数以上，
かつ議決権の2/3以上
定款で加重可</td><td>3項1号～3号の重大な決議事項</td></tr>
<tr><td colspan="2">総株主の半数以上，
かつ議決権の3/4以上
定款で加重可</td><td>109条2項による定款の定めの変更（4項）</td></tr>
</table>

具体的には，決議事項の重要性に応じて，普通決議，特別決議，特殊決議の3つに分けられ，それぞれに定足数と多数決の要件が定められている（309条。図表3-7）。

普通決議は，法令や定款に特に定めがない場合である。定足数として，株主総会に出席した株主が有する議決権の合計が，行使可能な議決権の過半数に達していることが必要であり，その出席株主の議決権の過半数の賛成をもって決議が成立する（309条1項）。

特別決議は，309条2項に列挙された重要な決議事項に関してなされる決議であり，多数決要件が加重され，出席株主の議決権の3分の2以上の賛成を要する。

特殊決議は，その決議事項の重大性に鑑み，さらに多数決要件が加重される（309条3項・4項）。このほか，取締役等の任務懈怠責任を免除するためには，総株主の賛成が必要である（424条・55条・486条4項）。

株主が多数の上場会社の株主は，株主総会に関心がないことが多く，このため定足数要件を満たすことが困難になるおそれが生じる。そこで会社法は，定款で定足数を引き下げることを認めている。ただし，役員の選任・解任決議にかかる定足数および特別決議事項の定足数は，3分の1までしか引き下げることができない。少数の株主で経営者や重要事項が決定されてしまうのは望ましくないためである。一方，多数決要件は定款で加重することは認められるが，軽減することはできない。

(3)　**議事録**　株主総会の議事については，議事録を作成しなければならない（318条1項，会施規72条）。作成された議事録は，本店に株主総会の日から10年間（支店に5年間）備え置かれる（318条2項・3項）。株主と債権者には議事録の閲覧，謄写の請求が認められるほか，当該会社の親会社社員も，裁判所の許可を得て閲覧，謄写を請求できる（同条4項・5項）。

4　種類株主総会

(1)　**総説**　種類株式（第2章第2節）の発行会社では，異なる種類株主間で利害が対立するおそれがある。そこで会社法は，ある種類の株式の種類株主を構成員とする会議体を種類株主総会とし，一定の事項についてその決議を要するとして，利害の調整を図っている。種類株主総会には，会社法の規定に基づいて行われる法定種類株主総会と定款の定めに基づいて行われる任意種類株主総会とがある（322条・323条）。

⑵　**法定種類株主総会**　法定種類株主総会は，株式の種類の追加，株式の内容の変更，発行可能株式総数または発行可能種類株式総数の増加についての定款の変更，株式の併合または分割，合併等の組織再編等の場合に必要とされ，それらがある種類の株式の種類株主に損害を及ぼすおそれがあるときは，当該種類の株式の種類株主総会の特別決議（324条2項の決議）による承認がなければ，その行為の効力は生じない（322条1項・324条2項4号）。

一方，ある種類の株式の内容として，322条1項の規定による種類株主総会の決議を要しない旨を定款で定めることができる（322条2項）。法定種類株主総会を要する事項について，事実上各種類の種類株主が拒否権を有するようになるという批判に対応するものである。この場合，種類株主総会の決議に代えて，当該種類の株式の種類株主には株式買取請求権が与えられる（116条1項3号）。ただし，株式の種類の追加，株式の内容の変更，発行可能株式総数または発行可能種類株式総数の増加（322条1項1号）に該当する定款変更は，種類株主の利害に最も重大な影響を及ぼすため，定款で種類株主総会を排除することができない（322条3項ただし書）。

⑶　**任意種類株主総会**　定款で特にある種類の株式の種類株主総会の決議を必要とする旨を定めたときは，そのような決議がなければ，当該事項の効力は生じない（323条本文）。ただし，当該種類株主総会において議決権を行使することができる種類株主が存在しない場合は，そもそも種類株主総会決議ができないため，このような要件は不要となる（323条ただし書）。

⑷　**決議要件**　種類株主総会の決議要件は，定款で別段の定めをしない限り，原則として，その種類の株式の総株主の議決権の過半数を有する株主が出席し，出席した当該株主の議決権の過半数である（324条1項）。ただし例外として，議決権を行使できる株主の議決権の過半数を有する株主が出席し，出席した当該株主の議決権の3分の2以上の多数を要する場合（324条2項1号～7号），および議決権を行使できる株主の半数以上であって，当該株主の議決権の3分の2以上の多数を要する場合がある（324条3項1号・2号）。前者は株主総会の特別決議に，後者は株主総会の特殊決議にそれぞれ対応する。

図表3-8　株主総会決議の瑕疵を争う訴えの比較

		取消しの訴え	無効確認の訴え	不存在確認の訴え
原　因		・招集手続・決議方法の法令・定款違反，著しい不公正 ・決議内容の定款違反 ・特別利害関係人の議決権行使による著しく不当な決議	決議内容の法令違反	外形的に総会開催の事実なし 著しい手続的瑕疵
主張方法		決議取消しの訴えのみ	制約なし（訴え以外の方法でも主張可）	
当事者		原告：株主，取締役，監査役，執行役，清算人 被告：会社	制約なし（訴えによるときは，被告は会社）	
提訴期間		決議日から3か月以内	制約なし	
訴えの利益		・訴えの利益を欠くに至ったときは却下 ・招集手続・決議方法が法令・定款違反でも，一定の場合，裁判所は棄却可（裁量棄却）	・訴えによるときは，確認の利益があることが必要	
判決の効力	対世効	あ　り	あ　り	
	遡及効	あり（決議は遡って無効）。ただし外観保護規定で取引関係に立った善意の第三者保護。	あり（決議は初めから無効・不存在）	

6　株主総会決議の瑕疵

1　総説　株主総会決議に瑕疵がある場合，その効力は否定されるべきである。そのことは民法の意思表示の瑕疵と同様である。しかし株式会社では，株主総会決議が有効に成立していることを前提に，さまざまな法律関係が構築され利害関係者が登場することがある。このため，それらの法律関係の安定性も考慮せざるを得ない。そこで会社法は，瑕疵ある株主総会決議の効力を一律に否定せず，瑕疵の程度に応じてそれを争うための制度を設けている（図表3-8）。

2　株主総会決議取消しの訴え　株主総会決議の手続や内容の瑕疵が比較的軽微な場合，会社法は法的安定性を重視して，その効力を否定するためには株主総会決議取消しの訴えによることを必要としている（831条）。

設例 3-8

Ａ株式会社は，株主総会において，決議に加わった全株主の賛成により，会社の解散を決議した。ところが，この株主総会の招集を決議した取締役会は，７名の取締役のうち２名が出席して決議されたにすぎず，また総会の招集通知は，法定招集期間より２日遅れて発送されたものであった。
しかし，取締役会に欠席した取締役も株主総会の招集には異存がなく，また仮に株主総会を再度開催しても決議結果は変わらないことが容易に見込まれる。このような場合であっても，株主総会の決議は瑕疵あるものとして取り消されるべきであろうか。

(1)　**取消事由**　　株主総会決議の取消事由には，①招集手続・決議方法の法令・定款違反，著しい不公正，②決議内容の定款違反，③特別利害関係人の議決権行使による著しく不当な決議の３つがある。

(a)　招集手続・決議方法の法令・定款違反，著しい不公正　　株主総会の招集手続または決議の方法が，法令もしくは定款に違反する場合は，決議の取消事由となる（831条１項１号）。たとえば，招集通知もれや招集通知期間の不足は，招集手続の法令違反であり，取締役等の説明義務違反や定足数が不足した状態での決議は，決議方法の法令違反である。また，事実上株主が参加できないような時間や場所で株主総会を開催することは，形式的には法令や定款には違反していないが，著しい不公正として取消事由となる。

手続上の瑕疵は，ほとんど決議に影響を与えないような軽微な場合も考えられる。そのため会社法は，招集手続や決議方法に法令違反が認められる場合でも，その瑕疵が重大でなく，かつ決議に影響を及ぼさないときは，裁判所の裁量で請求を棄却することを認める（**裁量棄却**。831条２項）。判例では，株主総会招集の機関決定が不存在で，招集通知期間が２日不足していた場合に，重大な瑕疵があるとして裁量棄却を認めなかったものがある《判例❸》。一方，決議に影響を及ぼさないとは，たとえば代理人資格がない者が決議に参加していたが，仮にその者を定足数および行使された議決権数から除外しても決議の成否に影響がないような場合である。

《判例❸》　最高裁は，単にその瑕疵が決議の結果に影響を及ぼさないとの理由のみをもって決議取消しの請求を棄却することは許されないとした（最判昭46・３・18民集25・２・183〔百選38〕）。

(b)　決議内容の定款違反　　株主総会決議の内容が定款に違反する場合は，取消事由にあたる（831条1項2号）。たとえば，定款で定めた定員を超えて取締役を選任した場合である。会社内部の自治規範に違反するにすぎないため，会社法はこれを取消事由にとどめている。

(c)　特別利害関係人の議決権行使による著しく不当な決議　　株主総会での議案について他の株主と利害が対立する株主（特別利害関係人）による議決権行使は，それ自体は適法であるが，他の株主に著しい不利益が及ぶ場合は取消事由となる（831条1項3号）。特別利害関係とは，議案の成立により，株主としての資格から離れた個人的な利益を得たり不利益を免れたりすることをいう。たとえば，親子会社間の合併で親会社が自己に有利な合併比率を定める場合や，株主かつ役員であった者への役員退職慰労金の支給決議に当該株主かつ役員が参加した場合である。

(2)　訴訟手続

設例 3-9

Ａ株式会社の株主総会において，招集通知が一部の株主に対して発せられない瑕疵が生じた。株主Ｂは自らには招集通知が来ていたが，他の株主に招集通知が発せられなかったことを理由として，決議の瑕疵を争うことができるか。

(a)　訴えの性質　　株主総会決議の取消しは，訴えをもってのみ主張することができる（831条1項）。決議取消しの判決は形成判決であり，それが確定してはじめて決議は効力を失う。民法の一般原則と異なり，法的安定性を重視する観点から，裁判外で取消しの主張をすることは認められない。

(b)　原告・被告　　株主総会決議取消しの訴えを提起することができるのは，株主，取締役，監査役，執行役，清算人である。株主は，他の株主に対する手続に瑕疵がある場合でも原告適格が認められる（最判昭42・9・28民集21・7・1970〔百選33・START UP 04〕）。全部取得条項付種類株式の強制取得決議のように，株主総会決議の結果株主の地位を失った者にも原告適格が認められる。すなわち，訴えを提起することについて，強い利害を有している者に原告適格が認められている。株主総会決議取消しの訴えは，会社を被告として提起する（834条17号）。

(c)　提訴期間　　株主総会決議取消しの訴えを提起できるのは，株主総会決議日から3か月以内である（831条1項）。決議の効力を早期に安定化させるとともに，濫訴を防止するためである。このため，決議取消しの訴えをいったん提起して，訴訟係属中に決議日から3か月を経過してから取消事由を追加主張することは認められない《判例❹》。

(d)　訴えの利益　　原告適格を有する者には，原則として訴えの利益（決議を取り消すだけの必要性と実効性）がある。ただし，例外的に訴えの利益が認められない場合がある。

たとえば，役員選任決議取消しの訴えの係属中に，対象となる役員が任期満了で退任した場合は，特別の事情のないかぎり訴えの利益は消滅し，その特別事情は原告に立証責任があるとされる（最判昭45・4・2民集24・4・223〔百選36〕）。また，決議取消請求がされている株主総会決議について，再決議がなされ，その再決議の中で，前の決議の取消しが確定した場合に，再決議がさかのぼって効力を生じると明示していたときは，前の決議の取消しを求める訴えの利益は認められない（最判平4・10・29民集46・7・2580）。

(3)　判決の効力　　株主総会決議取消判決は，第三者に対しても効力を有する（対世効。838条）。判決の効力が訴訟当事者にのみ及ぶとする民事訴訟法の原則（民訴115条1項）の例外であり，判決により法律関係を画一的に確定するものである。

また決議取消判決によって，その決議は決議時に遡って無効となる（遡及効。839条の反対解釈）《判例❺》。

取締役選任の決議のように会社内部の問題として完結しない場合は，取引安全のために遡及効を制限すべきとする有力な学説があるが（前田庸『会社法入門

《判例❹》　最判昭51・12・24民集30・11・1076〔百選34・START UP 05〕。これに対して，株主総会決議の無効確認を求める訴えが提起された場合に，決議無効原因として主張された瑕疵が決議取消原因にも該当しており，しかも，決議取消訴訟の原告適格，出訴期間等の要件を満たしているときは，たとえ決議取消しの主張が出訴期間経過後になされたとしても，決議無効確認訴訟提起時から提起されていたものと同様に扱われる（最判昭54・11・16民集33・7・709〔百選40〕）。

《判例❺》　最高裁は，ある年度の計算書類を承認する株主総会決議が取り消されたときは，その決議は遡って無効となり，計算書類は未確定となるから，それを前提とする次期以降の計算書類の記載内容も不確定なものになると解さざるを得ないとしている（最判昭58・6・7民集37・5・517〔百選37〕）。

〔第13版〕』422頁（有斐閣，2018）），会社と取引関係に立った善意の第三者の保護は，不実登記の規定（908条2項），表見代理（民109条）といった外観保護規定によることが可能であるから，遡及効を制限する必要はない（神田223頁）。

3　株主総会決議無効確認の訴え　株主総会決議の内容が法令に違反している場合は，瑕疵が重大であるため，その決議は無効となる（830条2項）。たとえば，欠格事由のある取締役を選任する決議が行われた場合である。

株主総会決議の無効は，決議無効確認訴訟（830条2項・834条16号）のほか，訴え以外の方法でも主張することができる。原告適格について会社法上の制約がないため，確認の利益が認められる限り，株主等でない第三者も訴えを提起することができる。被告は会社である。提訴期間の制限もない。

判決の効力について会社法は，決議無効確認判決に第三者に対する効力（対世効）を与える定めを置いている（838条）。

4　株主総会決議不存在確認の訴え　株主総会決議が不存在であるとは，外形的にも株主総会が開催されたとはいえないような瑕疵である。たとえば，代表取締役でない者が招集して株主総会が開催された場合がこれにあたる。そのような株主総会で新たな取締役を選任する決議がなされたとしても，特段の事情がない限り，その決議は法律上存在しない（最判平2・4・17民集44・3・526〔百選39〕）。

決議不存在の主張は，訴えによる方法（830条1項・834条16号）のほか，それ以外の方法によることもできる。原告適格，提訴期間について，会社法上の制約はないが，判決は第三者に対しても効力を生じる（838条）。

株主総会決議の不存在事由には，株主総会が物理的に開催されていない場合のほか，たとえば，招集通知もれが著しい場合のように決議そのものは存在するものの，その手続上の瑕疵が著しい場合が含まれる。したがって，著しい手続的瑕疵という決議不存在事由は，決議取消事由と連続性を有しており，実務上も決議取消しの訴えと決議不存在確認の訴えがあわせて提起されることが多い。この場合，決議不存在確認の訴えは，決議取消しの訴えに適用される提訴期間の制限から生じる現実的不都合を回避するための調整的機能を果たしている。

第3節 取締役・取締役会

1 取締役とは何か

取締役は，株主総会によって選任され，会社との委任関係にもとづき（330条），その職務を行うにつき会社に対して善管注意義務および忠実義務（民644条，355条）を負う株式会社の役員である（329条１項）。

取締役は，取締役会が設置された会社においては，（後述の指名委員会等設置会社および監査等委員会設置会社を除き）取締役会の構成員として取締役会の職務（362条２項）に関与する存在である。取締役が会社の業務を執行し，会社を代表するためには，取締役会によって代表取締役または業務を執行する取締役（選定業務執行取締役）として選定されることを要する（362条２項３号・363条１項２号。ただし，取締役が使用人を兼務することは認められる）。取締役会非設置会社の取締役が，原則として会社の業務執行権および代表権を有するのと比較せよ（348条１項・349条１項）。

2 取締役の資格

設例 3-10

Ａ株式会社は，定款を変更して，発行する全株式につき譲渡制限をつけようと計画し，それとともに，取締役の資格を株主に限定するという定款を定めようとしている。このような定めを定款に置くことは可能か。

取締役には，後述の欠格事由が定められている（331条１項各号）ほかは，取締役となるのに必要な資格は特段定められていない。したがって，非公開会社は，各社の事情に応じて，定款の定めにより取締役の資格を一定の者に限定すること（たとえば，取締役が株主でなければならないとするなど。331条２項ただし書）ができるが，公開会社では，定款の定めをもってしても取締役の資格要件を株主に限定することは許されない（331条２項本文）。公開会社では，重要な業務執行の決定は取締役会が行うので（362条２項１号・４項），経営者として優秀な人材を広く求める必要があるからである。

ただし，それ以外の事項であれば，公開会社でも，合理的な制限である限りにおいて，定款で資格制限を定めることは可能であると解されている。たとえば，定款により，取締役等の役員の資格を日本国籍を有する者に限定する旨の定款変更決議は，私的自治の原則の範囲内に属する事柄で，公序良俗にも反しないので有効と解されている（名古屋地判昭46・4・30下民22・3=4・549）。

会社法は取締役の欠格事由について次のように定めている（331条1項）。

① 法人（1号）

② 会社法，一般社団・財団法人法，金融商品取引法，民事再生法，会社更生法等の罪を犯し，刑に処せられ，その執行が終わり，またはその執行を受けなくなった日から2年を経過しない者（3号）

③ 3号以外の法令（たとえば刑法）の規定に違反し，禁錮以上の刑に処せられ，その執行が終わるまでまたはその執行を受けることがなくなるまでの者（4号）

欠格事由に該当する者を選任する株主総会決議は，決議内容の法令違反として，株主総会決議無効事由となる。決議後に欠格事由が発生した場合は，当然に取締役としての地位を失う。

令和元年改正法では，成年被後見人等についての取締役の欠格条項（改正前の331条1項2号）は削除された。これに代わり新設された331条の2は，成年被後見人等の権利の制限にかかる措置の適正化を図るための整備の一環として，成年被後見人等の取締役就任の承諾制度を設けて，成年被後見人等であっても，取締役に就任できることとした。

3 取締役の選任・解任および任期等

設例 3-11

T社は取締役会設置会社であり，従業員30人の会社である。取締役には社長であるAのほかに，妻B，長男Cが就任しているが，定款には取締役の人数は特に定められていなかった。従業員から同族経営を改革せよという声があがったため，労働組合でも作られては面倒だと思ったAは，従業員全員を取締役にしてしまった。使用人が1人もいなくなっても株式会社として認められるか。

1　選任・解任　株式会社は，取締役を必ず1人以上置かなければならない（326条1項）。取締役会が設置される会社の取締役は，3人以上でなければならないが（331条5項），上限の定めはない。取締役の氏名は，登記事項である（911条3項13号）。

取締役は，株主総会の普通決議で選任し，またいつでも解任することができる（329条1項・339条1項・341条）。

取締役の選解任を行う普通決議は，議決権を行使できる株主の議決権の過半数を有する株主が出席し（定足数），出席した株主の議決権の過半数をもって行う（議決数）が，定款の定めをもってしても，定足数を3分の1未満に軽減することはできないし，議決数を軽減することはできない（341条かっこ書）。ただし，累積投票ことばにより選任された取締役の解任は，総会の特別決議によらなければならない（309条2項7号）。取締役を選任する権利に違いのある種類株式を発行する会社は，定款の定めに従い，当該種類株主総会が，取締役を選任または解任する（347条1項）。

株主総会または種類株主総会において解任決議が成立しなかった場合でも，取締役に不正な行為または法令・定款違反があったときは，少数株主は，取締役の解任の訴えを提起できる（854条1項・855条）。

2　解任における「正当な理由」　「正当な理由」なく株主総会の決議により解任された取締役は，解任によって生じた損害の賠償を会社に請求できる（339条2項）。会社が損害賠償というコスト負担なく取締役を解任できるのは，「正当な理由」がある場合である。解任の訴え（854条）の要件である取締役の職務執行における不正の行為や法令・定款違反行為があった場合に，「正当な理由」が認められることに異論はない。また，当該取締役に経営を行わせるにあたって障害となるべき状況が客観的に生じた場合，たとえば，経営能力に欠けていたり，疾病等により取締役としての責務に耐えるだけの体力がない場合などもそれに含まれる（最判昭57・1・21判時1037・129〔百選42・START UP 08〕）。

ことば **累積投票**　各株主に，その有する1株（または1単元）につき，選任する取締役の数と同数の議決権を与え，その議決権をすべて1人の候補者に集中して投票するか，または複数の候補者に分散して投票するかを自由に決めることができるとする投票方法（342条）。比例代表制度に類似した効果が得られ，選任決議の結果に少数派の株主の意向を反映することが可能になる。ただし，定款で累積投票を採用しないと定めることができ，多くの会社はこの排除規定を設けている。

争いがあるのは，取締役が経営上の判断に失敗した場合に，解任の「正当な理由」を肯定できるかである。経営に失敗した取締役の責任追及が，いわゆる「経営判断の原則」により制約されることが少なくない現状では（第4章第3節参照），解任は，経営に失敗した取締役への強力なサンクションの手段となる。また会社所有者である株主が当然に行使しうる権利であることからすれば，取締役の経営上の失敗についてもこれを解任の「正当理由」とすることに合理性が認められる場合があると解される[6)]。

3　その他の終任事由　取締役と会社の関係は，民法上の委任関係であり，委任に関する規定に従う（330条，民643条以下）。したがって，取締役は，上述の解任によるほか，いつでも辞任することができ，それにより終任となる（民651条1項）。また取締役の欠格事由の発生（331条1項3号・4号）も終任事由となるが，取締役の破産は欠格事由から除外されている。中小企業の場合，会社の破産に際し，個人保証をしている経営者も破産する例が多く，破産債務者にできるだけ早く企業再生の機会を与える必要があることがその理由である。

このほか，任期の満了，死亡，会社の解散によってもその地位を失う。取締役がその地位を失ったときは，会社は，退任の登記をしなければならない（911条3項13号・909条・915条1項）。

4　任期　取締役の任期は，通常2年であるが，定款または株主総会決議によりその任期を短縮することができる（332条1項）。ただし，非公開会社については，定款により取締役の任期を10年まで伸長することができる（同条2項）。監査等委員会設置会社および指名委員会等設置会社の取締役（監査等委員を除く）については，任期は1年である（同条3項・6項）。

また，取締役の任期は，①監査等委員会または指名委員会等を置く旨の定款の変更があったとき，②それらの委員会を置く旨の定款の定めを廃止する定款の変更があったとき，および，③発行する株式全部を譲渡制限株式とする旨の定款の定めを廃止する定款変更があったときに満了する（同条7項）。

5　欠員の場合の措置　取締役の終任により，法定または定款所定の取締役の員数が欠けることとなったときは，後任の取締役を選任しなければならな

6）近藤光男「取締役解任の正当理由」『会社法判例百選〔第3版〕』93頁参照。

い（それを怠れば，その職務を行うべき取締役は100万円以下の過料に処せられる。976条22号）。ただしこの場合，任期満了または辞任により退任した者は，後任者が就任するまで，職務継続義務を負い（346条１項。取締役権利義務者という），その間退任の登記はできない（最判昭43・12・24民集22・13・3334〔商法百選９〕）。それが不適当であれば，利害関係者は，裁判所に対して一時取締役の職務を行う者（仮取締役）の選任を申し立てることができる（同条２項）。また会社は，取締役が欠けた場合，または会社法もしくは定款で定めた取締役の員数を欠くこととなるときに備えて，あらかじめ補欠の取締役を選任しておくことができる（329条３項）。

6　職務執行停止と職務代行者　取締役が総会で選任された後，当該取締役選任決議に対し，決議取消しや無効・不存在確認を求める訴えが提起された場合，将来その地位が否定されるかもしれない取締役に職務の執行を認めることは適切でない場合がある。そこで，これらの訴えの当事者は，取締役の職務の執行を停止させ，さらに職務代行者を選任する仮処分を申し立てることができる（民保23条２項・56条）。

職務執行停止・職務代行者選任の仮処分命令またはその変更・取消しがあったときは，本店の所在地でその登記を行う（917条）。

職務代行者の権限は，会社の常務に属する事項（たとえば，定時株主総会の招集，計算書類の承認など）に限定される。それ以外の事項を行うには裁判所の許可が必要である（352条１項）。職務代行者の権限は，仮処分を取り消す決定があるまでは消滅しない。

4　取締役会

設例 3-12

Ｎ水産会社の代表取締役Ａは，優秀な経営者ではあったが，社内で独裁的な権限をふるって社内手続をしばしば無視していた。Ａは最近オホーツク産のサケが豊漁なのに目を付け，これを扱えばかなりの利益が見込まれると予想して，急遽誰にも相談せず網走市に支店を開設し，敏腕家をスカウトして支店長に据えた。Ａの行動に問題はないか。

株式会社は，定款の定めにより，取締役会を設置することができる（326条２

項)。公開会社，監査役会設置会社，監査等委員会設置会社および指名委員会等設置会社は，取締役会を設置することが義務づけられている（327条1項各号)。取締役会を設置する会社または取締役会の設置を義務づけられる会社を，取締役会設置会社という（2条7号)。取締役会設置会社は，監査等委員会設置会社および指名委員会等設置会社を除き，監査役を設置しなければならない（327条2項。ただし，非公開会社で会計参与を置く場合には，設置を義務づけられない。同項ただし書。公開大会社は監査役会も設置。328条1項)。これは，取締役会と監査役は，常にセットで設置されてこそ両者の連携により，取締役の職務の執行の監督・監査機能を十分に発揮できると考えられているからである。また，重要な業務執行の決定権限を有する取締役会を株主に代わって監査する機関として，監査役が必要とされたからでもある。

1　職務・権限等　取締役会は，すべての取締役によって組織され，以下の職務を行う。すなわち，①業務執行の決定，②取締役の職務執行の監督，③代表取締役の選定・解職である（362条2項)。一部の業務執行の決定を除き，これらの職務を取締役に委任することはできない。

(1)　**業務執行の決定**　取締役会は，取締役会設置会社の業務執行の決定を行う（362条2項1号)。法令および定款で株主総会の権限とされている事項を除き，取締役会は，会社のすべての業務執行につき決定することができるが，一定の重要事項以外の業務執行については，その決定を代表取締役および業務執行取締役に委任することができる（362条4項参照)。また，日常業務に関する決定については，特別な委任がなくとも，取締役会により選定されたときに，代表取締役に委任されたものと考えられている。

このように，取締役会設置会社では，株主総会の権限を取締役会に大幅に委譲し，さらに取締役会の業務執行の決定権限を，代表取締役等の業務を執行する取締役に委任することで，経営上の意思決定の迅速化・効率化を図っている。

ただし，重要な業務執行の決定は，定款をもってしても特定の取締役に委任することができない（362条4項)。取締役に委任できない重要な業務執行の決定として列挙されているのは以下の事項である（同項各号)。

①　重要な財産の処分および譲受け

②　多額の借財

③　支配人その他の重要な使用人の選任および解任

④　支店その他の重要な組織の設置，変更および廃止

⑤　社債の募集に関する重要事項として法務省令で定める事項

⑥　いわゆる内部統制システムの整備

⑦　取締役の会社に対する責任の一部免除

これらの列挙事項以外にも，会社法が取締役会の決議事項と定めている事項は，たとえば株主総会の招集の決定（298条4項）など多数ある。そこで，代表取締役が取締役会の決議にもとづかないで「重要な業務執行」を行った場合に，その行為の効力が問題となる（第3章第4節⑥参照）。取締役会は，代表取締役に事情の説明を求め（363条2項），場合によっては解職することができる（362条2項3号）。**設例 3-12** は，この点に関わっている。

大会社では，上記⑥の内部統制システムの整備の決定は，取締役会の義務とされている（362条5項）。つまり大会社では，取締役会は，内部統制システムを利用することで，会議体として組織的監督を行うことが想定されている。

(2)　**取締役の職務執行の監督**　　(a)　取締役会の監督権限　　取締役会は，取締役の職務の執行を監督する（362条2項2号）。取締役会で決定した事項が，代表取締役等により決定どおりに執行されることを担保するためである。代表取締役等の業務執行を監督するとは，代表取締役によって職制上統括される業務執行取締役以下，従業員を含めて会社の事業全体を監督することであり，その実質は業務監査である。取締役会は，業務執行の適法性にとどまらず，その妥当性についても監査し，代表取締役等の業務執行が会社の利益にならないと判断すれば，是正措置を講じ，場合によっては代表取締役等を解職しなければならない。

(b)　取締役会の情報収集権限　　取締役会が監督権限を行使するためには，代表取締役等の業務執行の状況を適時適確に把握する必要があり，そのための情報収集手段が定められている。すなわち，①業務執行の適正さにつき疑念を差し挟むべき事情を取締役が知った場合における，善管注意義務（330条，民644条）の一内容としての取締役会での発言（第4章第1節参照），②代表取締役およびそれ以外の業務執行取締役による職務執行状況の取締役会への報告義務（3か月に1回以上必要。363条2項），③競業取引および利益相反取引をした取締

役の当該取引後における取締役会への報告義務（365条2項），④招集権者以外の取締役による取締役会の招集請求および取締役会の招集（366条2項・3項）である。

そのほか，取締役会は常に監査役会と連携しながら業務執行の監督を行うことが予定されているため，監査役を通じて情報収集を図る手段も用意されている。すなわち，⑤監査役の取締役会への出席義務・意見陳述義務（383条1項），⑥取締役の不正・違法行為等がある場合の監査役の取締役会招集請求権および取締役会招集権（383条2項・3項），⑦監査役による，取締役の違法行為等の取締役会への報告義務（382条）である。

2　取締役会の運営　(1)　**招集**　(a)　招集権者等　取締役会の招集は，原則として，各取締役が行う。ただし，定款または取締役会で，特定の取締役を招集権者とすることができる（366条1項）。招集権者以外の取締役および監査役は，招集権者に対し，取締役会の目的である事項を示して，取締役会の招集を請求することができる（同条2項。後述のように監査役については，取締役の不正・違法な行為等があるときに限る。383条2項）。招集請求があった日から5日以内に，その請求のあった日から2週間以内の日を会日とする招集通知が発せられなかったときは，その請求をした取締役および監査役は，自ら取締役会を招集することができる（366条3項・383条3項）。

株主は，取締役が会社の目的の範囲外の行為その他法令もしくは定款に違反する行為をし，またはこれらの行為をするおそれがあると認めるときは，招集権者に対し，取締役会の目的である事項を示して招集を請求することができる（367条1項・2項）。招集請求をしたにもかかわらず，取締役会が開催されないときの措置は，取締役による招集の場合と同じである（367条3項・366条3項）。その際当該株主は，自ら招集した取締役会に出席し，意見を述べることができる（367条4項）。

(b)　招集手続　招集通知は，招集する者が会日の1週間前までに個々の取締役・監査役に通知を発して招集する（368条1項）。この期間は，定款で短縮できる（同項かっこ書）。取締役および監査役全員の同意がある場合には，この手続を省略して取締役会を開催できる（同条2項）。

招集の通知には議題等を示す必要はない。経営の専門家である取締役は，会社の業務執行に関するさまざまな事項が取締役会に付議されることを当然に予期すべきだからである。

(2)　**決議**　　取締役会の決議は，議決に加わることのできる取締役の過半数が出席し，その過半数をもって行う（369条1項）。定款でその要件を軽減することはできないが，加重することはできる（同項かっこ書）。決議に特別の利害関係をもつ取締役は，議決に加わることができない（369条2項）。取締役会の決議の公正を確保するためである（代表取締役解職の決議について，最判昭44・3・28民集23・3・645〔百選63・START UP 14〕）。取締役の議決権は他人に代理行使させることはできない。取締役は個人的信頼に基づき選任されているからである。

決議は，原則として，取締役会の議場での出席取締役による決議でなければならず，いわゆる持回り決議は認められないが，決議の目的である事項につき取締役の提案があった場合において，当該提案につき取締役の全員が書面または電磁的記録により同意の意思表示をしたときはその決議を省略できる（370条）。

(3)　**議事録**　　(a)　議事録の作成　　取締役会の議事については，法務省令の定めるところにより，議事録を作成し，出席した取締役および監査役は，これに署名し，または記名押印しなければならない（電磁的記録については記名押印に代わる措置をとる。369条3項・4項）。決議に参加した取締役で，議事録に異議をとどめないものは，その決議に賛成したものと推定される（同条5項）。

(b)　議事録の開示　　議事録は，会議の日から10年間，本店に備え置かなければならない（371条1項）。

株主は，その権利を行使するため必要があるときは，会社の営業時間内であればいつでも，閲覧・謄写の請求をすることができる（同条2項1号・2号）。ただし，監査役設置会社，監査等委員会設置会社および指名委員会等設置会社の株主は，裁判所の許可を要する（同条3項）。また，会社債権者は，役員または執行役の責任を追及するため必要があるときに，当該会社の親会社の社員は，その権利を行使するため必要があるときに，いずれも裁判所の許可を得て，議事録の閲覧・謄写を請求できる（同条4項・5項）。ただし，裁判所は，これらの者が議事録の閲覧・謄写をすることにより，当該会社またはその親会社もしくは子会社に著しい損害を及ぼすおそれがあると認めるときは，議事録の閲覧・

謄写を許可することができない（同条6項）。

3　特別取締役による取締役会決議　会社法は，取締役会の業務執行の意思決定のさらなる迅速化を図るため，取締役の中からあらかじめ特定の取締役を選定しておき（特別取締役という），それら特別取締役だけの議決で，取締役会決議があったものとする制度を設けている。

すなわち，取締役会設置会社および監査等委員会設置会社は，①取締役が6人以上であり，かつ，②社外取締役が1人以上いることを要件として，取締役会決議が必要な業務執行のうち，①重要な財産の処分・譲受け，および，②多額の借財（362条4項1号2号・399条の13第4項1号2号）について，あらかじめ選定した3人以上の特別取締役の中から，議決に加わることができるものの過半数が出席し（定足数要件），その過半数の決議を経ることで（議決要件），取締役会の決議があったものとすることができる旨を定款に定めることができる（373条1項）。この定足数要件と議決要件については，取締役会によって加重することができる（同項かっこ書）。

特別取締役による取締役会決議は，指名委員会等設置会社には適用されない。また，監査等委員会設置会社において，①取締役の過半数が，社外取締役である取締役会がその決議によって重要な業務執行の決定を取締役に委任する場合（399条の13第5項），および，②取締役会の決議により重要な業務執行の全部または一部の決定を取締役に委任することができる旨の定款の定めをおく場合（同条6項）も適用されない（373条1項かっこ書）。

4　取締役会決議の瑕疵　取締役会の招集手続および決議の規定（368条・369条1項2項）は，強行規定であり，会社法が許容していない変更を定款の定めや株主総会決議によって行うことはできない。

会社法がこのような規定を置いたのは，すべての取締役に出席の機会を与え，取締役相互の協議と意見の交換により，その知識と経験を結集し，取締役会の権限の行使を慎重かつ適切に行わせるためである。

取締役会決議に，手続上または内容上の瑕疵がある場合，たとえば，一部の取締役に対して招集通知を欠いたためにその取締役が出席できなかったときなどは，その取締役会の決議は，一般原則により無効と解されてきた。

しかし，会議の招集手続や決議の方法が法令・定款に違反する場合であっても，それが決議に影響を及ぼさない程度の軽微なものであるときまで，一律に原則無効としてしまうことにはかえって問題がある。株主総会決議に関しては，招集手続や決議方法に瑕疵がある場合でも，それが重大でなく，かつ決議の結果に影響を及ぼさない程度のものであれば，裁判所が，決議取消しの訴えを裁量棄却できる制度があるが（831条2項），取締役会決議にはそのような制度はない。

この点に関し，判例は以前より，通知を受けなかった取締役が出席してもなお決議の結果に影響がないと認めるべき「特段の事情」があるときは，決議を有効なものとするという立場にたってきた（最判昭44・12・2民集23・12・2396〔百選62・START UP 13〕）。ただし，手続上の瑕疵を治癒し取締役会決議を有効なものにする「特段の事情」とは何かについては，必ずしも明らかにされているとはいえず，以後の裁判例において認められた「特段の事情」の内容も実にさまざまである。

学説は，取締役会は株主総会と異なり，個々の取締役の出席・発言が重要であって，その者の出席・発言で取締役会全体の意思決定が影響を受ける可能性があるとして，決議を有効とすべき特段の事情を広く認めることには反対の意見が強い。

5　社外取締役

1　改正の経緯　平成26年会社法改正は，2008年のリーマン・ショック以降の日本経済や日本企業の競争力低迷の原因の1つが，日本企業のコーポレート・ガバナンスのあり方にあるのではないかという共通認識の下，社外取締役を活用して上場企業のガバナンスを強化し，競争力を向上させることを目指したものである。

従来，日本の上場企業では，従業員出身者が取締役として選任され，会社経営者としての地位を独占してきた。その結果，経営者を監視する役割の取締役会が，ほぼ従業員出身の経営者のみで構成され，実効的な経営者監視の機能を果たしておらず，経営者は，株主のコントロールを脱して，「株主の利益最大化」という本来の経営目標から逸れているのではないかということが指摘されていた。いわゆる日本版「経営者支配」である。

図表 3-9　社外取締役等の設置義務

<table>
<tr><th>区分</th><th>機関構成</th><th>社外取締役の設置義務</th><th>社外監査役の
設置義務</th><th>独立役員*1の
設置義務</th></tr>
<tr><td rowspan="3">上場</td><td>監査役会設置会社
(公開大会社)</td><td>1人以上*2</td><td>監査役の半数以上
(最低2人)</td><td rowspan="3">・1名以上設置
・独立社外取締役の確保努力義務。3分の1以上または2名以上選任しない場合は理由説明義務</td></tr>
<tr><td>指名委員会等
設置会社</td><td>各委員会委員の過半数
(取締役会で最低2人)</td><td>——</td></tr>
<tr><td>監査等委員会
設置会社</td><td>監査等委員の過半数
(監査等委員会で最低2人)</td><td>——</td></tr>
<tr><td rowspan="3">非上場</td><td>監査役会設置会社
(公開大会社)</td><td>な　し</td><td>監査役の半数以上
(最低2人)</td><td rowspan="3">——</td></tr>
<tr><td>指名委員会等
設置会社</td><td>各委員会委員の過半数
(取締役会で最低2人)</td><td>——</td></tr>
<tr><td>監査等委員会
設置会社</td><td>監査等委員の過半数
(監査等委員会で最低2人)</td><td>——</td></tr>
</table>

＊1　上場会社において確保することが義務づけられている独立役員（独立社外取締役・独立社外監査役）の要件は，会社法で定める社外取締役・社外監査役の要件よりも厳格である。設置義務の内容と併せて，詳細は**コラム 3-6「独立役員」**を参照。

＊2　会社法 327 条の 2 は，有価証券報告書を提出する義務を負う会社（金商 24 条 1 項）を対象に規定されているが，該当する会社の大半は上場会社であるため，本表では便宜上，上場に区分している。

会社法改正によって，このような日本の上場企業のコーポレート・カバナンスを，企業の収益力・競争力を高め，より株主の利益を反映する仕組みへと改革していくためには，取締役会の監督機能の再生と充実が重要となる。その鍵となるのが，社外取締役の高い独立性とその任用の促進である。そこで会社法は，平成 26 年および令和元年の改正を経て，①社外取締役の社外性の要件（2 条 15 号）を強化する一方で，②有価証券報告書の提出義務がある会社であって，公開大会社であり，監査役会設置会社である会社について，少なくとも 1 人の社外取締役の設置を義務づけた（327 条の 2。**図表 3-9** 参照）。

コラム3-6
独立役員

東京証券取引所の上場会社には，一般株主保護のため，上場規程により，社外取締役よりも資格要件が厳しい「独立役員」（独立取締役または独立監査役）を1名以上確保すべきことが義務づけられている（東京証券取引所有価証券上場規程436条の2）。また上場規程は，取締役である独立役員を少なくとも1名以上確保するよう務めなければならず，さらに「コーポレートガバナンス・コード」原則4-8で市場区分に応じて求められる3分の1以上または2名以上の独立社外取締役の選任を実施しない場合は，その理由の説明を開示しなければならないと定めている（同445条の4・436条の3）。

東京証券取引所が定める「独立役員」の基準は，一般株主と利益相反が生じるおそれのない社外取締役または社外監査役であり（同436条の2第1項・上場管理等に関するガイドラインⅢ5(3)の2），たとえば，主要取引先の業務執行者，当該上場会社から多額の報酬を得ている経営コンサルタントや弁護士等である社外取締役・社外監査役は，原則として独立役員の資格を満たさないとされている。会社法上の社外取締役・社外監査役の基準よりも「独立役員」の基準のほうが厳格なものとなっている。

2　社外性の要件の強化　平成26年改正前の社外取締役の要件は，監督をする者は監督を受ける者と同一であったり，後者に従属する者であってはならないという観点から，会社の取締役であって，現在かつ過去において当該株式会社およびその子会社の業務執行取締役等（業務執行取締役，執行役，支配人その他の使用人）となったことがない者とされていた（平成26年改正前2条15号）。改正法2条15号は，従来の要件を基本的に維持しながら，過去10年以内に業務執行取締役等であったことがない者に限定した（ただし，過去10年以内にその会社または子会社で非業務執行取締役・会計参与・監査役であったことがある者については，当該非業務執行取締役等への就任前10年間，その会社または子会社で業務執行取締役等であったことがないこと）。それに加えて新たに，①親会社の取締役，執行役，支配人その他の使用人でない者，②同じ親会社等に従属する兄弟会社の業務執行取締役等でない者，③当該株式会社の取締役，執行役，支配人その他の重要な使用人および支配株主の近親者でない者であることを，社外取締役の要件としている。

これらの利害関係者が社外取締役から外されたのは，これらの者が当該株式会社の業務執行取締役等に何らかの影響力を及ぼしうる立場にあるか，または経済的利益を同一にする者であるため，当該株式会社の業務執行取締役等が会社の利益を犠牲にして親会社等や自己または近親者の利益を図ることを未然に防ぐべく，実効的な監督を行うことが期待できないと評価されたからである。

3　社外取締役への業務執行の委託　株式会社は，社外取締役を置いた場合，①当該会社と取締役との利益が相反する状況にあるとき，または，②取締役が当該会社の業務を執行することにより株主の利益を損なうおそれがあるときは，その都度，取締役会の決議（取締役会が設置されていない場合は取締役の決定）によって，当該会社の業務を執行することを社外取締役に委託することができる（348条の2第1項）。

社外取締役は，業務を執行すると，その定義（2条15号イ）により社外取締役でなくなるが，348条の2に基づく個別の委託を受けて業務を執行した場合は，社外性を失わないとされている（348条の2第3項）。取締役と会社の利益が相反する場合や取締役が業務を執行することで株主の利益を損なうおそれがある場合に，取引の公正さを担保するために，社外取締役が経営陣から独立した立場で取引の交渉等の業務執行を行いつつ，社外性の要件を維持することを可能にする規定である。令和元年改正で新設され，社外取締役の活用を図ることを目的としている。

例えば，会社が敵対的買収を仕掛けられたときに，社内取締役は自らの保身を考えて，株主にとって有利な買収提案を受け入れず，買収防衛策を発動するおそれがある。そこで，買収防衛策の発動に関する決定や買収者との買収条件の交渉を社外取締役に委託することで，そのような懸念が緩和される。また，親子会社間で取引を行うにあたっては，子会社の取締役が支配株主である親会社の利益を慮(おもんぱか)ることで子会社の利益が害され，少数株主の利益を損なうおそれがあり得るため，取引条件の交渉を社外取締役に委託することで，取引の公正性が維持されることが期待できる。

代表取締役

1 代表取締役とは何か

代表取締役とは，取締役会設置会社において，会社の業務を執行し，日常業務については自ら決定し，対外的に会社を代表する常設の機関である。その権限は，会社の業務に関する一切の裁判上または裁判外の行為に及ぶ（349条4項）。業務の執行と代表とは業務執行という点からみれば同じであり，特に会社を代表して行う対外的業務執行を代表という。代表取締役は，取締役会により取締役の中から選定され，取締役会の監督に服する（362条2項2号・3号）。

取締役会が設置されていない会社においては，原則として各取締役が代表権限を有するが（349条1項・2項），定款，定款の定めに基づく取締役の互選または株主総会決議により，代表取締役を定めることもできる（同条3項）。

ただし，会社と取締役間の訴訟については，監査役設置会社であれば監査役が会社を代表し（386条1項），監査役を設置しない会社では，株主総会が会社を代表する者を定める（353条）。監査役等が会社を代表して訴訟を提起しない場合には，会社に対し訴訟提起を請求した後，株主が会社を代表して訴訟を提起することができる（847条1項～3項）。

2 選定および終任

代表取締役は，取締役会決議により，取締役の中より選定され，またいつでも解職できる（362条2項3号）。取締役の中から代表取締役を選定するのは，業務執行の意思決定と執行の連携により効率性と迅速性を確保するためである。代表取締役の人数は，１人でも複数でもよい。

代表取締役は，いつでも辞職することができるが，代表取締役を辞職しても，取締役としての地位は失わない。しかし，取締役としての地位を失ってしまえば，当然に代表取締役の地位も失うから，代表取締役は，株主総会による取締役の解任や取締役の欠格事由の発生（331条1項3号・4号）によりその地位を失う。

代表取締役を選定する取締役会決議に瑕疵がある場合，また正規の選任決議が全くなかった場合には，その者は代表取締役ではなく，その者の業務執行行為は，原則としてすべて無効である。しかし，会社は，会社を代表する権限を有するものと認められる肩書を信じた善意の第三者に対して，その者が取締役としてした行為の責任を負わなければならず（いわゆる表見代表取締役。354条（本節8参照）)，もし瑕疵ある取締役会決議にもとづき代表取締役の登記をした場合には，不実登記となり，善意の第三者に対してそれが不実であることを主張できない（908条2項）。

3　欠員の場合の措置

代表取締役の終任により，法令・定款所定の代表取締役の員数に欠員が生じた場合において，その終任が任期の満了または辞任であったときは，退任した代表取締役は，新たに選定された代表取締役が就任するまで，引き続き代表取締役としての権利義務を有する（351条1項）。また利害関係人は，必要があるときは裁判所に対し一時代表取締役の選任を申し立てることもできる（同条2項）。

4　職務の執行停止と職務代行者

取締役選任決議の瑕疵や取締役の解任が裁判で争われているとき，また，代表取締役を選定する取締役会決議につき無効確認の訴えが提起されたときに，裁判所は，当事者の申立てを受け，代表取締役の職務を停止し，さらに代表取締役の職務代行者を選任する仮処分命令ができる（民保23条2項・56条）。

職務代行者の権限は，会社の常務の範囲に限定され，その範囲を超えて行った行為は，原則として無効となる。ただし善意の第三者に対しては，会社は無効を主張することができない（352条1項・2項）。

5　代表取締役の権限

1　業務執行・会社代表　代表取締役は，株式会社の業務を執行する権限を有する（348条1項・363条1項1号）。また取締役会設置会社においては，代表取締役は，重要でない業務執行につき，取締役会から委任された範囲内で自ら決定する権限を有する（362条4項参照）。日常的業務執行の決定は，明示の決議がなくても，取締役会より当然に委任されたものと考えられている。

代表取締役は，会社の業務を執行するにあたり，第三者との間で取引等さまざまな行為をしなければならない。そのような対外的業務執行を会社のために行う権限が代表権である。代表取締役の代表権は，会社の業務に関する一切の裁判上または裁判外の行為に及ぶ包括的権限であり（349条4項），それに加えた制限は善意の第三者に対抗することができない（同条5項）。

2　代表取締役の不法行為の責任　株式会社は，代表取締役その他の会社を代表する者がその職務を行うについて第三者に加えた損害を賠償する責任を負う（350条）。この場合，代表取締役個人も損害賠償責任を負う（最判昭49・2・28判時735・97）。

6　取締役会決議を欠く代表取締役の行為の効力

代表取締役が，重要な業務執行を実行する場合，その前提として取締役会決議が必要となる（362条4項）。代表取締役が，取締役会の決議を経ることなく，あるいは無効な取締役会決議に基づき行った行為の効力はどうなるか。

取締役会決議は会社の内部意思決定手続であり，代表取締役の行為は対外的な業務執行であるから，取締役会の決議によって守ろうとする会社の利益と取締役会決議を経ていなかったことを知らない第三者の利益（取引の安全の要請）を比較考量して，事項ごとに決定することになる。

一般に，取引の安全保護の要請の高い事項（新株や社債の発行）は，効力に影響なしと解され，会社内部の事項にすぎない行為は，無効と解されている。また対外的取引（たとえば重要な財産の処分）の場合，善意の第三者は保護されるべきだが，取締役会決議がないことを相手方が知りまたは知りうべきときは無効とする判例もある（最判昭40・9・22民集19・6・1656〔百選61・START UP 12〕）。

7　代表権の濫用

代表取締役が，客観的にみて代表権の範囲内の行為であると認められる行為を会社のためにする意思を示して行った場合は，たとえ代表取締役の意図がどうであれ，会社の行為として有効となるのが原則である。つまり，代表取締役の行為の動機が，会社ではなく自己または第三者の利益を図ることであったとしても，会社の代表者が代表意思を示して，すなわち法律効果の帰属主体を会社にすることを示して行為した以上は，それは会社の行為となる。

では，代表権の濫用を第三者が知っていた（悪意であった）場合も，会社は代表権濫用の責任を負わねばならないのか。この点につき，判例は，民法93条1項ただし書を類推適用し，相手方が代表取締役の真意を知りまたは知ることできたとき（悪意または有過失のとき）は，その法律行為は無効であるとしている（最判昭38・9・5民集17・8・909)。これに対し多数説は，権限濫用行為も客観的には代表者の権限の範囲内の行為である以上，たとえ相手方が権限濫用について悪意であっても，代表行為自体は会社の行為として有効と解すべきであって，ただ悪意者が会社に対して権利を主張することは信義則に反し，または権利濫用として許されないとする（一般悪意抗弁説)。この場合，会社は，第三者の悪意について立証責任を負うが，悪意を立証できる限り，相手方の主張に対して一般悪意の抗弁を対抗できる。

8　表見代表取締役――外観理論

株式会社は，取締役に対して，会社を代表する権限を有すると認められる名称を付した場合には，当該取締役がした行為について，善意の第三者に対して，その責任を負わなければならない（354条)。

取引の相手方にとって，会社側の契約締結者が代表権を有しているかどうかは重要な問題であるが，取引の相手方に，登記簿を閲覧して代表権の有無を確認する（911条3項14号参照）負担をかけさせないように，その者に付された名称（社長，副社長など）から行為者を代表取締役と信じて取引した場合に，その信頼を保護しようという制度である。英米法の禁反言の法理あるいはドイツ法の外観理論が制度化されたものといわれている。同様の趣旨のものとして，不実登記の効力（908条2項・商9条2項)，名板貸（9条・商14条)，表見支配人（13条・商24条)，商号続用の営業譲受人の責任（商17条)。表見代表執行役（421条）などがある。

354条を適用する要件として，「会社を代表する権限を有するものと認められる名称」の解釈については少し検討が必要となる。354条の旧規定（旧商法262条）が，代表権を有すると認められるものとして例示していた「専務」「常務」という名称が354条では削除されている。しかし，会社法は，これらの名称を代表権を有すると相手方に信じさせる名称から除外したとみるべきではなく，取締役がこのような名称の肩書を付与されているならば，現在でも表見代表取締役になりうるとみなければならない（江頭425頁）。

会社が表見代表取締役の責任を負うのは，会社が能動的に取締役に対し名称を付与した場合だけではない。取締役会の承認を得ないで，取締役が勝手に肩書を名乗っていた場合でも，会社がそれを知りながら黙認または放置していれば，会社は責任を負わなければならない。

354条は，使用人が代表取締役の了解を受けて常務取締役の名称を使用している場合にも類推適用されている（最判昭35・10・14民集14・12・2499）。なお，訴訟手続において会社を代表する者を定める場合は，取引行為でないため，適用されない（最判昭45・12・15民集24・13・2072）。

354条は，保護を受ける第三者の主観的要件を「善意」としているが，判例は，善意・無重過失を求めている（最判昭52・10・14民集31・6・825〔百選46〕）。

第5節　監査役・会計監査人・会計参与

1　総　　説

昭和25年の商法改正により取締役会制度が導入された結果，それまで監査役に付与されていた業務監査権限は，取締役会が有することになり，監査役は会計監査のみを行うこととなった。しかし業務監査を行うべき取締役会は，代表取締役社長を頂点とした階層性の進行した構造となっており，その機能を十分に果たし得る環境にはなく，加えて監査役自身も代表取締役社長の承認と推薦によって初めて総会での監査役選任決議の候補者となり得るほどに業務執行機関に従属したものであった。

このような監査制度の不備が露呈したのが，昭和40年前後に相次いだ粉飾決算による企業の大型倒産事件であった。そのことに起因して，株式会社における監査制度改革の動きが始まり，以後の商法・会社法改正は，この監査制度改革が中心となっていった。

監査制度改革においては，２つの方向性がある。１つは監査役の独立性と権限の強化により監査役自体の機能強化を図るものである。この点については平成13年商法改正により一応の決着をみて，現在の規律となった。改革のもう１つの方向は，公開・大規模会社と閉鎖的な中小会社とを区分し，それぞれに相応しい監査に関する法規整を用意することである。

公開・大規模会社に関する監査制度改革は，昭和49年の商法改正における「株式会社の監査等に関する商法の特例に関する法律」(商法特例法) の制定により始まった。その後，昭和56年，平成５年，平成13年，平成14年の商法改正，平成17年の会社法制定（さらに平成26年の会社法改正）を経て，現在に至っている。これにより，株式会社について，大会社（2条6号）に会計監査人による外部監査を強制するとともに，公開大会社に監査役会の設置を義務づけることとなった (328条1項・2項)。

大会社に会計監査人による外部監査を強制したのは，大会社が多くの利害関係者とかかわり，不正または不適切な会計処理が行われた場合に，それがもたらす社会的影響が大きいため，企業会計の専門的知識を有する会社外部の独立した職業人の立場から会計監査人が計算書類等の監査を行い，計算書類の適正さを確保することが期待されたためである。また，公開大会社に監査役会の設置を義務づけたのは，業務執行機関との力の均衡を図ることで，会社内での会計監査人の地位を安定させ，会計監査人による外部監査の実効性を担保するためである。

このほか，公開大会社に相応しい監査制度を備えた会社形態として会社法が用意しているものに，指名委員会等設置会社（平成14年の制度導入時には「委員会等設置会社」といった）と監査等委員会設置会社がある（本章第6節)。いずれも会計監査人による外部監査が強制されている。

閉鎖的な中小会社の監査については，平成17年会社法制定までは，特別な立法措置はとられてこなかった。しかし，株式会社の大部分を占める閉鎖的な中小会社は脆弱な企業体質を抱えている一方，その計算書類の信頼性に問題があることがたびたび指摘されていた。このような会社において，作成される計算書類の適正さを確保しそれを適切に開示することは喫緊の課題であった。平成17年会社法は，会計監査人を設置することによるコスト負担に耐えうる大会社にのみ会計監査人による外部監査を強制し，中小会社については，従来どおり監査役による内部監査制度を維持した。またそれに加え，業務執行に対する監査があまり必要とされていない会社を対象にして，会計の適正化を図る目的で，会計参与制度を創設した。会計参与は，取締役と共同して計算書類を作成することを主な職務とする会社の機関として制度設計された。会計参与には公認会計士・税理士資格を要求することで，計算書類等に適正性と社会的信用性を付与するとともに，それらの書類を会社と会計参与の事務所の双方に個別に5年間備え置き，株主および会社債権者に開示することとした（442条・378条）。

2　監　査　役

監査役は，取締役・会計参与の職務の執行を監査する機関であり（381条1項），非公開会社が定款で監査範囲を会計監査に限定する場合を除き（389条1項），会計監査および業務監査を行う。定款で任意に設置できるが，取締役会を設置する場合には，監査役の設置が義務づけられる（327条2項）。

1　資格　特定の資格を必要としないこと，欠格事由と兼任禁止規定があることは取締役と同じである。また，公開会社の場合には，定款をもってしても，監査役が株主でなければならない旨を定めることはできない（335条1項・331条1項2項）。また，監査役会設置会社（2条10号）においては，監査役は3人以上で，その半数以上は社外監査役（2条16号）でなければならない（335条3項）。

(1)　**欠格事由**　欠格事由は取締役と同じである（335条1項・331条1項各号）。

(2)　**兼任禁止**　監査役は，会社もしくはその子会社の取締役・支配人その他の使用人，または子会社の会計参与・執行役を兼ねることができない（335条2項）。監査する者と監査される者が同一になってしまうからである。兼任禁止の地位にある者が監査役に選任された場合，その選任は無効ではなく，従前の地位を辞任して監査役に就任したとみなされ，事実上従前の職務を継続している場合でも，監査役の任務懈怠の問題が生じるのみである（最判平元・9・19判時1354・149）

2　員数・任期　監査役の員数は，定款で自由に定めることができる。ただし，監査役会設置会社では，３人以上でなければならない（335条3項）。

監査役の任期は4年である（336条1項）。任期を定款または総会決議により短縮することはできない。ただし，任期の満了前に退任した監査役の補欠として選任された監査役の任期は，退任監査役の任期の満了のときまでとすることができる（336条3項）。

非公開会社においては，定款の定めにより，監査役の任期を10年まで伸長することができる（336条2項）。

3　選任　⑴　**選任方法**　監査役は，株主総会の決議により選任する（329条1項）。非公開会社において，監査役を選任する種類株式を発行している場合には，その種類株主を構成員とするする種類株主総会の決議により選任する（108条1項柱書ただし書・同項9号・347条2項）。監査役を選任する株主総会決議においては，法令・定款が定める監査役の員数を欠くこととなる場合に備えて，補欠の監査役を選任することができる（329条3項）。

監査役を設置したときは，その氏名を登記しなければならない（911条3項17号ロ，商登54条1項）。

⑵　**選任に関する監査役の同意権**　取締役は，監査役がある場合において，監査役の選任に関する議案を株主総会に提出するには，監査役の同意を得なければならない。監査役が2人以上ある場合にはその過半数，また監査役会設置会社においては監査役会の同意がそれぞれ必要である（343条1項・3項）。

⑶　**選任議題・議案の提案権**　監査役は，取締役に対して，監査役の選任を株主総会の目的とすること（議題の提案権。特定の候補者を示さず，「監査役選任の件」を株主総会に付議すること），または監査役の選任に関する議案を株主総会に提出すること（議案の提出権。特定の監査役候補者を示してその選任議案を総会に付議すること）を請求することができる（343条2項）。

⑷　**株主総会における意見陳述権**　監査役は，株主総会において，監査役の選任について意見を述べることができる（345条1項・4項）。この意見陳述を不当に拒絶した場合は，決議取消事由となる（東京高判昭58・4・28判時1081・130）。

4　終任　⑴　**終任事由**　会社と役員との関係は委任の規定に従うため（330条），監査役はいつでも辞任することができる（民651条）。その他の終任事由も取締役と同じである（335条1項・331条1項・339条1項，民653条）。

任期途中で辞任した監査役は，その後最初に招集される株主総会に出席し，辞任した旨およびその理由を述べることができる（345条2項・4項）。監査役の辞任（選任・解任の場合も）については，他の監査役も，総会において意見を述べることができる（345条1項・4項）

⑵　**解任**　役員は，いつでも株主総会の決議で解任できるが（339条1項），監査役の地位強化のため，取締役が監査役の解任決議案を総会に提出するときは，招集通知に添付する株主総会参考書類に解任理由を記載しなければならず（会施規80条），総会の決議も特別決議を必要とする（343条4項・309条2項7号・324条2項5号）。

監査役が株主総会決議により解任された場合，その解任につき正当事由がある場合を除き，監査役は，会社に対し解任によって生じた損害の賠償を請求することができる（339条2項）。

不正行為または法令・定款違反のあった監査役の解任決議が成立しなかった場合には，少数株主は解任の訴えを提起できる（854条）。

5　職務・権限　監査役は，**独任制**の機関であり，監査役が複数いる場合でも，各自が単独でその権限を行使できる。監査役会が設置される場合であってもこのことに変わりはない。

⑴　**業務監査・会計監査権限**　監査役は，取締役（会計参与設置会社においては会計参与を含む）の職務の執行を監査し，監査報告を作成することを職務とする（381条1項）。監査の範囲は業務監査と会計監査の両方に及ぶが，非公開会社では，定款で定めることにより，監査役の監査の範囲を会計監査に限定することができる（389条1項）。

監査役の監査権限は，取締役等の職務執行の法令・定款違反や著しい不当性の監査（適法性監査）には及ぶが，取締役等の業務執行の裁量の範囲に属する事項の監査（妥当性監査）には及ばないと解するのが一般的である[7)]。監査役は，

7）取締役等はその職務を遂行するにつき，会社に対し善管注意義務および忠実義務を負う（民644条，355条）。この義務に違反すれば法令違反となる。取締役等の職務執行に著しい不当性がある場合，善管注意義務または忠実義務違反となるが，監査役がそれを監査すると，実質的には妥当性の監査にまで踏み込むことになる。

業務監査を行うために，以下の(a)〜(f)の権限を行使する。その権限に属する事項は同時に義務でもある。

(a)　事業の報告の徴求権・業務財産調査権　　監査役は，いつでも，取締役・会計参与・支配人その他の使用人に対して，事業の報告を求め，または会社の業務・財産の状況を調査することができる（381条2項）。

また監査役は，その職務を行うため必要があるときは，子会社に対し事業の報告を求め，または子会社の業務・財産の状況を調査することができる（同条3項）。この場合，子会社は，正当な理由がないかぎり，その報告・調査を拒むことができない（同条4項）。

(b)　総会提出議案等の調査・報告　　監査役は，取締役が株主総会に提出しようとしている議案または書類等を調査し，法令・定款違反または著しく不当な事項があれば，その調査結果を総会に報告しなければならない（384条）。

(c)　取締役会への報告・出席・意見陳述および取締役会の招集請求権　　監査役は，取締役の不正行為または法令・定款違反事実もしくは著しく不当な事実を発見したときは，取締役会（取締役会非設置会社では取締役）に報告しなければならない（382条）。また報告だけではなく，取締役会に実際に出席し，必要とあれば意見を述べなければならない（383条1項）。そのための取締役会が開催されない場合，監査役は，取締役会の招集を請求でき，招集権者が招集に応じない場合は，自ら取締役会を招集できる（383条2項・3項）。

(d)　取締役の違法行為等の差止請求権　　監査役は，取締役が法令・定款違反行為をし，またはするおそれがある場合において，当該行為により会社に著しい損害が生じるおそれがあると認めるときは，当該取締役に対しその行為の差止めを請求することができる（385条1項）。監査役が行為差止めの仮処分命令を裁判所に申し立てる場合には，担保を立てさせない（同条2項）。また，取締役は，会社に著しい損害を及ぼすおそれのある事実を発見したときは，監査役に報告する義務がある（357条1項）。

(e)　会社・取締役間の訴訟　　会社と取締役の利害が対立する場合，会社を代表して必要な措置をとるのは監査役であり，会社と取締役間の訴訟では，監査役が会社を代表する（386条1項1号）。取締役の責任追及についての株主の会社に対する提訴請求および株主代表訴訟の訴訟告知を受けるのも監査役である（386条2項1号・2号）。

(f)　非公開会社における監査範囲の限定　　非公開会社では，監査役の監査の範囲を会計監査に限定することを定款で定めることができる（389条1項）。その場合，監査役の監査の範囲および監査報告は，会計に関する事項に限定され，その反面で，監査役を置かない会社と同じく，株主の経営監督機能が強化される（2条9号かっこ書・357条1項・367条1項・371条2項・360条1項2項）。

(2)　**監査報告の作成**　　監査役は，事業報告およびその附属明細書を監査し，監査報告を作成しなければならない（381条1項後段）。その場合，取締役等に不正の行為や法令・定款違反の事実があったときは，その事実を，また大会社に構築が義務づけられている内部統制システム（362条4項6号・5項）の整備・運用状況が相当でなければ，その旨と理由などを，監査報告に記載しなければならない（会施規129条1項3号・5号）。

(3)　**監査役の義務**　　監査役は，職務を行うにつき会社に対して善管注意義務を負う（330条，民644条）。監査役には，取締役のように会社との利益相反取引を予防的に規制する具体的規定はないが，取締役会に出席した監査役が，そこで知り得た会社の営業秘密を利用して自己を利し会社に損害を与えるような取引行為をした場合には，当然に善管注意義務違反の責任を負う（356条1項参照）。

(4)　**報酬・監査費用**　　監査役の報酬は，定款の定めまたは株主総会の決議で定める（387条1項）。監査役が複数いる場合において，個別の報酬額が決まっていないときは，定款または総会決議で定めた報酬の範囲内で監査役の協議により定める（同条2項）。監査役は，株主総会において，監査役の報酬について意見を述べることができる（同条3項）。

監査役がその職務の執行につき支出した費用または負担した債務につき，会社に支払を請求した場合，会社は，それが監査役の職務の執行に必要でないことを証明しないかぎり，その支払を拒むことはできない（388条）。

3　監査役会

公開大会社は，指名委員会等設置会社および監査等委員会設置会社を除き，監査役会を置かなければならない（328条1項）。その他の株式会社は，任意に監査役会を設置できるが，監査役会を設置する会社では，取締役会の設置が義務づけられる（327条1項2号）。

監査役会には監査役が3名以上必要であり，その半数以上は社外監査役，1名以上は常勤監査役でなければならない（335条3項・390条3項）。

監査役会設置会社は，非公開会社であっても，監査役の監査の範囲を会計に関するものに限定することはできない（389条1項かっこ書）。

1　職務・権限　監査役会が設置されても，監査役の独任制は維持されており（390条2項ただし書）。監査役会の機能は，各監査役の役割分担を容易にし，かつ情報の共有を可能にすることにより，組織的・効率的監査を行うことに限定される。そのために監査役は，監査役会の求めがあるときは，いつでもその職務の執行状況を，監査役会に報告しなければならない（390条4項）。

監査役会は，①監査方針，調査方法等の監査役の職務の執行に関する事項の決定，②監査報告の作成，③常勤監査役の選定・解職を行い（390条2項），また，④監査役選任議案を総会に提出する際の同意権を行使し（343条1項・3項），⑤会計監査人の選任および解任ならびに不再任に関する議案の内容を決定する（344条1項・3項）。さらに，⑥会計監査人に，職務上の義務違反もしくは職務怠慢があるとき，会計監査人としてふさわしくない非行があるとき，または心身の故障のため職務の執行に堪えないときは，監査役会は，監査役全員の同意をもってその会計監査人を解任することができ，監査役会が選定した監査役が，その事実と解任理由を株主総会に報告しなければならない（340条1項～4項）。

監査役の職務の執行に関する事項を決定するにあたり，監査役会が各監査役の職務の分担を定めることは可能であるが，各監査役が分担された職務以外の権限を行使するのを妨げることはできない（独任制。390条2項ただし書）。

監査役会の監査報告は，各監査役の監査報告にもとづき作成されるが（390条2項1号），監査役は，監査役会報告と自己の監査役監査報告の内容が異なる場合には，監査役会報告に自己の監査報告の内容を付記することができる（会施規130条2項後段）。

2　監査役会の運営　監査役会は，各監査役が招集する（391条）。監査役は独任制であるため，取締役会のように特定の招集権者を定めることはできない。監査役会を招集するには，会日の1週間前までに各監査役に通知を発しなければならないが，監査役全員の同意があれば，その手続を省略できる（392条1項・2項）。

監査役会の決議は，監査役の過半数により行う（393条1項）。取締役会と異なり，決議の省略（書面決議）は認められていない（370条参照）。これに対して，取締役，会計参与，監査役または会計監査人の監査役会への報告の省略は認められている（395条）。

3　議事録の作成・閲覧等　監査役会は，監査役会の議事について，議事録を作成し，出席した監査役は，これに署名または記名押印し（393条2項），監査役会の開催日から10年間，その議事録を本店に備え置かなければならない（394条1項）。株主および親会社の社員は，その権利を行使するため必要があるとき，また当該会社の債権者は，役員の責任を追及するため必要があるときは，いずれも裁判所の許可を得て，議事録の閲覧・謄写を請求することができる（394条2項・3項）。

4　会計監査人

大会社，指名委員会等設置会社および監査等委員会設置会社は，会計監査人を設置することが義務づけられる（327条5項・328条1項2項）。それ以外の株式会社は，定款で任意に会計監査人を設置できるが，会計監査人を置く会社（指名委員会等設置会社と監査等委員会設置会社を除く）は，監査役を置くことが義務づけられる（327条3項）。この場合，非公開会社であっても，監査役の監査権限を会計に関するものに限定することはできない（389条1項かっこ書）。

このことは，会計監査人が，業務監査権限を有する監査役とセットになり，互いに会社の内と外で連携して監査機能を発揮するよう制度設計されていることを意味する。また，会計監査人制度を有効に機能させるために，会計監査人の経営陣からの独立性も担保されている。ただし，会計監査人の報酬の決定については，取締役または執行役が行い，監査役（監査役会・監査委員会・監査等委員会）は，それについての同意権を有するにとどまる（399条）。

1　地位・資格　会計監査人は，企業会計の職業専門人として，株式会社から委任され，会社の計算書類等を監査し，会計監査報告を作成する者である（396条1項）。取締役と共同して計算書類等の作成を行う会社の機関たる会計参与とは異なり，会社の役員ではないが（329条1項参照），役員と同じく会社とは委任関係にある（330条）。

会計監査人となる資格を有するのは，公認会計士かその者らが設立した監査法人である（337条1項）。監査法人が会計監査人になる場合には，その社員の中から会計監査人の職務を行う者を選定し，これを会社に通知しなければならない（同条2項）。

会計監査人には，被監査会社からの独立性を維持するための一定の欠格事由が定められている（同条3項）。会計監査人がその職務を行うにあたり，補助者を使用することがあるが，その補助者にも同様の欠格事由が定められている（396条5項）。

2　選任・終任　⑴　**選任**　会計監査人の選任は，株主総会の普通決議で行う（329条1項）。会計監査人の選任に関する議案の内容は，監査役が決定し，監査役が2人以上いる場合はその過半数で決定する（344条2項）。監査役会設置会社においては，監査役会が（344条3項），指名委員会等設置会社では監査委員会が（404条2項2号），監査等委員会設置会社においては，監査等委員会が（399条の2第3項2号），それぞれ決定する。

⑵　**終任事由**　会計監査人と会社との関係は委任の規定に従うので（330条），会計監査人はいつでも辞任することができ（民651条），委任の終了事由によりその地位を失う（民653条）。このほか，会計監査人は，任期の満了（338条），解任（339条1項・340条），資格の喪失，会社の解散によってもその地位を失う。

終任により欠員が生じることになった場合に，遅滞なく会計監査人が選任されないときは，監査役は，一時会計監査人の職務を行うべき者を選任しなければならない（346条4項）。

⑶　**解任**　会計監査人は，株主総会の普通決議で，いつでも解任できるが（339条1項・309条1項），正当な理由のない場合は，損害賠償請求権が発生する（339条2項）。解任議案の内容は，監査役（監査役会・監査委員会・監査等委員会）が決定する（344条1項2項3項・404条2項2号・399条の2第3項2号）。

会計監査人の選任・解任・不再任議案については，株主総会参考書類において理由の記載が求められる（会施規81条2号）。

会計監査人に職務上の義務違反や職務懈怠，会計監査人にふさわしくない非行または職務執行に支障をきたす心身の故障等がある場合，監査役等は全員の同意をもって会計監査人を解任できる（340条1項・2項）。会計監査人を解任した場合，選定された監査役等は，その旨および解任の理由を，解任後最初に招集される株主総会に報告しなければならない（同条3項）。

3　職務・権限　会計監査人は，株式会社の計算書類およびその附属明細書，臨時計算書類ならびに連結計算書類を監査し，会計監査報告を作成することを職務とする（396条1項）。

会計監査人は，監査に必要な情報を収集するため，いつでも，①被監査会社の会計帳簿等を閲覧・謄写し，②取締役および会計参与ならびに使用人に対し，会計に関する報告を求めることができる（同条2項）。

また会計監査人は，職務執行のため必要があるときは，③会計監査人設置会社の子会社に対して会計に関する報告を求め，または，④会計監査人設置会社もしくは子会社の業務・財産状況の調査をすることができる（同条3項）。子会社は，正当な理由がないかぎり，その報告・調査を拒否することができない（同条4項）。これらの情報収集のための調査を行う際に，会計監査人が，⑤取締役の不正行為や法令・定款違反の重大な事実を発見したときは，監査役（監査役会・監査委員会・監査等委員会）に報告しなければならない（397条1項・3項～5項）。

5　会計参与

1　制度の趣旨　非公開の中小会社では，税理士や公認会計士が，税の申告書や計算書類等の作成に関与する例が多かった。それらの会社では，業務執行に対する監査はあまり必要とされておらず，税務申告や銀行融資のための会計の適正化が求められていた。平成17年会社法は，このような現状を追認し，会計帳簿の整備や計算書類等の作成に実際にかかわってきた税理士や公認会計士が，会社の機関として正式に計算書類等の作成に関与できるようにするために，会計参与として計算書類の適正さを担保する積極的役割を与えることにした。会計参与はこれらの点からみて，業務執行機関と位置づけることができる。

2　地位・資格等　会計参与は，いかなる株式会社でも定款の定めで任意に設置できる会社の機関であり（326条2項），取締役・監査役とならび，会社の役員であり（329条1項かっこ書），会社とは委任関係にある（330条）。会計参与には公認会計士・監査法人または税理士・税理士法人のみが就任でき（333条1項），当該会社またはその子会社の取締役，監査役，執行役，使用人との兼任は禁止されている（333条3項1号）。

3　職務・権限　　会計参与は，取締役と共同して，計算書類等（435条2項・441条1項・444条1項）を作成し，会計参与報告を作成する（374条1項）。また会計参与は，作成した計算書類等および会計参与報告を，会社の本店・支店とは別に，会計参与の事務所等に5年間備え置き（378条1項1号2号・会施規103条），株主，会社債権者および親会社社員からの閲覧等の請求に応じなければならない（親会社社員は裁判所の許可を要する。378条2項・3項）。

第6節　指名委員会等設置会社・監査等委員会設置会社

監査役会設置会社における取締役会の職務は，業務執行の決定と取締役の職務の執行の監督および代表取締役の選定・解職である（362条2項）。そこでは監督と業務の執行は明確に分離されていない。監督と執行の不分離は，監査役会設置会社における取締役会の監督機能の弱体化をもたらしてきた。

これに対処するため，平成14年の商法改正は，監督と執行を制度的に分離する機関構成をとる会社形態として，指名委員会等設置会社（当初の名称は委員会等設置会社という。平成17年会社法で委員会設置会社，平成26年会社法改正で指名委員会等設置会社に名称変更された（2条12号））を創設したが，監査役会設置会社から指名委員会等設置会社への移行は，あまり進まなかった。

そこで平成26年会社法改正では，従来型の機関構成をとる監査役会設置会社と，監督と執行を制度的に分離した指名委員会等設置会社の中間的な機関構成として，監査等委員会設置会社（2条11号の2）を新たに設け，指名委員会等設置会社への橋渡しをしようと試みている。

その結果，公開大会社には，従来どおりの監査役会設置会社のままでいるか，定款を変更して，指名委員会等設置会社または監査等委員会設置会社となるかの3つの選択肢があることになった（326条2項・328条1項）。

1　指名委員会等設置会社

1　総説　指名委員会等設置会社とは，定款の定めにより，指名委員会，監査委員会および報酬委員会を置く会社である（２条12号）。指名委員会等設置会社は，平成14年商法改正により委員会等設置会社として初めて導入された制度である。

指名委員会等設置会社は，監督と執行を明確に分離し，業務執行に対する取締役会の監督機能を強化するために，アメリカの取締役会制度を参考に導入されたものである。それまでの日本の株式会社のガバナンスとは全く趣を異にするが，アメリカの取締役会制度とも違いがあるわが国特有の制度となっている。

指名委員会等設置会社は，会社の業務執行に対する取締役会の監督機能を強化するため，取締役会の業務執行の決定権限を経営の基本方針などごく基本的なものに限定し，その機能を，執行役等（執行役，取締役および会計参与をいう。404条２項１号かっこ書）の職務の執行の監督に傾注させる制度である（416条１項）。指名委員会等設置会社は，社外取締役が過半数を占める３委員会（指名委員会，監査委員会，報酬委員会）と，取締役に代わって，業務を執行する執行役を設置しなければならない（400条１項３項・402条。**図表３-10**）。

2　取締役の任期および兼任の制限等　指名委員会等設置会社の取締役の任期は１年であり（332条６項），非公開会社であっても，定款で取締役の任期を伸長することはできない（同条２項かっこ書）。ただし，定款または総会の決議により，任期を短縮することはできる（同条１項ただし書）。取締役会が監督機能に特化したため，その構成員である取締役も１年ごとに総会において株主の信任

図表3-10　指名委員会等設置会社の機関構成

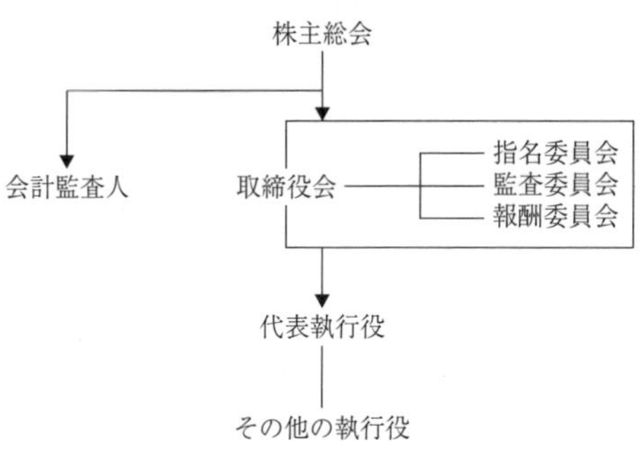

を受ける必要があるからである。

執行と監督が分離され，取締役会の機能が監督機能に特化した結果，取締役会の構成員としての取締役は，業務執行権限を有しないこととなった（415条）。

取締役がその会社の支配人その他の使用人を兼ねることは禁じられている（331条4項）。もっとも，監査委員を除く取締役は，執行役を兼任することが許されており，執行役の資格において，業務を執行することができる（402条6項・400条4項）。取締役と執行役の間のスムーズな情報伝達に資する効果が期待されているためで，実際に指名委員会等設置会社の多くに，取締役と執行役を兼任している者がいる。

3　取締役会　(1)　**権限**　指名委員会等設置会社の取締役会の職務は，業務執行の決定と執行役等の職務執行の監督であり（416条1項1号・2号），それらの職務の執行を取締役に委任することはできない（同条3項）。監督と執行の機能を分離し，監督機関としての取締役会の機能を重視したため，取締役会による業務執行の決定事項は限定されており，執行役等の職務の執行の監督が取締役会の主要な職務となっている（416条1項。362条と比較）。

すなわち，取締役会が行う職務の執行のうち，業務執行の決定については，①経営の基本方針，②監査委員会の職務の遂行のために必要なものとして法務省令で定める事項，③執行役が2人以上ある場合における執行役の職務の分掌および指揮命令の関係その他の執行役相互の関係に関する事項，④執行役から取締役会の招集の請求を受ける取締役，⑤執行役の職務の執行が，法令および定款に適合することを確保するための体制その他株式会社の業務ならびに当該株式会社およびその子会社からなる企業集団の業務の適正を確保するために必要なものとして法務省令で定める体制（内部統制システム）の整備は，必ず取締役会が決定しなければならない（416条2項）。それ以外の事項についてはその決定を執行役に委任できる（同条4項本文）。

これにより，執行役による迅速かつ柔軟な経営事項の決定が可能となった。しかし，その反面でこのような大幅な業務執行の決定の委任とのバランスをとるため，取締役会の業務執行者からの独立性と取締役会による監督の機能強化が必要となる。それゆえ，取締役会の内部機関として位置づけられる指名委員会，監査委員会および報酬委員会の設置が義務づけられることとなった。

(2)　**取締役会の運営**　　(a)　招集　　指名委員会等設置会社では，取締役会の監督機能を十分に発揮させるため，取締役会を機動的に開催できる措置がとられている。取締役会の招集は，あらかじめ定められた招集権者（取締役）によって行われるのを原則とするが，各委員会がその委員の中から選定する者は，取締役会を招集することができる（417条1項）。また，執行役は，取締役会の指定する取締役（416条1項1号ニ）に対し，取締役会の目的である事項を示して，取締役に招集を請求することができる。もし法定期限までに招集の通知が発せられないときは，当該執行役は，自ら取締役会を招集することができる（417条2項）。

(b)　情報収集　　取締役会が，執行役等の職務執行の監督を十分に果たすためには，情報の収集が欠かせない。そのため，①各委員会がその委員の中から選定する者に，遅滞なく，当該各委員会の職務の執行の状況を取締役会に報告する義務を課し（417条3項），また，②執行役に対し，各委員会の要求があったときは，当該委員会に出席して，当該委員会の求めた事項につき説明する義務を課すとともに（411条3項），③執行役には，3か月に1度，職務の執行状況を取締役会に報告し，かつ，取締役会から求められれば，取締役会に出席して取締役会が求めた事項につき説明する義務を課している（417条4項・5項）。

4　指名委員会・監査委員会・報酬委員会

(1)　**委員の選定・解職等**　　指名委員会等設置会社には，取締役会の中に指名委員会，監査委員会，報酬委員会という3つの委員会（それゆえ指名委員会等という）が置かれる（2条12号）。各委員会は，3人以上の取締役によって構成され，各委員会の委員の過半数は，社外取締役でなければならない（400条1項～3項）。各委員は，株主総会で選任された取締役の中から取締役会の決議により選定され（400条2項），また解職される（401条1項）。各委員の選定・解職議案の内容の決定は，取締役会の権限である（416条4項9号）。

指名委員会等設置会社の取締役は，当該会社の支配人その他の使用人との兼務が禁止されているが（331条4項），執行と監督を分離する趣旨から，監査委員会の委員にはさらに厳格な兼任禁止の規制が課せられている（400条4項）。解職や辞任により，各委員会の員数を欠いたときは，役員の任務継続義務（346条）に対応して，同様の定めがある（401条2項～4項）。

⑵　**委員会の運営**　　各委員会の運営については，①招集権者（410条），②招集手続とその省略（411条1項・2項），③執行役の委員会への出席義務と説明義務（同条3項），④委員会の決議要件と特別利害関係人の議決権排除（412条1項・2項），⑤議事録の作成義務と備置義務（412条3項4項・413条1項），⑥議事録に異議をとどめない者の賛成推定（412条5項），⑦取締役，株主，債権者による議事録の閲覧・謄写請求（413条2項～5項）の定めがある。これは，監査役（会）設置会社における取締役会とほぼ同じである。

委員会の決議は，取締役会の決議のようには省略はできないが（370条参照），委員会への報告事項を委員全員への通知をもって代えることはできる（414条）。

⑶　**指名委員会**　　指名委員会は，株主総会に提出する取締役（会計参与設置会社にあっては取締役および会計参与）の選任および解任の議案の内容を決定する権限を有する（404条1項）。取締役の選任・解任に関する議案を社外取締役が過半数を占める指名委員会で決定することにより，取締役会の業務執行機関からの独立性を確保するためである。

⑷　**監査委員会**　　監査委員会の職務は，①執行役等の職務執行の監査および監査報告の作成，②株主総会に提出する会計監査人の選任および解任ならびに不再任に関する議案の内容の決定である（404条2項1号・2号）。

(a)　監査委員会の権限　　監査委員会は，業務執行についての適法性の監査だけではなく妥当性の監査をも行う監査機関である。したがって，監査役や監査役会に相当する権限に妥当性の監査権限が加わることになる。

㋐　執行役等に対する報告徴求権および調査権　　監査委員会が選定する監査委員は，いつでも，執行役等および支配人その他の使用人に対し，その職務の執行に関する事項の報告を求め，または指名委員会等設置会社の業務および財産の状況の調査をすることができる（405条1項）。

㋑　子会社に対する報告徴求権および調査権　　監査委員会が選定する監査委員は，監査委員会の職務を執行するため必要があるときは，指名委員会等設置会社の子会社に対して事業の報告を求め，またはその子会社の業務および財産の状況の調査をすることができる（同条2項）。

監査委員会の監査は，監査役設置会社の監査役のように独任制はとっていない。したがって，上記の権限は監査委員会の権限であり，監査委員の権限ではない。監査委員会によって選定された監査委員は，報告の徴求または調査に関する事項について，監査委員会の決議に従わなければならないことがこのことを表している（同条4項）。

(b)　監査委員の権限　　個々の監査委員の権限は，①執行役または取締役の不正行為等の取締役会への報告義務（406条），②執行役または取締役の行為の差止請求（407条1項），③会社と執行役または取締役の間の訴訟における会社代表（408条1項），④株主による執行役または取締役の責任追及の訴えの請求がある場合の会社代表（408条5項1号）である。

コラム 3-7

監査役と監査委員および監査役会と監査委員会

監査役は取締役会への出席義務があるが，議決権はないため，業務執行を担う取締役の人事に影響を及ぼすことはできない。監査委員は，取締役として取締役会に出席し議決権行使を通じて執行役その他の使用人の人事に影響を与えることができる。

監査役会設置会社では，常勤監査役の設置が義務づけられているが（390条2項2号・3項），指名委員会等設置会社（監査等委員会設置会社も同じ）では，常勤の監査委員の設置は義務づけられていない。

監査役会は，監査役全員により組織されるが，監査役の独任性が維持されており，監査役会の決定により各監査役の権限の行使を妨げることはできない（390条2項ただし書）。監査役会の機能は，各監査役の役割分担を容易にし，かつ情報の共有を可能にすることにより，組織的・効率的監査を行うことに限定される。それに対して指名委員会等設置会社の監査委員会は，委員会により選定された監査委員の報告徴求権・調査権を制限できる（405条4項）。

この違いは，監査役会設置会社では，独任制の下，部下を持たない監査役が，みずから会社の業務・財産の調査を行うことが前提とされているのに対して，指名委員会等設置会社では，監査委員会が会議体として組織的な監査を行い，監査を行うに際しては，株式会社の業務の適正を確保するために必要な体制（内部統制システム）を利用することを想定しているためである。

(5)　**報酬委員会**　　報酬委員会は，執行役等の個人別の報酬等の内容の決定に関する方針を決め，それにもとづき執行役等の報酬および執行役が支配人その他の使用人を兼務しているときはそれらの報酬を決定する（409条・404条3項）。この場合，取締役の報酬等に関する361条の適用はない。

公開会社では，この方針は事業報告に記載される（435条2項，会施規121条6

号)。

5　執行役　監督と執行を明確に分離するという指名委員会等設置会社の趣旨から，取締役は，業務執行権限を持たず（415条），執行役が業務を執行する（418条2号）。

(1)　**選任・解任**　指名委員会等設置会社は，取締役会の決議により，1人または複数の執行役を選任し（402条1項・2項），またいつでも解任することができる（403条1項）。執行役が解任された場合や欠員が生じた場合の取扱いは，取締役と同じである（403条2項3項・401条2項～4項）。執行役の氏名は登記事項である（911条3項23号）。

(2)　**資格等**　執行役は，特別な資格を必要としないが，取締役と同じ欠格事由がある（402条4項・331条1項）。指名委員会等設置会社は，執行役が株主でなければならない旨を定款で定めることはできないが，非公開会社であればそのような定款の定めも有効である（402条5項。取締役につき同様の規定がある。331条2項）。取締役に業務執行権はないが，執行役との兼任は可能であり（402条6項），執行役の資格で業務を執行することができる。

(3)　**任期**　執行役の任期は1年であり，定款によって任期を短縮することはできるが，伸長することはできない（402条7項）。指名委員会等を設置する旨の定款の定めを廃止する定款の変更をした場合には，執行役の任期は定款変更の効力が生じたときに満了する（402条8項）。

(4)　**職務・権限等**　取締役会は，その職務の執行を取締役に委任することができない（416条3項）。その代わり，執行役が，取締役会の専決事項（416条1項各号・4項各号）以外の業務執行につき，取締役会から委任を受けて，これを決定することができる（同条4項本文）。また日常的業務執行の決定については，代表取締役と同様に，執行役の選任決議のときに当然委任されていると考えられる。

執行役は，各委員会の要求があったときは，当該委員会に出席し，委員会が求めた事項につき説明しなければならない（411条3項）。

(5)　**執行役の義務**　(a)　業務執行者としての報告・説明義務　指名委員会等設置会社の取締役会の職務は，執行役等の職務の執行の監督である（416条1項2号）。したがって，執行役は職務の執行につき，取締役会の監督を受けなければならない。会社法は，取締役会が監督機能を果たせるよう，執行役に報告・説明義務を課している（417条4項・5項）。

(b)　委任関係にもとづく義務　　指名委員会等設置会社と執行役との関係は，委任に関する規定に従う（402条3項）。したがって，執行役は職務の執行につき善管注意義務（民644条）および忠実義務（419条2項・355条）を負う。また，受任者として，委任者たる会社と利益相反関係に立つ場合，会社の利益を犠牲にしないために，執行役は，競業取引や利益相反取引をする場合に，取締役会の承認を受けなければならず（419条2項・356条・365条1項），その取引後は当該取引についての重要事実を取締役会に報告する義務を負う（419条2項・365条2項）。

コラム 3-8

取締役と執行役の善管注意義務

指名委員会等設置会社の取締役と執行役は，ともに会社に対して善管注意義務を負うが，両者の義務の内容には違いがある。取締役は，会社の業務執行全般に対する監督義務を負う者として株主総会で選任されるのに対し，執行役は，職務分掌を含めた形で取締役会により選任される。その結果，取締役には，他の取締役の職務執行に対する監視義務が生じるが，執行役には，他の執行役に対する一般的監視義務はない。ただし，執行役も，自己の指揮下にある執行役に対しては，職務分掌の内容として当然に監視義務がある（江頭602頁）。

6　代表執行役　　指名委員会等設置会社の取締役会は，執行役の中から代表執行役を選定し，またいつでも解職することができる（420条1項前段・2項）。執行役が1人しかいない場合，その者が代表執行役に選定されたものとされる（同条1項後段）。代表執行役の氏名・住所は登記事項である（911条3項23号ハ）。

代表執行役は，代表取締役と同じく，会社の業務に関する一切の裁判上または裁判外の行為をする権限を有する（420条3項・349条4項）。この権限に加えた制限は，善意の第三者に対抗することができない（420条3項・349条5項）。

代表執行役が欠けた場合または定款で定めた員数が不足する場合については，各委員会の委員の欠員が生じた場合と同様の処理をする（420条3項・401条2項～4項）。

代表執行役以外の執行役に，社長，副社長その他の指名委員会等設置会社を代表する権限を有する者と認められる名称を付した場合には，表見代表取締役と同様に（354条参照），会社は，当該執行役がした行為について，善意の第三者に対してその責任を負う（表見代表執行役。421条）。

2　監査等委員会設置会社

1　制度の概要　監査等委員会設置会社は，取締役会の監査・監督機能を強化することを目的として平成26年改正法により新たに導入された制度である。株式会社は，定款の定めによって監査等委員会設置会社になる選択をすることができる（326条2項）。監査等委員会設置会社になると，取締役会と会計監査人を設置しなければならず（327条1項3号・5項），また，監査役を設置してはならない（327条4項）。

監査等委員会は，取締役会の中に設置される。それを構成する監査等委員は，監査等委員である取締役として，それ以外の取締役とは区別して，株主総会により選任されるが（329条2項），取締役会での議決権は失わない。監査等委員会は，3人以上の監査等委員である取締役によって構成され，かつ，その過半数を社外取締役とし（399条の2第1項2項・331条6項），取締役の職務執行の監査と監査報告の作成を主たる職務として行う（399条の2第3項）。

指名委員会等設置会社と異なり，執行役は置かれず，取締役の中から選定される代表取締役および業務執行取締役が，監査等委員会設置会社の業務を執行する（363条1項）。

監査等委員会には監査役会の常勤監査役のような，常勤の監査等委員の設置は求められていない。監査等委員の監査は，内部統制システムを利用して行うことが予定されているからである。

監査等委員会設置会社が，監査役会設置会社と異なるもう一つの点は，監査役会設置会社の取締役会が重要な業務執行の決定につき（代表）取締役に権限を委任できないのに対して（362条4項。ただし，例外として，373条1項参照），監査等委員会設置会社の取締役会は，取締役の過半数が社外取締役であるか，または重要な業務執行の決定を取締役に委任できる旨の定款の定めがある場合に，重要な業務執行の決定を（代表）取締役に委任できることである（399条の13第5項・6項）。これにより，あえて指名委員会等設置会社を選択しなくても，監

図表 3-11　監査等委員会設置会社の機関構成

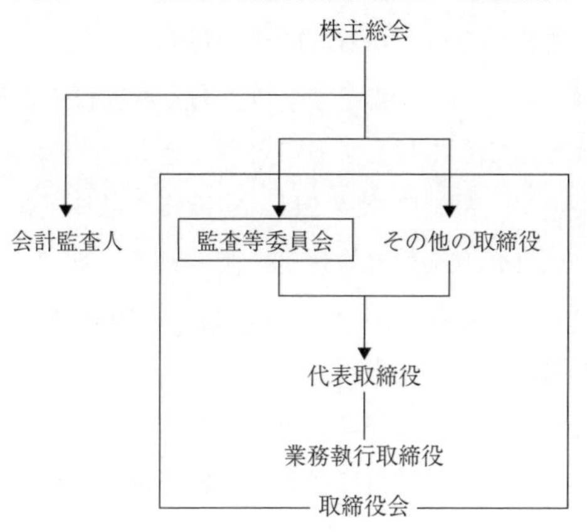

査等委員会設置会社を選択することで，執行と監督を実質的に分離できる会社となることができる（**図表 3-11**）。導入に比較的抵抗感の少ない監査等委員会設置会社を選択する会社が増えれば，結果的に社外取締役の選任が促進されると期待されている。

2　監査等委員会　(1)　**監査等委員の地位等**　監査等委員会は，取締役である監査等委員で組織され，3人以上を必要とし，その過半数は社外取締役でなければならない（399条の2第1項2項・331条6項）。監査等委員会が業務執行の監督機能を発揮するため，監査等委員には，業務執行者から独立した地位や権限が与えられ，また監査等委員以外の取締役とは別の取扱いが認められている。

(a)　選任・解任　監査等委員は，株主総会において，監査等委員以外の取締役とは区別して選任され（329条2項），その解任は株主総会の特別決議によらなければならない（309条2項7号）。監査等委員である取締役（およびそれ以外の取締役）の氏名は，登記事項である（911条3項22号）。

(b)　兼任の禁止　監査等委員となる取締役は，監査等委員会設置会社もしくはその子会社の業務執行取締役・支配人その他の使用人，または当該子会社の会計参与・執行役を兼ねることはできない（331条3項）。なお，監査等委員以外の取締役については，当該監査等委員会設置会社の支配人その他の使用人を兼任することは禁止されていない（331条3項と4項を対比）。

(c)　任期　　監査等委員となる取締役の任期は２年，それ以外の取締役は１年である（332条1項・3項）。監査等委員である取締役の任期の短縮は，定款や総会決議をもってしてもこれをすることができない（同条4項）。

(d)　報酬の決定　　報酬については，定款または株主総会決議において，監査等委員とそれ以外の取締役とを区別して定める（361条1項・2項）。各監査等委員の報酬について，定款の定めまたは総会の決議がないときは，監査等委員である取締役の協議によって定める（同条3項）。

(2)　**監査等委員の権限**　　監査等委員会は，監査役に代わって会社の監査を行うものであるから，監査等委員には会社の監査機関に相当する権限が与えられている。

(a)　監査等委員の選解任等および報酬に関する意見陳述権等　　各監査等委員は，総会において，他の監査等委員である取締役の選任・解任・辞任および報酬について意見を述べることができる（342条の2第1項・361条5項）。また，監査等委員会により選定された監査等委員は，監査等委員以外の取締役の選任・解任・辞任および報酬についても，総会において，監査等委員会の意見を述べることができる（342条の2第4項，361条6項）。

(b)　報告徴求権および業務・財産調査権　　監査等委員会が選定する監査等委員は，いつでも，取締役および支配人その他の使用人に対し，その職務の執行に関する事項の報告を求め，または当該監査等委員会設置会社の業務・財産状況の調査をすることができる。また，監査等委員会の職務を執行するために必要があるときは，その子会社に対しても事業の報告を求め，またはその子会社の業務・財産状況の調査をすることができる。ただし，当該監査等委員は，上に述べた報告の徴求や調査に関する事項につき，監査等委員会の決議があるときは，これに従わなければならない（399条の3第1項・2項・4項）。この調査権限等は，個々の監査等委員が独自に行使できるものではなく，監査等委員会が会議体として，組織的監査を行うためのものであり，監査等委員会に帰属するからである。この点は，指名委員会等設置会社と同様である。

(c)　その他の権限および義務　　監査等委員には，監査役と同様に，取締役の違法行為等の差止請求権（399条の6），会社・取締役間の訴訟における会社代表権（監査等委員会が選定する監査等委員。399条の7），取締役会の招集権（監査等委員会が選定する監査等委員。399条の14）が与えられており，また，取締役の不正行為等の取締役会への報告義務（399条の4）および総会に提出する議案等に違法・不当な事項がある場合の株主総会への報告義務（399条の5）が課せられている。

(3)　**監査等委員会の職務・権限等**　監査等委員会の主たる職務は，①取締役の職務の執行の監査および監査報告の作成である（399条の2第3項1号）。そのほかに，②株主総会に提出する会計監査人の選任・解任および不再任に関する議案の内容の決定（同条3項2号），③監査等委員以外の取締役の選任・解任・辞任および報酬についての監査等委員会の意見（342条の2第4項・361条6項）の決定（399条の2第3項3号），④監査等委員である取締役の選任議案提出に対する同意（344条の2第1項），⑤監査等委員である取締役の選任を株主総会の議題とすること，またはその選任議案を株主総会に提出することの請求（344条の2第2項），⑥各事業年度の計算書類とその附属明細書，事業報告とその附属明細書および連結計算書類についての監査（436条2項・444条4項）をその職務とする。

上記①と②の職務は，監査役（会）および監査委員会の職務（381条・390条2項1号・344条・404条2項）と同じであるが，③の職務は監査等委員会独自のものである。

また，取締役の利益相反取引（356条1項2号・3号）により会社に損害が発生したときの，当該取引を行った取締役の会社に対する損害賠償責任における任務懈怠の推定は（423条3項），その利益相反取引につき，監査等委員が取引の当事者である場合を除き，当該取引について監査等委員会の事前の承諾があれば，適用されない（423条4項）。すなわち，当該取締役は，任務懈怠がなかったことを自ら証明しなくても責任を免れることができる。ただし，監査等委員会の事前の承諾があるからといって，取締役会の承認が不要になるわけではない。

監査役会設置会社や指名委員会等設置会社には，このような特則は設けられていない。監査役や監査委員会は，監査機関であり，監査等委員会のように業務執行者に対する監督機能を備えていないからである。この特則は，取締締役の責任軽減にかなり効果があると考えられており，監査等委員会設置会社を選択する1つの重要な動機となることが期待されている。

そのほかに，監査等委員会が，取締役の職務の執行を監査するため必要な情報を入手する手段として，取締役・会計参与・会計監査人には，監査等委員会に対する報告義務がそれぞれ課せられている（357条3項・375条3項・397条4項）。

(4)　**監査費用**　　監査等委員の職務執行の費用については，監査役と同様に，監査等委員の費用の支払請求に対して，会社は，監査等委員の職務の執行に必要でないことを証明しないかぎり，支払を拒否できない（399条の2第4項）。

(5)　**運営**　　監査等委員会の運営方法（399条の8～399条の12）は，監査役会または指名委員会等の運営方法と基本的に同じである。ただし，以下のようにいくつかの点で異なるところもある。

①監査等委員会の招集通知の発出から監査等委員会の会日までの期間（1週間）の短縮は，定款で行う（399条の9第1項。監査役会と同じ（392条1項）。指名委員会等では，取締役会決議で行う（411条1項））。監査等委員である取締役以外の取締役からの影響をを排除し，監査等委員会の独立性を確保するための措置である。②監査等委員会の決議は，議決に加わることのできる監査等委員（特別利害関係人を除く）の過半数が出席し，その過半数をもって行うが，その定足数と決議要件を取締役会決議により加重することはできない（399条の10第1項・2項。特別利害関係人の議決権排除を除き，監査役会も同じ（393条1項））。これに対し，指名委員会等は，その定足数要件と決議要件を取締役会決議により加重できる（412条1項各かっこ書）。この点も監査等委員会の独立性を確保するための措置である。③本店に備え置かれた監査等委員会の議事録（399条の11第1項）については，監査等委員会設置会社の株主，債権者，親会社社員が，裁判所の許可を得て，閲覧・謄写を請求することができるが，監査等委員である取締役以外の取締役の閲覧・謄写は認められていない（399条の11第2項・3項。監査役会議事録の規定（394条）と同様）。これに対し，指名委員会等設置会社の指名委員会等の議事録については，取締役も閲覧・謄写権を有している（413条2項）[8)]。

8）この違いは，指名委員会等が，あくまで取締役会の内部機関の位置づけであるのに対し，監査等委員会は，取締役によって構成されているとはいえ，むしろ取締役会から一定程度独立したものとして位置づけられているところからくると考えられている（一問一答51頁参照）。

3　取締役会　監査等委員会設置会社の取締役会の職務は，①業務執行の決定，②取締役の職務執行の監督，③代表取締役の選定および解職である（399条の13第1項）。重要な業務執行の決定については，原則として取締役に委任することができない（同条4項）。

ただし，取締役会の業務執行者に対する監督機能を強化するため，取締役会が個別の業務執行の決定に関与することをできるだけ少なくし，監督に専念できるようにする例外が定められている。

すなわち，監査等委員会設置会社の取締役会は，業務執行の決定のうち，取締役会が必ず決定しなければならないとされている事項（399条の13第1項・2項）を除き，重要な業務執行の決定を，一定の要件を満たす場合に，取締役に委任できる。それは，①取締役の過半数が社外取締役であるとき（399条の13第5項），または，②取締役会の決議によって重要な業務執行の決定の一部または全部を取締役に委任することができる旨の定款の定めがあるとき（同条6項）である。

ただし，上記①または②の要件が満たされたとしても，取締役に決定を委任することができない取締役会の専決事項が399条の13第5項各号に列挙されている。これらの事項は，指名委員会等設置会社において執行役にその決定を委任できない事項（416条4項各号）と基本的に同じである。

第4章　役員の義務と責任

この章では，まず取締役の一般的な義務である善管注意義務・忠実義務について述べる。それを踏まえて，会社・取締役間の利益相反状況に対する特別な規制，役員等の責任，経営判断の原則，役員等の責任の追及措置などについて解説する。

第1節　取締役の一般的な義務

1　善管注意義務・忠実義務

会社と役員（329条1項。取締役，会計参与，監査役）および会計監査人との関係は，委任に関する規定に従うとされるため（330条），委任または準委任である（民643条・656条）。したがって，取締役は，会社に対して善良な管理者の注意をもって職務を遂行すべき義務（善管注意義務または注意義務と呼ばれる）を負う（民644条）。善管注意義務の内容について，会社の取締役は，社会通念上，取締役という会社経営の専門家として一般的に期待される水準の注意をもってその職務執行にあたらなければならないと解されている。他方，会社法は，取締役は，法令および定款ならびに株主総会の決議を遵守し，会社のために忠実にその職務を行わなければならないと規定する（355条）。これは，一般に忠実義務と呼ばれる。

善管注意義務と忠実義務の関係について，学説上，同質説（多数説）と異質説の争いがある。判例は，同質説と同様に，この忠実義務の規定は，330条，民法644条に定める善管注意義務を敷衍し，かつ一層明確にしたにとどまり，通常の委任関係に伴う善管注意義務とは別個の高度な義務を規定したものではないと判示した（最大判昭45・6・24民集24・6・625〔百選2・START UP 01〕）。これに対して，異質説は，忠実義務の規定がアメリカ法を参考に昭和25年商法改正で導入された規定であることから，善管注意義務とは異なり，自己または第三者の利益を会社の利益よりも上位に置いてはならないとする義務であると解する。

コラム4-1
アメリカ法における取締役の義務

アメリカ法では，取締役が会社および株主に対して負う義務は一般的に信認義務（fiduciary duty）と呼ばれる。信認義務は，注意義務（duty of care）と忠実義務（duty of loyalty）からなるとされるが，この2つの義務は，内容においてはっきりと区別される。注意義務とは，取締役がその義務を果たすうえにおいて，①誠実に（in good faith），②会社の最善の利益（best interest）であると合理的に信じる（reasonably believe）方法で，かつ，③通常の慎重な者が同様の地位において類似の状況の下で実行することが合理的に期待される注意をもって，その職務を遂行することを意味し，忠実義務とは，取締役が会社経営において，会社の利益を犠牲にして自己の利益を図ってはならないことを意味すると解されている。また，注意義務では取締役の過失の有無が問題となるが，忠実義務ではそれは問題とならず，無過失責任である。義務違反があった場合の取締役の責任の範囲は，注意義務の場合には会社の受けた損害の賠償であるが，忠実義務の場合には取締役が得た利益の吐出しである。ただ，これらの差異を，日本の現行会社法上の取締役の責任について認めることは，容易ではないと指摘されている（神田251頁）。

2　監視義務

取締役会設置会社の取締役は，取締役会の構成員として他の取締役の職務の執行を監督する義務がある（362条2項2号。監査等委員会設置会社の場合は，399条の13第1項2号。指名委員会等設置会社の場合は，執行役と取締役の監督について，416条1項2号）。これは取締役の監視義務と呼ばれる。すなわち，取締役は，他の取締役の行為が法令・定款を遵守し，適法かつ適正になされていることを監視する義務がある。また，取締役が監視すべきとされる事柄は，取締役会に上程されるものにとどまらず，代表取締役等の業務執行一般をも含むと解される（最判昭48・5・22民集27・5・655〔百選67〕）。この監視義務は，取締役の善管注意義務・忠実義務の一内容をなすものである（東京高判平7・5・17判時1583・134）。

3　内部統制システム構築義務

会社法上の「取締役の職務の執行が法令及び定款に適合することを確保するための体制その他株式会社の業務並びに当該株式会社及びその子会社から成る

企業集団の業務の適正を確保するために必要なものとして法務省令で定める体制」は，内部統制システム（またはリスク管理体制）と呼ばれ，内部統制システム構築とはそうした体制を整備することを意味する（348条3項4号・362条4項6号）。内部統制システムについては，具体的に，①当該株式会社の取締役の職務の執行に係る情報の保存および管理に関する体制，②当該株式会社の損失の危険の管理に関する規程その他の体制，③当該株式会社の取締役の職務の執行が効率的に行われることを確保するための体制，④当該株式会社の使用人の職務の執行が法令および定款に適合することを確保するための体制，⑤当該株式会社ならびにその親会社およびその子会社から成る企業集団の業務の適正を確保するための体制であることを，法務省令が明文化している（会施規98条1項・100条1項）。

取締役会設置会社において，内部統制システムの構築は取締役に委任することができない取締役会の専決事項であり（362条4項6号），大会社においては，内部統制システムの構築は義務とされる（取締役会設置会社について362条5項，監査等委員会設置会社について399条の13第1項1号ハ・2項，指名委員会等設置会社について416条1項1号ホ・2項，大会社の取締役会非設置会社について348条3項4号・4項）。これに対して，大会社でない会社では，内部統制システムの構築は義務づけられていないものの，そのことが善管注意義務違反とされることもあり得る。

会社は，内部統制システム構築について開示も要求される。すなわち，内部統制システムに関する決定や決議がある場合に，事業報告にその決定や決議の内容の概要および当該システムの運用状況の概要を記載し，その相当性についての監査を経て開示しなければならない（435条2項・436条〜438条，会施規118条2号・129条1項）。内部統制システム構築の義務は，取締役の善管注意義務・忠実義務の一内容をなすものと解される（大阪地判平12・9・20判時1721・3）。会社はその営む事業の規模や特性等に応じた内部統制システム構築を通じて，健全な会社経営を図ることが期待される。

第2節 利益相反状況における特別な義務

前節で述べたように，善管注意義務と忠実義務の関係については，同質説と異質説があるが，いうまでもなく，取締役は，その地位を利用して，会社の利益を犠牲にし，自己または第三者の利益をはかってはならないという義務を負う。会社法は，取締役・会社間の利益相反の状況を想定し，以下のような特別な規制を設けている。

1 競業取引規制

設例 4-1

甲株式会社は，本社を千葉県千葉市に置く監査役会設置会社であり，製パン業を主な事業とし，関東一円をその販売区域としている。Aは，甲社の代表取締役であるが，同じ千葉市内にパンの製造と販売を主な事業とする乙株式会社を設立した。Aは，乙社の取締役にはなっていないものの，乙社の発行済株式のほとんどを保有するため，乙社を実際に支配している。他方，甲社は，関西に事業を展開しようと計画し，市場調査なども行った。Aは，また同じ頃，関西においてパンの製造と販売を主な事業とする丙株式会社を設立し，その代表取締役も務めている。Aのこうした行為は競業取引にあたるか。

1　競業取引の意義　競業取引とは，取締役が自己または第三者のためにする，株式会社の事業の部類に属する取引をいう（356条１項１号）。取締役は，会社の業務を執行する者という地位を利用して，会社と競業取引をすることにより，会社の利益を犠牲にして自己または第三者の利益をはかってはならないという義務を負う（競業避止義務）。

法文上の「自己又は第三者のために」の意味について，学説の対立がある。少数説（形式説ともいう）は，権利義務の帰属を重視し，それを自己または第三者の名において当該取引を行う場合を指すとする。これに対して，多数説（実質説ともいう）は，経済的効果の帰属を重視し，それが自己または第三者の計算において当該取引を行う場合であるとする。判例の立場も多数説と同様である《判例❶》。

2　競業取引の範囲　競業取引規制を受けるのは,「株式会社の事業の部類に属する取引」を取締役が行う場合である。これは,会社が実際に行う事業と市場において取引先をめぐって会社と競合関係があり,会社と取締役との間に利益衝突を生ずる可能性のある取引であると解される(東京地判昭56・3・26判時1015・27〔百選53・START UP 09〕)。また,会社の事業には,会社が現実に営んでいる事業のほか,定款に記載のない事業であっても,すでに開業の準備に着手している事業とか,進出を企図してその準備を行った別の地域での事業も含まれる。他方,定款に目的として定められている事業であっても,現在行う予定のないものは規制を受けない。

設例4-1では,Aが乙社の支配株主として,また丙社の代表取締役として乙社と丙社を経営していることは,第三者である乙社と丙社のために(この場合,自己のためにもなる),甲社の事業の部類に属する取引を行っており,競業取引にあたる(前掲東京地判昭56・3・26参照)。

3　会社による承認など　競業取引は会社の利益を害するおそれがあるが,会社法は,それを完全には禁止していない。取締役は,競業取引をしようとする場合には,取締役会(取締役会非設置会社では,株主総会)において当該取引につき重要な事実を開示し,その承認を受けることを要する(356条1項・365条1項)。また,競業取引をした取締役は,当該取引についての重要な事実を取締役会に報告する義務を負う(365条2項。執行役については419条2項)。この報告義務違反に対しては,過料の罰則規定がある(976条23号)。

4　競業取引規制違反の効果　競業取引規制に違反した競業取引は無効にはならない。会社は競業取引の当事者ではないからである。しかしながら,承認を得ない競業取引など,競業取引規制に違反した取引によって会社が損害を受けた場合に,取締役は,会社に対し任務懈怠による損害賠償の責任を負うことになる(423条1項)。また,その場合における取締役または第三者が得た利益の額は,損害の額と推定される(同条2項)。競業取引規制に違反しない競業取引によって会社が損害を受けた場合には,損害額の推定規定の適用はない。

《判例❶》 大阪高裁は,商法264条1項(会社法356条1項1号)の「自己又は第三者のために」するとは,自己または第三者のいずれの名をもってすると問わず,行為の経済上の利益が自己または第三者に帰属することをいい,取締役が第三者を実質上支配する場合も含む旨を判示した(大阪高判平2・7・18判時1378・113)。

2　利益相反取引規制

1　利益相反取引の意義　利益相反取引（自己取引ともいう）とは，基本的には会社と取締役との間においてなされる取引を意味するが，会社法上，利益相反取引は，直接取引と間接取引に分けられている。直接取引とは，取締役が自己または第三者のために株式会社と行う取引をいう（356条1項2号）。間接取引とは，会社が取締役の債務を保証するなど，会社が取締役以外の者との間において行う会社と当該取締役との利益が相反する取引をいう（同項3号）。

利益相反取引は，取締役が会社の利益を犠牲にし，自己または第三者の利益を求める危険性が極めて高いことに鑑（かんが）み，会社法は当該取引に対して規制を設けている。

2　会社による承認など　(1)　**直接取引**

設例 4-2

甲株式会社は取締役会設置会社であり，Aは甲社の代表取締役を務めている。甲社とAは，金銭消費貸借契約を締結し，甲社はAに金銭の貸付を行った。甲社のAに対する金銭の貸付は利益相反取引にあたるか。

設例 4-3

甲株式会社は取締役会設置会社である。Aは甲社の取締役ほか，乙株式会社の代表取締役も務めている。甲社と乙社は，金銭消費貸借契約を締結し，甲社は乙社に金銭の貸付を行った。甲社の乙社に対する金銭の貸付は利益相反取引にあたるか。

取締役は，自己または第三者のために会社と取引をしようとする場合に，取締役会（取締役会非設置会社では，株主総会）において当該取引につき重要な事実を開示し，その承認を受けることを要する（356条1項2号・365条1項）。承認された取引は，自己契約および双方代理等を禁止する民法108条による規制を受けない（356条2項）。

法文上の「自己又は第三者のために」とは，取締役が自己の名においてまたは第三者の代理人・代表者として取引を行い，当該取引の権利義務が取締役自身または第三者に帰属することを意味する。

設例 4-2 では，甲社のＡに対する金銭の貸付はＡが自己のために行った利益相反取引にあたる。**設例 4-3** では，甲社の乙社に対する金銭の貸付は，Ａが第三者の乙社のために行った利益相反取引にあたる。**設例 4-2** と **設例 4-3** における取引は，いずれも直接取引形態の利益相反取引として，規制の対象となる。

直接取引に関する規定は形式を重視しており，当該取引が利益相反取引に該当するかを判断するための一般的・客観的な基準を提供する。しかし，直接取引でも，抽象的にみて会社に損害が生じ得ない取引は規制を受けないことになる。たとえば，会社が取締役から無利息・無担保の貸付を受けることや，普通取引約款に基づいて取引を行うような場合はそれにあたる。

⑵　**間接取引**

設例 4-4

甲株式会社は，取締役会設置会社であり，Ａは，甲社の代表取締役を務めている。Ａは，乙株式会社に対し債務を負っているが，甲社は，Ａのために当該債務を返済しようとして，Ａの乙社に対する債務を引き受けた。甲社の債務引受けは甲社とＡとの利益相反取引にあたるか。

直接取引を規定する356条1項2号が形式的にみて利益相反取引に該当するものを規定するのと異なり，間接取引を規定する356条1項3号は，実質的にみて取締役以外の者と会社との取引が，会社と取締役の間に利益相反を生ぜしめるのであれば，当該取引は利益相反取引に該当すると規定する。会社による取締役の債務の保証のほか，**設例 4-4** における甲社のＡのための債務引受けなども，間接取引形態の利益相反取引に該当し，規制の対象となる。間接取引も，直接取引と同じ規制を受ける。

なお，直接取引と間接取引いずれの場合も，利益相反取引をした取締役は，取引後遅滞なく，当該取引の重要事実を取締役会に報告する義務を負う（365条2項）。

3　利益相反取引規制違反の効果　取締役会（株主総会）による承認を受けないなど利益相反取引の規制に違反した取引は無効である。しかし，間接取引，また直接取引でも手形取引のような第三者が関係する場合において，承認のない取引を直ちに無効にすると，取引の安全の観点から問題があるといわざるを得ない。こうした場合において取引の安全を図るため，当該取引を絶対的無効ではなく，相対的無効と取り扱うのが妥当である。判例も相対的無効の立場をとる。すなわち，間接取引の場合において会社は，その取引について取締役会の承認を受けなかったことのほか，相手方である第三者が悪意であることを主張・立証してはじめてその無効をその相手方である第三者に主張することができる（最大判昭43・12・25民集22・13・3511〔百選56・START UP 10〕）。また，直接取引の場合であるが，取締役会の承認を受けずに会社が取締役に振り出した約束手形を譲り受けた第三者が，当該手形を善意取得したとき，会社は当該第三者に対抗できないとされる（最大判昭46・10・13民集25・7・900〔百選55〕）。なお，取締役（間接取引の場合には第三者）が利益相反取引規制の違反を理由に当該取引の無効を主張することは許されるべきではない（最判昭48・12・11民集27・11・1529）。というのは，利益相反取引規制は当該取引から会社の利益を保護することをその趣旨とするからである。

取締役会（株主総会）の承認を受けたか否かに関係なく，利益相反取引によって会社が損害を受けた場合に，取締役は会社に対し任務懈怠による損害賠償責任を負わなければならない（423条1項。過失責任）。自己のために直接取引をした取締役は，「任務を怠ったことが当該取締役の責めに帰することができない事由によるもの」であったときでも，無過失の損害賠償責任を負う（428条1項）。また，第三者のために会社と直接取引した取締役，間接取引により利益を得た取締役，当該取引を決定した取締役，および当該取引に関する取締役会の承認決議に賛成した取締役は，その任務を怠ったと推定される（423条3項）。

3　取締役の報酬等規制

1　報酬等規制の意義　会社と取締役との法的関係は委任関係であり（330条），民法上，委任は無償を原則とする（民643条・648条1項）。同じく役務や労務を提供する請負契約や雇用契約が有償を要件とするのと異なり，委任関係は有償を要件とせず，当事者の信任関係を基本とするからである。しかし，会社実務において取締役は，委任事務の処理（職務執行）の対価として会社から報酬を受けるのが一般的である。このことについて，会社・取締役間の任用契約はその有償性について明示的または黙示的な特約があると解される。

取締役の報酬とは，その職務執行の対価として会社から受ける財産上の利益をいう。会社法は，明示的な報酬のほか賞与その他の職務執行の対価として会社から受ける財産上の利益を「報酬等」と称しており，報酬額等の事項について定款に定めていないときは，株主総会の決議によって定めると規定する（361条1項柱書。また，監査役の報酬について，387条1項）。取締役の報酬等の決定は本来業務執行の一環であるが，法がそれにつき株主総会の決議を要するとしたのは，いわゆる「お手盛り防止」のためという政策的配慮による（最判平17・2・15判時1890・143）。

なお，令和元年会社法改正により，株式・新株予約権を報酬等とすることが可能となった（361条1項3号～5号）。そうすると，従来の「お手盛り防止」の取締役報酬規制の目的に，適切なインセンティブの付与が加えられたことになるといえよう。

2　報酬等の決定方法など　**(1)　決定方法**　会社法は，定款または株主総会の決議によるべきとされる報酬等の決定方法について，その異なる内容に応じた決定方法を設けている（361条1項各号）。すなわち，報酬等のうち，①金額が確定しているものについては，その金額を，②金額が確定していないもの（たとえば，業績連動型報酬など）については，その具体的な算定方法（たとえば，一定期間の売上高や利益，一定時点の株価などを変数とする数式など）を，③会社の募集株式（199条1項）については，その募集株式の数の上限その他法務省令（会施規98条の2）で定める事項を，④会社の募集新株予約権（238条1項）については，その募集新株予約権の数の上限その他法務省令（会施規98条の3）で定める事項を，⑤募集株式・募集新株予約権と引換えにする払込みに充てるための金銭については，取締役が引き受ける募集株式・新株予約権の数の上限その他法務省令（会施規98条の4）で定める事項を，⑥金銭でないもの（募集株式および募集新株予約権を除く。たとえば，社宅や社用車の提供，その他の物的設備の利用など）については，その具体的な内容を，それぞれ決定する。これらの事項を定め，または改定する議案を株主総会に提出した取締役は，当該株主総会において当該事項を相当とする理由を説明しなければならない（361条4項）。これは，株主が当該報酬の相当性を判断できるようにすることを通して，これらの事項の決定方法が不適切に運用されるのを防止する趣旨である。

また，上場会社に限り，報酬として金銭等の払込みを要することなく募集株式を交付し，または新株予約権を付与する制度を利用することができる（202条の2第1項・236条3項）。市場株価が存在しない非上場会社では，この制度が濫用される危険があるからである。

金額が確定する報酬の決定について，個別に支払われる報酬額が公にされることを経営者が嫌う傾向があるため，会社実務上，株主総会で取締役全員に支払われる報酬の総額の上限のみを決めて，各取締役の個人別報酬の決定を取締役会に一任し，さらに取締役会で代表取締役に一任することが多い。このような慣行が361条の趣旨に反するのではないかという批判があるが，判例はこれを是認している《判例❷》。また，報酬等の総額に変更がない限り，報酬等を決定するたびに株主総会決議を得る必要はないと解される。

もっとも，このことについて，株式会社の範囲を限定する形ではあるが，会社法は，令和元年改正を経て，取締役の報酬の透明性を高める観点から，次にように規定するに至った。すなわち，監査役会設置会社（公開大会社であって，かつ有価証券報告書の提出義務（金商24条1項）を有する会社に限る）と監査等委員会設置会社の取締役会は，取締役（監査等委員である取締役を除く）の報酬等の内容として定款または株主総会の決議による前記①～⑥に掲げる事項についての定めがある場合には，当該定めに基づく取締役の個人別の報酬等の内容についての決定に関する方針として法務省令（会施規98条の5）で定める事項を決定しなければならない（361条7項本文）。ただし，取締役の個人別の報酬等の内容が定款または株主総会の決議により定められている場合は，そのような取扱いは必要ない（同項ただし書）。

なお，会社経営の実情として取締役の多くは使用人を兼務している。使用人兼務取締役については，使用人として受ける給与の体系が明確に確立され，かつその給与体系に基づいて給与を受けた場合においては，取締役として受ける報酬額のみが株主総会決議により決定されることは361条の趣旨に反しないと

《判例❷》　最高裁は，この慣行を認める理由として，会社法361条の趣旨は取締役の報酬額について取締役ないし取締役会によるいわゆるお手盛りの弊害を防止する点にあるから，株主総会の決議で各取締役の報酬額を個別に定めることまでは必要ないことを明らかにした（最判昭60・3・26判時1159・150〔START UP 11〕）。《判例❸》も参照。

される（前掲最判昭60・3・26）。

そのほかに，取締役の報酬等について株主総会決議による事後承認ができるかが問題となる。これにつき判例は，株主総会の決議を経ずに取締役および監査役の報酬が支払われた場合であっても，これについて後に株主総会の決議を経ることにより，事後的にせよ361条の規定の趣旨目的は達せられるものということができるから，当該決議の内容等に照らして前記規定の趣旨目的を没却するような特段の事情があると認められない限り，当該取締役および監査役報酬の支払は株主総会決議に基づく適法有効なものになる旨を明らかにした（前掲最判平17・2・15）。

(2)　**開示**　　取締役の報酬等については次のように開示も要求される。まず，公開会社に限定されるが（会施規119条2号），事業報告で取締役全員の受ける報酬等の総額が開示されなければならない（会施規121条4号。取締役以外の会社役員（監査役，会計参与，執行役）もその受ける報酬等の総額がそれぞれ事業報告で開示を要求される）。次に，取締役の報酬等に関する議案が提出される場合は，株主総会参考書類に前記①～⑥に掲げる事項（361条1項各号）の算定の基準等を記載しなければならない（会施規82条）。

コラム4-2

インセンティブ報酬

インセンティブとは，英語のincentiveに由来する言葉で，やる気を引き起こさせるための刺激や動機づけを意味する。会社の役員にインセンティブ報酬を付与することは，会社経営の業績と報酬とを結びつけることを意味し，それにより企業価値の向上や企業の持続的な成長を実現させることができると期待される。従来，日本企業の役員の報酬は，従業員の月給にあたる現金による基本報酬の割合が高かったが，近年とりわけ上場企業を中心にインセンティブ報酬の割合が増加傾向にある。

ここにいうインセンティブ報酬には，具体的には株式報酬やストック・オプションといった支給形態がある。ストック・オプションとは，会社法上はインセンティブ報酬としての新株予約権を指しており，会社法制定前から利用されてきた。株式報酬は，さまざまな支給形態があるが，会社法の規定が未整備であったため，実務上会社が役員に一定の金銭報酬を与えておき，この金銭報酬債権を現物出資させた後，さらに募集株式を発行し，または自己株式を処分するという迂遠な仕組みで支給されていた。令和元年会社法改正は，株式報酬を取締役報酬規制の範疇に入れて，そうした迂遠な仕組みの解消を図った（361条1項3号～5号）。

3　退職慰労金　退職慰労金は，退任取締役に対して支払われる金銭であるが，取締役の在職中の職務執行の対価として支給される限り報酬等の一種であり，定款の定めまたは株主総会の決議によってその金額が定められなければならないと解されている（最判昭39・12・11民集18・10・2143〔百選59〕）。退職慰労金を支給する旨の株主総会の決議が行われなければ，退任取締役には具体的な退職慰労金（報酬等）請求権が発生せず，退任取締役は会社に対し退職慰労金の支給を請求することができない（最判平15・2・21金判1180・29〔百選A21〕，最判平21・12・18判時2068・151〔百選A22〕）。

ところで，内規で退職慰労金の支給基準が定められ，従来それに基づいて退職慰労金が支給されてきた慣行がある場合に，退任取締役に贈呈する退職慰労金の額等の決定を取締役会に一任する株主総会の決議およびその決定をさらに取締役会長等に一任する取締役会の決議について，判例は無効ではないとしている《判例❸》。他方，定款の定めや株主総会の決議による支給決定がない限り退任取締役は退職慰労金を支給されないとすると，閉鎖会社のオーナー経営者と対立する形で退任した者には，退職慰労金の支払を受けられない事態が生じ得る。このような事態に対応するため，裁判例では，退職慰労金の支給について実質的に全株主の同意があると認定したり（大阪地判昭46・3・29判時645・102），退任取締役に対するオーナー経営者の個人責任（429条1項または不法行為に基づく責任）を認めたりして（佐賀地判平23・1・20判タ1378・190），退任取締役を救済することがある。

4　報酬等の変更　定款の定めや株主総会の決議により取締役の報酬等の支給が具体的に決定されれば（効力要件），取締役には報酬等請求権が発生する。すなわち，当該報酬等は取締役と会社間の契約内容となり，契約当事者を拘束する。その意味において，その後，株主総会が当該取締役の報酬を無報酬とする旨の決議をしても，当該取締役は，これに同意しない限り，報酬請求権を失わない（最判平4・12・18民集46・9・3006〔百選A23〕）。

《判例❸》　最高裁は，退任取締役に贈呈する退職慰労金の額等の決定を取締役会に一任する株主総会の決議およびその決定をさらに取締役会長等に一任する取締役会の決議は，当該慰労金の算定に関し内規およびその運用についての慣例があり，かつ，株主がこれらを知ることができる状況にあったなど判示の事実関係の下においては，商法269条（会社法361条1項）の規定等に反するものではなく，無効であるとはいえない旨を明らかにした（最判昭58・2・22金判671・3）

5　監査等委員会設置会社，指名委員会等設置会社における報酬等の決定

監査等委員会設置会社では，361条1項各号に規定する報酬等の金額，具体的な算定方法および具体的な内容を決定する際に，監査等委員の取締役とそれ以外の取締役とを区別することを要する（361条2項）。監査等委員の取締役の報酬等について定款の定めまたは株主総会の決議がないときは，報酬等は，361条1項に規定する報酬等の範囲内において監査等委員の取締役の協議によって定められる（同条3項）。監査等委員の取締役は，株主総会において監査等委員の取締役の報酬等について意見を述べることができる（同条5項）。監査等委員会が選定する監査等委員は，株主総会において監査等委員の取締役以外の取締役の報酬等について監査等委員会の意見を述べることができる（同条6項）。

平成26年会社法改正で新設されたこれらの規定は，監査等委員の過半数を業務執行者から独立した社外取締役が占める（331条6項）こととあわせて，監査等委員会が業務執行者から独立性を確保できることを考慮したためである。

指名委員会等設置会社では，取締役・執行役（会計参与設置会社の場合には会計参与を含む）の報酬等は，定款の定めや株主総会の決議によるのではなく，報酬委員会が取締役・執行役の個人別の内容を決定する（404条3項・409条）。

第3節　役員等の責任

1　役員等の会社に対する責任

1　役員等の任務懈怠責任　役員等（取締役，会計参与，監査役，執行役または会計監査人）は，その任務を怠ったときは，会社に対し，これによって生じた損害を賠償する責任を負う（423条1項）。取締役と会社の関係は，民法上の委任に関する規定に従うとされるので，取締役の任務懈怠とは，会社に対する善管注意義務・忠実義務の違反を意味する（330条・355条，民644条）。取締役の任務懈怠責任は，会社との任用契約上の債務不履行に基づく責任で，過失責任である。すなわち，取締役の任務懈怠責任を追及する場合には，会社が，①任務懈怠という事実の存在，②損害，および，③任務懈怠と損害の間の因果関係（相当因果関係）について証明責任を負担する。その立証がなされると，取締役

は，④その任務懈怠について自己に故意・過失がなかったこと（帰責事由がなかったこと）を立証できなければ，会社に対して損害賠償責任を負うことになる。ただし，自己のために直接取引をした取締役は，任務懈怠につき無過失であっても会社に対し損害賠償責任を負う（428条１項）。

複数の取締役が会社に生じた同一の損害を賠償する責任を負う場合は，これらの取締役は会社に対して連帯責任を負う（430条）。

なお会社法は，任務懈怠責任のほかにも役員等の会社に対する責任をいくつか定めているが，その説明は本書の関連する箇所でそれぞれ行う（それらの全体概要について，巻末資料４参照）。

２　経営判断の原則

設例 4-5

甲株式会社は，その子会社の乙株式会社を完全子会社化して傘下の丙株式会社と合併させる事業再編計画を策定した。この事業再編計画を実現するために，甲社の役付取締役全員で構成される経営会議は，検討を重ね，弁護士の意見も聴取したうえで，非上場の乙社の株式をその評価額より相当程度高い価格で買い取ることを決めた。この買取価格を決定する際には，株式の買取りを円滑に進め，株式を譲り渡す乙社の株主との友好関係を維持することが今後の企業グループ事業の遂行にとって有益であること，非上場株式の評価額には相当の幅があること，事業再編の効果による甲社の企業価値の増加も期待できることなどが考慮された。しかし，甲社の株主は，高すぎる買取価格によって会社に損害を与えたと主張して，代表取締役Ｙの任務懈怠責任を追及する株主代表訴訟を提起した。

取締役の任務懈怠責任に関して，いわゆる「経営判断の原則」が適用される場合がある。経営判断の原則とは，取締役が業務執行にあたって，企業経営者として合理的な選択の範囲内で誠実に行動したのであれば，その行動が結果として失敗に終わり，会社に損害を与えても，そのことゆえに当然に取締役に善管注意義務違反があったとして責任を問うべきではないという原則である。取締役は，会社経営を委ねられ，広範な裁量権を与えられているが，会社の経営活動は，かなりの不確実性を伴う。経営の失敗という結果のみをもって，取締役が責任を追及されることになるのは取締役にとって酷であり，取締役が果敢に経営活動を行うことを躊躇させる結果を招く。また，会社経営の専門家でない裁判官が，後知恵で取締役の高度な経営判断を評価することは妥当ではない。こうした理由から，経営判断の原則は，多くの学説・判例によって支持されている。なお，当然ながら，経営判断の原則を適用する前提は取締役の誠実な判断と行動であるから，取締役が会社の利益を犠牲にして自己の利益を追求したような忠実義務違反の場合には当該原則は適用されない。

下級審での裁判例が相当蓄積してきた中，最高裁は，経営判断の原則を適用する要件の明確化を図った（最判平22・7・15判時2091・90〔百選48・START UP 15〕）。すなわち，取締役が善管注意義務に違反しないとされるためには，①当該行為が経営上の専門的判断に委ねられた事項についてのものであること，②意思決定の過程に著しく不合理な点がないこと，③意思決定の内容に著しく不合理な点がないこと，という3つの要件が満たされることを要する。

この3つの要件を**設例4-5**に当てはめて，以下検討する。まず，①の経営上の専門的判断であることに該当するかについて，甲株式会社の事業再編計画の策定は，経営上の専門的判断であるといえ，①の要件を満たす。つぎに，②の意思決定の過程に著しく不合理な点がないことに該当するかについて，非上場

コラム4-3

アメリカにおける経営判断の原則

経営判断の原則（business judgement rule）は，19世紀以来，アメリカで判例法理として発展してきた。その内容の捉え方は判例によって異なるといわれるなか，アメリカ法律協会（American Law Institute: ALI）は，この原則の定式化を図り，次のように定義している。すなわち，「取締役または役員が，①経営判断の対象に利害関係を有しておらず，②経営判断の対象に関して，その状況の下で適切であると合理的に信ずる程度に情報を有し，かつ，③当該経営判断が会社の最善の利益に合致すると信ずることが相当である場合には，当該取締役または役員は誠実に経営判断を行い，その義務を履行する」とされる（ALI, Principles of Corporate Governance: *Analysis and Recommendations*, Volume 1, §4.01(c)(1994)）。日本の裁判実務における経営判断の原則の形成および展開は，アメリカの経営判断の原則から強い影響を受けている。ただ，アメリカ法と比較して留意すべき点として，アメリカでは，経営判断の原則は一定の要件の下に裁判所の審査を排除する法理として機能する（司法謙抑主義）のに対し，日本では，裁判所が取締役に広い裁量の幅を認めつつ，それぞれの事案に即して，詳細な事実認定を踏まえ，当該経営判断の過程および内容の両面について審査を加えているとされる（吉原和志「取締役の注意義務と経営判断原則」百選101頁）。

の乙株式会社の株式をその評価額より相当程度高い価格で買い取ることを決めたのが代表取締役Ｙの独断によるものではなく，事業再編計画を実現するために，甲株式会社の役付取締役全員で構成される経営会議が検討を重ね，かつ法律専門家である弁護士の意見も聴取したうえでなされたことをみれば，こうした決定過程は，②の要件を満たすものである。さらに，③の意思決定の内容に著しく不合理な点がないことに該当するかについて，株式の買取りを円満に進め，株式を譲り渡す乙株式会社の株主との友好関係を維持することが今後の企業グループ事業の遂行にとって有益であること，非上場株式の評価額には相当の幅があること，事業再編の効果による甲株式会社の企業価値の増加も期待できることなどを考慮して，非上場の乙株式会社の株式をその評価額より高い価格で買い取ることを決めたことをみれば，この意思決定の内容は，③の要件を満たすものであると考えられる。そうすると，代表取締役Ｙには，過失がなく，任務懈怠責任は認められないことになる。

3　内部統制システム構築義務違反

設例 4-6

甲株式会社の営業部長Ａは，商品の仕入れに乗じて会社の資金を着服しようと企み，取引先の乙株式会社の営業担当者と共謀して，数回にわたって請求代金を水増しさせ，会社に多大な損害を被らせた。甲社では，その事業規模や特性に応じた内部統制システムが構築されていたが，当該支払代金の水増し請求は非常に巧妙に偽装されて行われた。これに対し，甲社の株主は，代表取締役Ｙが従業員の不正行為を防止するためのリスク管理体制の構築義務に違反したと主張して，株主代表訴訟を提起した。

大会社は，内部統制システム（リスク管理体制）を構築しなければならないが（本章第１節③），その内容は会社の事業規模や特性を反映したものであることが期待される。内部統制システム構築義務は，取締役の善管注意義務・忠実義務の一内容をなすものであるため，内部統制システムを構築していない，あるいは構築したが，それを適切に運用せず，実際に機能させていない場合は，取締役は任務懈怠の責任を追及されることになる（423条１項）。問題は，どこまでのことを行えば，通常想定される不正行為を防止し得る程度の内部統制システムを整備したといえるかである。たとえば，不正行為が巧妙に偽装されたというような通常容易に想定し難い方法によるものであった場合には，内部統制システムが機能していないと判断することは困難であろうと推測される（最判平21・7・9 判タ 1307・117〔百選 50・START UP 16〕）。

設例 4-6 では，甲株式会社は，その事業規模や特性に応じた内部統制システムを構築していたため，通常想定される不正行為を防止し得る程度の内部統制システムを整備していたと評価できよう。そして，支払代金の水増し請求が非常に巧妙に偽装されたことは，通常容易に想定し難い方法によるものであったということができる。代表取締役Ｙがそのような不正行為の発生を予見すべきであったという特別な事情が見あたらなければ，代表取締役Ｙが従業員の不正行為を防止するためのリスク管理体制の構築義務に違反したとの株主の主張は認められないことになると思われる。

内部統制システム構築義務と取締役の責任に関して，取締役が監視義務に違反して任務懈怠の責任を問われる場合もあり得る。すなわち，取締役は，取締役会の構成員として代表取締役や業務執行取締役が内部統制システムを整備し，適切に運用して機能させることを監視する義務を負い，この義務を怠ったことにより会社に損害が生じたのであれば，損害賠償責任を追及されることになる。ただ，この場合において留意しなければならないのは，当該取締役は，いわゆる**信頼の原則**（信頼の権利とも呼ばれる）により保護され得ることである。信頼の原則とは，構築された内部統制システムが外形上問題なく機能している場合には，疑念を挟むような特段の事情（たとえば，過去に取引先との間に紛争が生じていたなど）がない限り，当該取締役は，職務の分掌として内部統制システムの運用を担当する他の取締役や従業員を信頼することが許され，たとえ不正を発見できなかったとしても任務懈怠の責任を問われることはないというものである（大阪地判平 12・9・20 判時 1721・3 参照）。信頼の原則によって，内部統制システムを担当する取締役や従業員と他の取締役との共同作業が生まれ，より効果的かつ効率的な内部統制システムの運用が可能になると期待できる。

2　株主代表訴訟

1　株主代表訴訟の意義　　株主代表訴訟とは，会社が取締役等の会社に対する責任を追及する訴えの提起を怠った場合に，株主が一定の要件の下で原告となって会社のために取締役等の責任を追及する訴訟である（847条以下。法文上，「株主による責任追及等の訴え」と呼ばれる）。取締役が会社に対して責任を負う場合，本来は，会社自身が取締役の責任を追及すべきである。それに備えて，監査役設置会社では，監査役が会社を代表し，取締役の責任を追及する訴えを提起すると規定されている（386条1項1号。監査等委員会設置会社の場合には，監査等委員（399条の7第1項2号）。指名委員会等設置会社の場合には，監査委員（408条1項2号））。しかし，取締役・監査役間の同僚意識などから，監査役が取締役等の責任追及を怠ることがあり得る。そこで，昭和25年商法改正で，アメリカ法に倣い（なら），株主権強化の一環として株主代表訴訟が導入され，平成17年会社法に受け継がれた。

株主代表訴訟は損害賠償と加害行為抑制という2つの機能を備える。この機能をうまく発揮させることによってこそ，会社経営の監督・是正の効果が得られるのであり，その意味において株主の代表訴訟提起権は，監督是正権である。株主代表訴訟によって責任を追及される者は，①取締役等（発起人・設立時取締役・設立時監査役・取締役・会計参与・監査役・執行役・会計監査人）または清算人（法文上，「発起人等」と規定される），②違法な利益供与がなされた場合の利益供与を受けた者（120条3項），③不公正な払込価額で株式・新株予約権を引き受けた者（212条1項・285条1項），④払込み・出資を仮装した設立時募集株式・募集株式の引受人等（102条の2第1項・213条の2第1項・286条の2第1項）である（847条1項）。

2　追及し得る責任の範囲　847条1項では，責任という表現だけが用いられているため，代表訴訟によって追及し得る取締役の責任の範囲をめぐって，限定債務説と全債務説（多数説）の争いがある。限定債務説は，取締役の責任は会社法上明文化されている取締役の責任（たとえば，423条1項に規定する損害賠償責任など）に限定するべきであると主張する。この説は，会社が提訴しないことの当否にかかわりなく，代表訴訟制度による取締役の責任追及が認められていることから，この制度の適用範囲を限定しなければ不都合が生じることをその主な理由とする。これに対して，全債務説（多数説）は，そのように責任の範囲を限定する根拠が不十分であるという理由で，取締役の責任の中には会社法上明文化されているもの以外に，取締役が会社との取引に基づいて負う債務や取締役が第三者としての立場に基づいて負担する不法行為責任など，取締役が会社に対して負担する一切の債務が含まれると主張する。下級審の裁判例の立場も限定債務説（東京地判昭 31・10・19 下民 7・10・2931，東京地判平 20・1・17 判タ 1269・260）と全債務説（大阪高判昭 54・10・30 高民 32・2・214）に分かれていたが，最高裁は，847 条 1 項の責任には，取締役の地位に基づく責任のほか，取締役の会社に対する取引債務についての責任も含まれる旨を判示した（最判平 21・3・10 民集 63・3・361〔百選 64・START UP 19〕）。

3　代表訴訟の提起　⑴　**原告適格**　原告株主は，6 か月前から引続き株式を保有することを要する（847 条 1 項・3 項）。会社は，定款の定めでこの期間を短縮することができ（847 条 1 項かっこ書），非公開株式会社では，この期間要件は不要とされる（847 条 2 項）。株主の代表訴訟提起権は，単独株主権であるが，単元株制度を実施する会社は，定款の定めにより一単元未満株式を保有する株主の当該権利の行使を制限することができる（847 条 1 項・189 条 2 項）。原告株主は，訴訟終了時まで継続して株式を保有しなければならず，代表訴訟の途中で株式の譲渡などにより株主の資格を失った場合は，原則として代表訴訟は却下されることになる（継続的株式保有の要件。例外的に訴訟を追行できる場合について，851 条 1 項）。

原告株主は，前述の客観的要件のほか，次の主観的要件も満たすことが要求される。すなわち，代表訴訟が当該株主もしくは第三者の不正な利益を図り，または当該株式会社に損害を加えることを目的とする場合には，代表訴訟の提起は認められない（847 条 1 項ただし書）。

⑵　**会社に対する提訴請求**　⑴で述べた要件を満たす株主は，代表訴訟を提起する前に，まず会社に対し，書面その他法務省令で定める方法により取締役等の責任を追及する訴え（責任追及等の訴え）を提起するよう請求しなければならない（847 条 1 項）。この提訴請求は，権利主体である会社に訴権の行使を促し，または提訴するかどうかを判断する機会を与えるためである。株主は，提訴請求する際に，書面または電磁的方法により，被告となるべき者，請求の趣旨および請求を特定するのに必要な事実を明らかにしなければならない（会施規 217 条）。

会社に与えられる考慮期間は 60 日である。会社は，株主からの提訴請求があった日から60日以内に訴えを提起しない場合において，当該請求をした株主または取締役等から請求を受けたときは，当該請求をした者に対し，遅滞なく，責任追及等の訴えを提起しない理由を書面その他の法務省令で定める方法により通知しなければならない（847条4項。不提訴理由の通知）。不提訴理由の通知書には，会社が行った調査の内容，被告となるべき者の責任の有無についての判断およびその理由，当該者に責任または義務があると判断したが提訴しない理由を記載しなければならない（会施規218条）。これは，役員間の馴れ合いで提訴しない事態が生じないように牽制するとともに，株主等が代表訴訟を追行するうえで必要な訴訟資料を収集することを可能にする趣旨によるものである。

(3)　**株主による提訴**　　会社が60日以内に提訴しないときは，株主は，会社のために提訴することができる（847条3項）。しかし，60日の期間の経過により会社に回復できない損害が生じるおそれがある場合には，株主は会社に対して請求をせずに直ちに代表訴訟を提起することができる（847条5項）。回復できない損害が生じるおそれがある場合とは，会社の債権が時効により消滅するとか，被告となるべき取締役等が財産を隠匿するおそれがある場合などをいう。

また，代表訴訟の目的の価額（訴額）の算定は，財産権上の請求ではない請求に係る訴えと同様に取り扱われる（847条の4第1項）。これは，代表訴訟で勝訴した場合に，損害賠償金が会社に帰属し，提訴株主は間接利益を受けるにすぎないことを考慮したものである。そのため，代表訴訟を提起する際に裁判所に納める費用の額（手数料）は一律1万3000円とされている（民訴費4条2項）。なお，責任追及等の訴え（代表訴訟だけではなく，会社自身による訴訟も含む）の管轄は，会社の本店所在地の地方裁判所に専属する（848条）。

4　訴訟告知　　株主は，代表訴訟を提起した後，遅滞なく，会社に対して訴訟告知をしなければならない（849条4項）。会社は，責任追及等の訴えを提起した，または提訴した株主からの訴訟告知を受けた場合に，遅滞なく，その旨を公告するか，または株主に通知することを要する（849条5項，また同条6項・7項。非公開株式会社では通知のみ。849条9項）。これらの規定は，いずれも会社または他の株主の訴訟参加の便宜を図るためである。

5　訴訟参加　　株主または会社は，共同訴訟人としてまたは当事者の一方を補助するために代表訴訟に参加することができる（849条1項）。株主が代表訴訟を提起すれば会社または他の株主が重ねて訴えを提起することはできない。また，判決の効果は会社および原告株主以外の株主にも及ぶ（会社につき民訴115条1項2号，株主につき判決の反射効）。

しかし，原告株主が適切に訴訟を追行せず，とりわけ被告取締役等と馴れ合ってわざと敗訴することもあり得る。このような不適切な訴訟追行を是正し，会社および株主全体の利益を守るために，会社法は株主または会社による訴訟参加を認めている。ただし，不当に訴訟を遅延させ，または裁判所の負担を著しく増大させることとなるときは，訴訟参加は認められない（849条1項ただし書。最判平14・1・22金判1146・3）。また，会社が会社の取締役（監査等委員および監査委員を除く），執行役および清算人ならびにこれらの者であった者を補助するため，代表訴訟に参加するには，監査役（複数の場合は各監査役，監査等委員会設置会社の場合は各監査等委員，指名委員会等設置会社の場合は各監査委員）による同意が必要とされる（849条3項）。

6　代表訴訟の和解　株主代表訴訟において原告株主と被告の取締役等が訴訟上の和解を行う場合，会社が当該和解の当事者でないときは，当該会社の承認がなければ，和解に確定判決と同一の効力は認められない（850条1項）。そして裁判所は，会社に対して和解内容を通知し，かつ当該和解に異議があれば2週間以内に異議を述べるべき旨を催告しなければならない（同条2項）。これは，和解の内容が会社やその他の株主にとって不利にならないようにするためである。会社が異議申立期間内に書面で異議を述べなかったときは，裁判所からの通知内容をもって株主が和解をすることを会社が承認したとみなされる（同条3項）。この場合においては，総株主の同意なくして代表訴訟の和解が成立する（55条・120条5項などの責任免除は適用されない。850条4項）。

令和元年改正により，会社が取締役等（監査等委員・監査委員を除く）の責任を追及する訴えに係る訴訟において和解をするには，各監査役（監査等委員会設置会社では各監査等委員，指名委員会等設置会社では各監査委員）の同意が必要とされる（849条の2）。

7　提訴株主の権利と義務　原告株主にとって，代表訴訟の提起は多大な費用発生のリスクを負担することを意味する。さらに，たとえ勝訴したとしても，損害賠償金は，原告株主ではなく，会社に帰属することになる。

そこで会社法は，株主が勝訴した場合に，代表訴訟に関して必要な費用（たとえば，証拠収集や弁護士との打合せのための費用など。ただし，訴訟費用を除く）を支出したとき，または弁護士，弁護士法人もしくは弁護士・外国法事務弁護士共同法人に報酬を支払うべきときは，会社に対しその費用の額の範囲内またはその報酬額の範囲内で相当と認められる額の支払を請求することができるとしている（852条１項）。これは，代表訴訟の提起を容易ならしめ，その制度の実効性を保障しようとするものである（東京高判平12・４・27金判1095・21）。なお，勝訴した場合とは，株主と被告の取締役等の間に訴訟上の和解が成立し，当該取締役等が会社に対し損害賠償金を支払う旨を約束した場合も含まれると解される（前掲東京高判平12・４・27）。

他方，原告株主が敗訴した場合，株主は会社に対して何も請求することができない。当該訴訟が，敗訴した原告株主の悪意に基づいて提起されたときは，原告株主は会社に対してそれにより生じた損害を賠償する義務を負う（852条２項）。

なお，上記提訴株主の権利と義務に関する規定は，訴訟に参加した株主について準用される（852条３項）。

8　担保提供命令　株主が代表訴訟を提起した場合に，裁判所は被告の申立てにより相当の担保を提供することを原告株主に命ずることができる（847条の４第２項）。この場合，被告は，申立ての際に代表訴訟の提起が悪意によるものであることを疎明しなければならない（同条３項）。ここで「悪意」とは，被告の責任に事実的，法律的根拠のないことを知りながら訴えを提起した場合（不当訴訟），または代表訴訟制度の趣旨を逸脱し，不当な目的をもって被告を害することを知りながら訴えを提起した場合（不法不当目的）をいうとされる（東京高決平７・２・20判タ895・252〔百選65〕）。担保提供制度は，悪意による代表訴訟が，被告に対する不法行為と認められる場合に，被告の原告株主に対する損害賠償請求権の行使を確保するためのものであり，濫訴防止の機能を有する。担保額の決定は，裁判所の裁量に委ねられており，裁判所は，被告が通常被ると予測される損害額を考慮するほか，不当訴訟となる蓋然性の程度，悪意の態様・程度等諸般の事情を総合的に考慮したうえで，担保額を決定することになる（東京地決平6・7・22判時1504・121）。

3　多重代表訴訟

多重代表訴訟（法文上，「**最終完全親会社等**ことば の株主による責任追及等の訴え」と呼ばれる）とは，企業グループの頂点に位置する株式会社（最終完全親会社等）の株主が，その子会社（孫会社も含む）の取締役等の責任（法文上，「特定責任」と呼ばれる）を追及するために提起する代表訴訟をいう。

平成9年の持株会社の設立解禁を受けて，平成11年商法改正により株式交換・株式移転制度が創設された。その結果，持株会社形態や完全親子会社関係にある企業グループが多数形成されるようになった。こうした企業グループにおいては，実際に事業活動を行うのは完全子会社であるため，完全子会社の企業価値がその完全親会社である持株会社の企業価値に大きな影響を与え得ることになる。他方，完全子会社である株式会社の取締役等が当該会社に対して責任を負っている場合であっても，当該取締役等と当該会社の完全親会社の取締役の間に密接な関係が存在するため，当該完全親会社が当該会社の株主として代表訴訟を提起するなどして当該取締役等の責任を追及することを怠ることが類型的かつ構造的にあり得る。そのため，当該会社の損害が賠償されず，その結果として当該完全親会社ひいてはその株主が不利益を受けるおそれがある。そこで，こうした立場におかれる完全親会社の株主を保護するため，平成26年会社法改正で多重代表訴訟が導入された（847条の3）。多重代表訴訟は完全親子会社関係に限定されている。完全でない親子会社関係の場合，子会社には他の少数株主が存在し，当該少数株主が子会社の取締役等の責任を追及することが期待できるからである。

株主が，多重代表訴訟を提起するためには，次の要件を満たさなければならない。まず，原告株主は，6か月前から引き続き最終完全親会社等の総株主（株主総会において決議をすることができる事項の全部につき議決権を行使すること

ことば **最終完全親会社等**　当該会社の完全親会社等であって，その完全親会社等がないものをいい（847条の3第1項），それには，①完全親会社，②株式会社の発行済株式の全部を他の株式会社およびその完全子会社等（株式会社がその株式または持分の全部を有する法人をいう）または他の株式会社の完全子会社等が有する場合における当該他の株式会社（完全親会社を除く）が含まれる（同条2項）。

図表 4-1　多重代表訴訟の仕組み

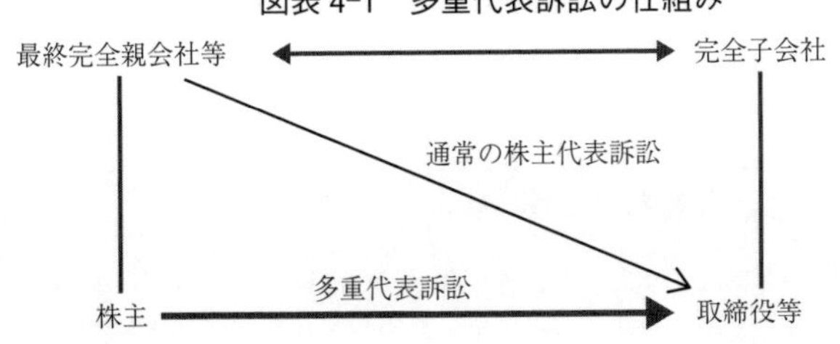

＊ 原則として株主は６か月前から引き続き最終完全親会社等の総株主の議決権の１％以上の議決権を有し，または最終完全親会社等の発行済株式の１％以上の株式を有することが要求される。
＊＊ 完全子会社の株式の帳簿価額は最終完全親会社の総資産額の５分の１を超えることが要求される。

ができない株主は除かれる）の議決権の 100 分の 1（定款の定めによる引下げが可能である）以上の議決権を有するか，または当該最終完全親会社等の発行済株式（自己株式が除かれる）の 100 分の 1（定款の定めによる引下げが可能である）以上の数の株式を有することを要する（847 条の 3 第 1 項）。ただし，6 か月の議決権・株式の継続保有期間は，定款の定めで短縮することができ（847 条の 3 第 1 項かっこ書），最終完全親会社等が非公開会社の場合は，この期間要件は不要とされる（847 条の 3 第 6 項）。この要件から明らかなように，多重代表訴訟の提起は，単独株主権ではなく少数株主権である。これは，最終完全親会社等の株主については，利害関係をより強く有する場合に限り，多重代表訴訟の提起権を認めるのが適切であるとの趣旨に出たものである。

原告株主は，前述の客観的要件のほか，次の主観的要件も満たすことが要求される。すなわち，多重代表訴訟が当該株主もしくは第三者の不正な利益を図り，または当該株式会社または最終完全親会社等に損害を加えることを目的とする場合には，多重代表訴訟の提起は認められない（847 条の 3 第 1 項 1 号）。

また，多重代表訴訟をもって追及される特定責任の原因となった事実によって当該最終完全親会社等に損害が生じていない場合には，多重代表訴訟の提起は認められない（847 条の 3 第 1 項 2 号）。

多重代表訴訟の提起が認められる完全親子会社関係は，取締役等の責任の原因となった事実が生じた日において，最終完全親会社等およびその完全子会社等における当該株式会社の株式の帳簿価額が，当該最終完全親会社等の総資産額として法務省令（会施規 218 条の 6）で定める方法により算定される額の 5 分の1（定款の定めで割合の引下げが可能である）を超える場合に限られる（847条の3第4項。法文上，特定責任の定義として書かれている）。

コラム 4-4

株主権の縮減と親会社株主の保護

完全親子会社関係を創設するための株式移転・株式交換制度が導入されたことに伴って，従来から潜在的であった親子会社関係にある親会社株主の権利縮減問題がにわかに顕在化した。株式移転・株式交換の立法段階において，こうした株主権の縮減問題への対応措置として，①パス・スルーによる親会社株主の子会社の重要事項に対する議決権行使，②多重代表訴訟，③親会社株主の子会社に対する情報収集権を法認し，それによって親会社株主の保護を図るという提案が数多くなされた。

立法者は，平成11年商法改正の際に，①と②についてはコンセンサスがまだ得られていないという理由でその立法を見送り，③については裁判所の許可という要件を設けて，親会社株主に子会社の定款，株主総会・取締役会の議事録や計算書類等の閲覧等を，さらに3％以上の議決権・株式数を保有する少数株主には子会社の会計帳簿およびそれに関連する資料の閲覧等を認めた。親会社株主の情報収集権に関する関連諸規定は平成17年会社法に引き継がれた。

平成26年会社法改正により，②の多重代表訴訟が導入された。ただ，原告適格に関して，保有議決権・株式数や，親子会社の資産規模比率などの相当厳しい要件が設けられているため，当該制度が活用されるかは見守る必要がある。①については今回もその導入が先送りされたが，一定の場合において子会社の株式等の譲渡につき株主総会の決議による承認が必要となるという規定が新たに設けられた（467条1項2号の2）。

4　株主の差止請求権

1　差止請求権の意義　株主代表訴訟は，取締役が任務を怠って会社に損害を与えた場合に，株主が会社のために取締役の損害賠償責任を追及する事後的な救済措置である。しかし，取締役の違法な行為が行われる前にそれを阻止し得るのであれば，その効果はよりいっそう大きい。このことに関して，会社法は，まず会社自身により差し止めること，すなわち監査役（監査等委員会設置会社では監査等委員，指名委員会等設置会社では監査委員）が取締役の違法な行為を差し止めることができると規定している（385条・399条の6・407条）。しかし，代表訴訟の場合と同様に，取締役・監査役間の密接な関係のため，会社は差し止めるのを怠ることがあり得る。そこで，昭和25年商法改正で，株主権強化の一環として，アメリカ法の差止命令（injunction）にならって，会社のために取締役の違法な行為を差し止める権利を個々の株主に与える制度が導入され，平成17年会社法に受け継がれている（360条。株主による執行役の行為の差止めについては，422条）。この権利を株主の違法行為差止請求権という。

2　差止請求権の行使要件

(1)　差止請求の対象　差止めの請求は，取締役が行おうとする会社目的の範囲外の行為その他法令または定款に違反する行為に対して認められる。法令・定款違反行為は，具体的な規定に違反する行為に限らず，一般的な善管注意義務・忠実義務に違反する行為も含む。取締役の善管注意義務違反の行為に対する差止請求に，いわゆる経営判断の原則が適用され得るかについて学説上肯定説と否定説の争いがあるが，判例はその適用を認めている（東京地決平16・6・23金判1213・61〔百選58〕）。

会社目的の範囲外の行為も定款違反行為の1つであるが，その判断基準は，会社の権利能力に関する場合のそれとは異なると解すべきである。会社の権利能力に関する場合は，取引の安全のため，いわゆる客観的・抽象的な判断基準を用いる必要がある（最判昭27・2・15民集6・2・77〔百選1〕)。これに対して差止請求の場合には，取引の安全を考慮する必要がないため，会社および株主の利益保護の見地から，会社目的の範囲を厳格に解すべきである。

(2)　差止請求権者　差止請求権者は，6か月前から継続して株式を保有する株主であるが，定款で定めれば，この保有期間は短縮することができる（360条1項)。また，非公開会社の場合は，当該要件の適用はない（360条2項)。監査役設置会社・監査等委員会設置会社・指名委員会等設置会社の場合に差止めが請求できるのは，取締役の違法な行為によって会社に回復できない損害が生ずるおそれがある場合である（360条3項)。たとえば，処分された財産を取り戻すことができず，しかも損害賠償によってもその損害を回復できない場合などがそれにあたる。それ以外の会社において差止めが請求できるのは，取締役の違法な行為によって会社に著しい損害が生ずるおそれがあるときである（360条1項)。

(3)　差止めの手続と効力　差止請求は，代表訴訟の場合に要求される会社に対する請求を経ることなく，裁判上または裁判外において直ちに行うことができる。その事前的救済措置としての機能を発揮させるためである。取締役が請求に応じない場合は，その取締役を被告として差止めの訴えを提起し，さらにこの訴えに先立って，仮処分を申請することができる（民保23条2項）。

差止めの訴えに関しては，会社法は規定を置いていない。しかし，差止めの訴えは代表訴訟と共通の性質を持つ制度であるため，訴訟管轄，訴訟参加，担保提供など代表訴訟に関する規定を類推適用すべきであろう。なお，差止めの訴えは会社のために提起されたものであるから，その判決の効力は，いうまでもなく会社に及ぶ（民訴115条1項2号）。

5　責任免除

1　全部免除　423条に規定する任務懈怠による役員等の会社に対する損害賠償責任は，総株主の同意がなければ免除することができない（424条）。株主代表訴訟（847条）の提起権が単独株主権であるため，総株主の同意という要件を設けないと，株主の代表訴訟提起権の行使を担保することができず，会社の利益ひいては株主の利益を保護する代表訴訟の機能が損なわれるおそれがあるためである。取締役の会社に対する責任は，会社または株主による追及がなされなかった場合には，10年の時効によって消滅し（民166条1項2号，最判平20・1・28民集62・1・128），会社が権利を行使することができることを知った時から5年間それを行使しなかった場合には，同じく時効によって消滅する（民166条1項1号）。

2　一部免除　**(1)　制度の趣旨等**　役員等の責任免除に関する総株主の同意という要件は，相当厳しいものであるため，上場会社の役員等の責任免除は，ほぼ不可能といってよい。しかし，軽過失の場合においても役員等の対会社責任が追及され，しかもその損害賠償額が高額になると，取締役の経営意欲の萎縮を招き，また社外取締役や社外監査役になろうという者がいなくなるおそれが生じる。そこで，そうしたことを回避するために，平成13年商法改正で取締役の責任軽減制度が導入され，平成17年会社法に役員等の責任の一部免除という形で受け継がれた。役員等の責任の一部免除のためには，役員等がその職務執行につき故意または重大な過失がないこと（軽過失）が要求される。責任の一部免除の額は，賠償の責任を負う額から最低責任限度額を控除して得た額を限度とする（425条1項柱書）。最低責任限度額は，①当該役員等がその在職中に会社から職務執行の対価として受け，または受けるべき財産上の利益の1年間あたりの額に相当する額として法務省令（会施規113条）で定める方法により算定される額に，次に述べる数を乗じて得た額と，②当該役員等が当該株式会社の新株予約権を引き受けた場合における当該新株予約権に関する財産上の利益に相当する額として法務省令（会施規114条）で定める方法により算定される額との合計額である（425条1項1号・2号）。①の額の算定に用いられる乗数は，役員等の区分に応じて，代表取締役（および代表執行役）につき6，代表取締役以外の業務執行取締役（および代表執行役以外の執行役）につき4，非業務執行取締役（および会計参与，監査役，会計監査人）につき2と，それぞれ規定されている（425条1項1号イ・ロ・ハ）。

(2)　**一部免除の方法**　　会社法は，423条1項に基づく役員等の会社に対する損害賠償責任を一部免除する方法を3つ規定している。

(a)　株主総会決議による一部免除　　第1に，株主総会の特別決議によって役員等の責任を一部免除することができる（425条1項柱書）。この場合において，取締役は，①責任の原因となった事実および賠償の責任を負う額，②免除可能額の限度およびその算定の根拠，③責任免除すべき理由および免除額を開示しなければならない（425条2項）。そして，当該会社が監査役設置会社（または監査等委員会設置会社，指名委員会等設置会社）である場合は，取締役（監査等委員，監査委員を除く）および執行役の責任の一部免除に関する議案を株主総会に提出する際に，監査役（監査等委員，監査委員）全員の同意が要求される（425条3項）。さらに，責任の一部免除の決議がなされた場合において，会社が当該決議後に役員等に対し退職慰労金その他の法務省令で定める財産上の利益を与えるときは，株主総会の承認を受けることが必要とされ，当該役員等が新株予約権を当該決議後に行使し，または譲渡するときも同様とされる（425条4項）。

(b)　定款の定めによる一部免除　　第2に，監査役設置会社（取締役が2名以上の会社に限る），監査等委員会設置会社および指名委員会等設置会社は，前述の株主総会決議によるほか，責任の原因となった事実の内容，当該役員等の職務執行の状況その他の事情を勘案して特に必要と認められる場合に，取締役会の決議（取締役会非設置会社の場合には，取締役の過半数の同意）によって役員等の責任を一部免除する旨を定款で定めることができる（426条1項）。取締役（監査等委員，監査委員を除く）および執行役の責任を一部免除することができる旨の定めを設ける定款変更議案を株主総会に提出する場合は，前述の株主総会への議案提出の場合と同様に，各監査役，各監査等委員または各監査委員による同意が要求される（426条2項）。また定款の定めによる責任の一部免除について，取締役の同意を得る場合および当該責任の一部免除に関する議案を取締役会に提出する場合も，同様である（同項）。

定款の定めに基づいて役員等の責任を一部免除する旨の取締役会決議（取締役会非設置会社の場合は，取締役の同意）を行ったときは，取締役は，遅滞なく前記(a)で述べた①～③の事項および責任を一部免除することに異議があるのであれば一定の期間内（1か月以上）に当該異議を述べる旨を公告し，または株主に通知することを要する（426条3項）。

総株主（423条1項に基づく責任を負う役員等を除く）の議決権の100分の3（定款の定めによる割合の引下げが可能）以上の議決権を有する株主が，法定の期間内に異議を述べたときは，株式会社は，定款の定めに基づく責任の一部免除をしてはならない（426条7項）。

(c)　責任限定契約による一部免除　　第3に，株式会社は，業務執行取締役以外の取締役，会計参与，監査役または会計監査人の責任について，定款で定めた額の範囲内であらかじめ会社が定めた額と最低責任限度額とのいずれか高い額を限度とする旨の契約を，当該非業務執行取締役等と締結することができる旨を定款で定めることができる（427条1項）。ただし，この契約を締結した非業務執行取締役等が当該株式会社の業務執行取締役等に就任したときは，当該契約は，将来に向かってその効力を失う（427条2項）。

取締役（監査等委員，監査委員を除く）の責任について，定款を変更して，こうした契約を締結することができる旨を定款で設ける議案を株主総会に提出する場合には，各監査役，各監査等委員または各監査委員による同意が必要とされる（427条3項）。

この契約を締結した株式会社が，契約の相手方である非業務執行取締役等が任務を怠ったことにより損害を受けたことを知ったときは，その後最初に招集される株主総会において，①責任の原因となった事実および賠償責任を負う額，かつ免除可能額の限度およびその算定の根拠，②当該契約の内容および当該契約を締結した理由，③役員等が賠償すべき損害のうち，当該非業務執行取締役等が責任を負わないとされた額を開示しなければならない（427条4項）。

6　役員等の第三者に対する責任

設例 4-7

甲株式会社の代表取締役Ｙは，会社の資産や能力を考慮しないで，また十分な調査もせずに多額の資金を投じて新しい事業を開始したところ，この新事業が失敗し，それが原因で甲社は倒産した。甲社に対し多額の貸付金を有する債権者Ｘは，貸付金の回収が不可能となったとして，Ｙに対し損害賠償を請求できるか。

設例 4-8

甲株式会社の代表取締役社長Ｙは，その業務の一切を他の取締役Ａに任せきりにしていた。もっともＹはＡの依頼で代表取締役社長に就任していた。ＡはＹからの授権に基づいて甲社代表取締役社長Ｙの名義で約束手形を振り出したが，この約束手形が不渡りになった。それによって損害を受けた手形所持人Ｘは，Ｙに対して損害賠償を請求できるか。

1　対第三者責任の趣旨　役員等が任務懈怠により会社に損害が生じた場合に会社に対して賠償責任を負うのは当然であるが，不法行為により会社の債権者など第三者に損害を直接もたらした場合は別として，役員等は第三者に対して直接賠償責任を負うことは通常ないと考えられる。というのは，役員と第三者の間には直接の法律関係がないからである。しかしながら，会社法は，役員等がその職務を行うについて悪意または重大な過失があったときは，当該役員等は，これによって第三者に生じた損害を賠償する責任を負うと規定している（429条1項）。この規定を設けた趣旨は，第三者を保護するためである（最大判昭44・11・26民集23・11・2150〔百選66・START UP 20〕）。

この規定によれば，**設例 4-7**と**設例 4-8**では，損害を受けた第三者であるＸは，甲株式会社の代表取締役Ｙの任務懈怠につき悪意または重大な過失を主張すれば，自己に対する加害につき故意または過失があったことを主張し立証するまでもなくYに対し損害賠償を請求し得ることになる。ただ，通説・判例は，429条1項に基づく責任と不法行為に基づく責任が競合することも認めており，役員等がその職務を行うにつき故意または過失により直接第三者に損害を加えた場合には，一般不法行為の規定（民709条）によっても損害を賠償する義務を負うと解している（前掲最判昭44・11・26）。

学説では，429条1項による責任の法的性質をめぐって争いがあり，特別法定責任説と不法行為責任特則説に大別される。特別法定責任説は，当該規定を特に第三者保護のために設けられたものであるとして，この責任を特別の法定責任であると解し，判例（前掲最判昭44・11・26）はこれを支持する。これに対して，不法行為責任特則説は，株式会社における複雑な職務執行を大量かつ迅速に行わなければならない取締役の地位を考慮して，取締役の第三者に対する責任は，取締役の不法行為について軽過失による責任を免除したところの特別な不法行為責任であるとする考えである（前掲最判昭44・11・26の少数意見）。

第三者に生じた損害を賠償する責任を負う役員等が複数である場合，これらの者は連帯責任を負う（430条）。なお，第三者は会社以外の者であるため，第三者には株主も含まれると解される。

2　第三者に生じた損害の範囲　429条1項にいう第三者に生じた損害の範囲について学説上争いがある。すなわち，当該損害は，直接損害と間接損害との双方に及ぶのか，それともそのいずれかに限られるのかである。直接損害とは，会社自身に損害がなく，役員等の悪意または重大な過失による任務懈怠によって第三者が直接被った損害をいう。**設例4-8**におけるXの被った損害が直接損害にあたる。間接損害とは，役員等の悪意または重大な過失による任務懈怠によって，まず会社自身が損害を被り，その結果として第三者が被った損害をいう。**設例4-7**におけるXの被った損害が間接損害にあたる。

特別法定責任説は，直接損害と間接損害を問わず，役員等の悪意または重大な過失による任務懈怠によって，第三者が損害を被った場合に損害賠償を請求できるとする（両損害包含説）。この説によれば，**設例4-7**と**設例4-8**におけるXは，いずれも損害賠償を請求することができることになる。判例の立場は，この説と同様である（前掲最判昭44・11・26）。これに対し，不法行為責任特則説は，第三者が損害賠償を請求できる場合を直接損害に限定し，間接損害については債権者代位権（民423条）や株主代表訴訟（847条）を通じて損害回復を図るとする（直接損害限定説）。この説によれば，**設例4-8**におけるXだけが，429条1項に基づく損害賠償を請求し得ることになる。

なお，株主が間接損害について損害賠償を請求し得るかについては議論の余地がある。間接損害を受けた株主（たとえば，取締役の放漫経営によって，その持株の価値が下がった場合）は，代表訴訟を通じて救済を図るべきとする見解が有力に主張される。他方において，オーナー兼経営者の閉鎖会社の場合には，少数株主の実効的救済のために，株主の間接損害についても429条1項を適用すべきであるとする見解もある（江頭535頁）。

3　責任を負う取締役　**(1)　名目的取締役**　適法に取締役として選任されたが，会社の代表取締役に依頼され，ただ名義を貸すだけのために取締役になったような者は，名目的取締役と呼ばれる（**設例4-8**のY）。裁判実務上，重大な過失による監視義務違反という理由で，名目的取締役に429条1項が適用され，会社債権者に対し損害賠償責任を負うとされた事例が多い（たとえば，最判昭48・5・22民集27・5・655〔百選67〕）。平成17年会社法制定前の旧商法では，株式会社の取締役は3人以上必要とされたため，名義貸しのための名目的取締役が多かった。会社法では，取締役会非設置会社は取締役が1人で足りるとされたので（326条1項・331条5項），この種の事例は少なくなったといわれる。

(2)　登記簿上の取締役　株主総会において正式に取締役として選任されていないにもかかわらず，取締役として登記されている者や，取締役を辞任したが，取締役として登記簿上残存する者（辞任登記未了の取締役）は，登記簿上の取締役と呼ばれる。前者につき，不実登記の効力に関する908条2項を類推適用して，不実の就任登記を承諾した者は自分が取締役でないことを善意の第三者に対抗できず，取締役としての責任を免れないとした判例がある（最判昭47・6・15民集26・5・984〔商法百選8〕）。他方，善意の第三者に対し辞任登記未了の取締役が責任を負うかについて，判例は，取締役を辞任した者は，原則として429条1項の損害賠償責任を負わないが，不実の登記を残存させることにつき明示的に承諾を与えていたなどの特段の事情がある場合には，908条2項の類推適用により，429条1項の責任を免れない旨を示した（最判昭62・4・16金判778・3〔百選68・START UP 21〕）。

⑶　**事実上の取締役**　取締役ではないが，対外的にも対内的にも重要な事項について決定権を有する実質的な経営者は，事実上の取締役と呼ばれる。429条１項を類推適用して，事実上の取締役の責任を認めた裁判例がある（たとえば，京都地判平４・２・５判時1436・115）。

４　虚偽記載等に関する役員等の責任　役員等は，次に掲げる行為をしたことによって損害を被った第三者に対し賠償責任を負う。この賠償責任は過失責任であるが，役員等の職務の重大さに鑑(かんが)み，役員等は，当該行為について注意を怠らなかったこと（無過失）を証明したときに限り，責任を免れる（立証責任の転換）（429条２項）。

まず，取締役・執行役がした行為については，①株式，新株予約権，社債もしくは新株予約権付社債を引き受ける者の募集をする際に通知しなければならない重要な事項についての虚偽の通知，または当該募集のための当該株式会社の事業その他の事項に関する説明に用いた資料についての虚偽の記載もしくは記録，②計算書類および事業報告ならびにこれらの附属明細書ならびに臨時計算書類に記載し，または記録すべき重要な事項について虚偽の記載または記録，③虚偽の登記，④虚偽の公告（440条３項に規定する措置を含む）である（429条２項１号）。次に，会計参与がした行為については，計算書類およびその附属明細書，臨時計算書類ならびに会計参与報告に記載し，または記録すべき重要な事項についての虚偽の記載または記録である（同項２号）。また，監査役，監査等委員および監査委員がした行為については，監査報告に記載し，または記録すべき重要な事項についての虚偽の記載または記録である（同項３号）。最後に，会計監査人がした行為については，会計監査報告に記載し，または記録すべき重要な事項についての虚偽の記載または記録である（同項４号）。

７　会 社 補 償

１　会社補償の意義

会社補償とは，役員等にその職務の執行に関して発生した費用や損失の全部または一部を，会社が事前または事後に負担することをいい，会社補償にあたっては，会社と役員等との間で契約を締結することを要する（430条の２第１項）。会社補償には，優秀な経営人材を確保するとともに，役員等がその職務の執行に伴い損害賠償責任を負うことを過度に恐れ，萎縮することがないようにする仕組みとしての意義があるといわれる。従来，会社法上，会社補償に関する規定はなく，会社補償ができるかは解釈に委ねられていた。しかし，どのような範囲においてどのような手続により会社補償をすることができるかについての解釈は確立していなかった。そこで，会社補償により生ずるおそれがある弊害（たとえば，役員等の責任の趣旨の没却，無責任な経営姿勢の助長など）に対処し，会社補償が可能な範囲やその手続等を明確にして，適切な運用ができるように，令和元年会社法改正により，会社補償制度が新たに導入された。

2　会社補償の手続　会社補償契約を締結するためには，取締役会（取締役会非設置会社では，株主総会）で，補償する費用または損失の内容を決議することが必要である（430条の2第1項）。すなわち，①役員等がその職務の執行に関し法令の規定に違反したことが疑われ，または責任の追及に係る請求を受けたことに対処するために支出する費用，②役員等がその職務の執行に関し第三者に生じた損害を賠償する責任を負う場合において，(a)役員等が損害を賠償することにより生ずる損失，(b)損害の賠償に関する紛争について当事者間に和解が成立したときは，役員等がその和解に基づく金銭を支払うことにより生ずる損失，である。

しかし，会社は，補償契約を締結している場合であっても，次のような費用等を補償することはできない（430条の2第2項）。すなわち，(i)前記①の費用のうち通常要する費用の額を超える部分，(ii)会社が前記②の損害を賠償するとすれば役員等が会社に対して損害賠償責任を負う場合（423条1項）には，前記②の損失のうちその損害賠償責任に係る部分，(iii)役員等がその職務を行うにつき悪意または重大な過失があったことにより前記②の責任を負う場合には，前記②に掲げる損失の全部，である。

補償契約に基づいて前記①の費用を補償した会社が，その役員等が自己・第三者の不正な利益を図り，または株式会社に損害を加える目的でその職務を執行したことを知ったときは，その役員等に対し，補償した金額に相当する金銭を返還することを請求することができる（430条の2第3項）。補償契約に基づく補償をした取締役・執行役および補償を受けた取締役・執行役は，遅滞なく補償についての重要な事実を取締役会に報告しなければならない（430条の2第4

項・5 項)。なお，法的安定性のために，利益相反取引等の規律（356 条 1 項・365 条 2 項・423 条 3 項・428 条 1 項，民 108 条）は，会社と取締役・執行役との間の補償契約には適用されない（430 条の 2 第 6 項・7 項)。

[8] 役員等賠償責任保険契約

役員等賠償責任保険契約とは，株式会社が保険者との間で締結する保険契約で，役員等がその職務の執行に関し責任を負うこと，または当該責任の追及に係る請求を受けることによって生ずることのある損害を，保険者が塡補することを約するものであって，役員等を被保険者とするものをいう（430 条の 3 第 1 項)。ただし，ここにいう役員等賠償責任保険契約には，当該保険契約を締結することにより被保険者である役員等の職務の執行の適正性が著しく損なわれるおそれがないものとして法務省令（会施規 115 条の 2）で定めるものは含まれない（430 条の 3 第 1 項かっこ書)。この保険契約については，[7]で述べた会社補償と同様な意義がある。

従来，この保険契約は，会社実務上とりわけ上場会社を中心にすでに広く普及しているが，会社法はこの保険契約の規定を置いていなかったため，会社がこの保険契約を締結するためにどのような手続等が必要であるかについての解釈は必ずしも確立されていなかった。そこで，この保険契約の締結により生ずるおそれがある弊害（たとえば，会社と役員等の間の利益相反，役員等の職務執行の適正性への影響など）に対処するとともに，会社が契約を締結するための手続等を明確にして役員等賠償責任保険が適切に運用されるように，令和元年会社法改正で新たに規定が設けられた。

役員等賠償責任保険契約の内容の決定は，取締役会（取締役会非設置会社では，株主総会）の決議によらなければならない。また，法的安定性のために，会社補償の場合と同様に，利益相反取引等の規律（356 条 1 項・365 条 2 項・423 条 3 項，民 108 条）は，役員等賠償責任保険契約の締結には適用されない（430 条の 3 第 2 項・3 項)。

第5章 資金調達

株式会社には資金需要が絶えず生じてくる。この資金需要を満たすための新たな外部資金の獲得を想定し，会社法が株式会社のために規定するのが，募集株式の発行等，新株予約権，社債という3つの制度である。本章はこれらの制度について解説する。まずはその前提として，株式会社の資金調達方法の分類を確認しておこう。

第1節 資金調達方法の分類

株式会社の資金調達方法については，まず資金源の所在を基準に，①会社内部に存する資金を活用する内部留保（452条），減価償却（会社計算5条2項・79条各項等参照）等の**自己金融**（内部金融）と，②会社外部から資金を獲得する**外部金融**の2種類に分類できる。このうち外部金融は，さらにその調達先を基準に，(i)市場参加者との仲介者たる金融機関をその調達先とする証書借入（金銭消費貸借）契約（362条4項2号等参照）等の**間接金融**と，(ii)市場参加者を直接にその調達先とする**直接金融**に小分類される。本章にて取扱う募集株式の発行等，新株予約権，社債は，いずれも外部直接金融に分類される。

コラム5-1

自己金融と外部金融の特色

自己金融は，会社内部に存する資産をその資金源とするため，確実ではあるが調達可能額に相応の限界がある。他方で外部金融は，第三者から必要な資金を調達する方法であり，自己金融に比して選択肢も調達可能額も増えてくるが，その成否が自社に対する当該第三者の信用評価等に依存するため，確実性という点で自己金融に劣る。さらに，出資を受ける場合を除き，その調達資金は利息を付して返済しなければならなくなるのが通例のため，将来にわたり会社に財務上の負担を強いて，企業経営の自由度に制約を課すものともなりかねないという難点を抱える。

第2節 募集株式の発行等

1 募集株式の発行等とは何か

会社法は，199条以下で「募集株式の発行」および「自己株式の処分」という2つの制度を一括して規定する。**募集株式の発行等**とは，会社法上，この2つの制度を包括的に表す概念である[1)]。

「募集株式の発行」とは，既存の株式会社が新たな株式の発行をもってその引受人から出資を受けることにより資金調達または資産取得を図る手段という意味での新株発行のうち，基本的に募集方式によるもののことである。講学上「通常の新株発行」として分類される。会社法は，「募集株式」を，株式会社が「その発行する株式又はその処分する自己株式を引き受ける者の募集……に応じてこれらの株式の引受けの申込みをした者に対して割り当てる株式」と定義し（199条1項柱書），「募集株式」を介してその発行「等」という用語で，「自己株式の処分」を「通常の新株発行」と一括して規制対象としている。会社法が当該両制度を一括して規定するのは，株式会社が自社にて企業戦略上保有する自己株式（いわゆる金庫株）を第三者に処分することにより資金調達等を図る場合にも，株主の利益，とりわけ経済的利益に影響を及ぼし得るという点で，新たに株式を発行する場合と同様の法的問題が生じてくるためである。

募集株式の発行等は，株主総会決議に資本多数決制度が採用されていることと相まって，実務上，資本提携や子会社化等，他の事業者との企業結合関係を緩やかに形成する手段としても利用されている。なお，吸収合併，吸収分割，株式交換，株式分割，株主への株式無償割当て（株式配当）等の企業再編戦略または資本政策を実現する手段として，新たに株式が発行される場合もある。この態様の新株発行は，講学上「特殊な新株発行」と称され，上記の「通常の新株発行」とは区別される。

1）金融商品取引法では，新たに発行される株式や社債等の新規発行の有価証券（処分自己株式も含む（金商定義9条1号））にかかる取得申込みの勧誘につき，有価証券の（原則的な）「募集」および（例外的な）「私募」概念が定義規定されている（金商2条3項，金商令1条の4ないし1条の7の2等）。会社法にいう「募集」（199条1項・238条1項・676条の各柱書・57条1項等）は，後者の私募も包含する。

2　授権資本制度と募集株式の発行等の決定機関

1　授権資本制度とは何か　新たな株式の発行は，株主の利益に重大な影響を及ぼし得る株式会社法人の法律行為である（本節4参照）。したがってその発行（意思）決定権限は，基本的には株主総会に帰属すべきものである。しかしながら他面にて，株式会社は事業者として同業事業者との競争環境に常時さらされるため，企業競争力向上という株主共通の利益実現の観点からは，株主総会よりも迅速に意思決定ができ，事業環境の変化に適宜機動的に対応できる業務執行内容の決定機関たる取締役会に，その発行決定権限を分配することも要請される。そこで会社法がこの相反する2つの要請に矛盾なく応えるべく創設したのが，**授権資本制度**である（講学上，**授権株式制度**とも称される）。授権資本制度とは，株式会社が将来発行を予定している株式につき，発行済株式総数に対する最大4倍の枠内にてその総数（発行可能株式総数。37条1項）を定款記載事項とし，当該事項にかかる株主総会（株式会社成立前は発起人全員または創立総会）による意思決定を介在させたうえで（37条各項・98条・113条各項参照），取締役会にその発行決定権限を原則的に法定委譲する制度である。

2　公開会社における募集株式の発行等の決定機関　会社法は，公開会社にのみ授権資本制度を規定する（37条3項本文・113条3項各号）。すなわち，公開会社における募集株式の発行等の決定権限は，株主の利益保護が特に要請される場合（199条3項・200条2項。なお199条4項本文・200条4項本文・322条1項4号・206条の2第4項本文も参照）を除き，取締役会に法定されている（201条1項前段・202条3項3号）。

コラム5-2

非公開会社の募集株式の発行等

非公開会社は，全株式譲渡制限会社であり，少人数の共同営利事業組織体による利用が想定されているため，新たな株式の発行にかかる当為的要請を後退させるほどに取締役会への発行決定権限法定の実際的要請が強く生じてこない。したがって会社法は，非公開会社につき授権資本制度を採用せず，その株主総会に募集株式の発行等決定権限を基本的に法定する（37条3項ただし書・199条2項・202条3項4号）。後者の実際的要請に対しては，定款変更を要せずに，ただし授権期間の制限，募集株式数の上限および払込金額の下限を設定するという制約を付した形で，取締役会（取締役会非設置会社では取締役）への当該発行等決定権限の委譲を行い得る，授権資本制度に類似した制度を規定することで対応する（200条1項・3項）。いずれの場合における株主総会も，募集株式の発行等の実施にあたって株主が被り得る不利益が重要視され，特別決議による慎重な意思決定が求められる（309条2項5号）。なお，株主割当方式による募集株式の発行等については，株主に不利益をもたらすおそれがないとの想定から，非公開会社においても，定款によりその決定権限を取締役会（取締役会非設置会社では取締役）に恒常的に委譲することが許されている（202条2項本文・3項1号2号）。

3　募集株式の発行等の方式と手続

1　発行等の方式　募集株式の発行等の方式には，その基本形として，①不特定多数の市場参加者に広く一般に株式の引受申込募集をかける**公募**（199条以下）のほか，②株主全員（当該発行等会社を除く）に「株式の割当てを受ける権利」を付与する**株主割当て**（202条等），そして，③募集株式総数引受契約により特定の第三者に募集株式を全部引き受けてもらう**第三者割当て**（205条等）の3種類[2)]がある。

2　手続　募集株式の発行等の手続について，会社法は非公開会社を基本仕様とし，公開会社を特例仕様とする制度設計を採用しながらも，公募方式による場合をその基本形として規制する（199条～202条参照）。公開会社における募集株式の発行等の手続の基本的な流れは**図表5-1**のとおりである。

図表5-1　募集株式の発行等の手続の流れ

① 取締役会による募集事項の決定（201条1項前段・199条1項5項）
上場会社は，その発行済株式に市場価格があるため，募集事項につき199条1項2号にいう「払込金額」等に代え，「公正な価額による払込みを実現するために適当な払込金額の決定の方法」を設定することが許されている（201条2項）。実務上，その決定の方法として，事前に提示した仮条件に対する投資家の需要の程度から払込金額を最終決定する**ブックビルディング方式**が利用されるのが通例である。
② 株主への募集事項の通知等（201条3項～5項）
③ 出資希望者への募集事項等の通知等（203条1項・4項）
④ 出資希望者による募集株式の引受申込み（203条2項・3項。なお211条1項）
⑤ 当該引受申込者（出資希望者）への募集株式の割当ておよびその通知（204条1項3項・203条6項7項。なお211条1項）

2）新たな払込みをさせずに株主に株式を割り当てる**株式無償割当て**は，株主割当方式による募集株式の発行等の特殊類型として分類可能であるが，その実態が株式分割に準じるため，募集株式の発行等の規制対象から外され，別途規制が行われている（185条以下。第2章第6節3参照）。

株式会社には募集株式の割当てにつき，個々の引受申込者の誰に，そしてその申込数に対してどれだけの数量の募集株式を割り当てるかを，原則として自由に決定することが許されている（204条1項。例外につき202条1項1号参照）。これを講学上，**割当自由の原則**という。
⑥　当該引受申込者による募集株式の引受け（206条1号。なお211条2項）
⑦　募集株式の引受人による払込期日または払込期間内の出資の完全履行および株主資格の取得（208条1項・209条1項各号。なお，特に208条3項・5項。また，いわゆる権利株の譲渡の取扱いにつき，同条4項）
⑧　発行済株式総数および資本金の額の変更登記（911条3項5号9号・915条1項2項）

なお，募集株式の発行等についても現物出資が許されている（199条1項2号～4号）[3)]。

また，株主割当方式および第三者割当方式による募集株式の発行等，譲渡制限（種類）株式（2条17号・108条1項4号）の発行等，および上場会社取締役（または執行役）の報酬等（361条1項3号5号イ・409条3項3号5号イ）としての募集株式の発行等（令和元年新設。出資金払込等が不要となる旨の募集事項につき202条の2第1項1号参照）にかかる手続には，特則が設けられている[4)]。

コラム5-3
デット・エクイティ・スワップ（Debt Equity Swap）と現物出資

デット・エクイティ・スワップとは，債務の株式化のことであり，一般に，自社に対する債権を不良債権化させ回収不能に陥らせてしまいつつあるとき，当該債権者にその回収に代えて自社の株式を取得してもらうことで，株式会社が自らの倒産回避を試みる手法をいう。そして，この手法を実行するために利用されるのが現物出資による募集株式の発行等である。会社法は，募集株式に対し給付される現物出資財産（207条1項）が弁済期到来済の株式会社に対する金銭債権であって，その募集事項上の価額が当該金銭債権にかかる負債の帳簿価額を超えない場合，当該金銭債権の現物出資財産としての価額につき，その実価のいかんにかかわらず，検査役による調査を例外的に不要とし（207条9項5号），この手法が容易に利用できるように，現物出資規制を緩和している。

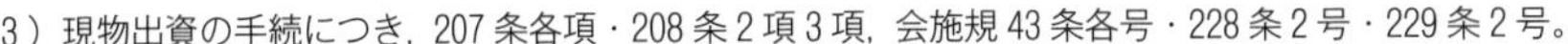

3）現物出資の手続につき，207条各項・208条2項3項，会施規43条各号・228条2号・229条2号。
4）株主割当方式による募集株式の発行等につき202条各項，特に204条4項，第三者割当方式による募集株式の発行等につき205条各項・206条2号・211条1項，譲渡制限（種類）株式の発行等につき204条2項・205条2項・309条2項5号・199条1項1号・同条4項・200条4項・202条1項1号・322条1項4号・911条3項9号，および上場会社取締役（または執行役）の報酬等としての募集株式の発行等につき202条の2各項・205条3項～5項・209条4項をそれぞれ参照。

4　株主の利益への影響

募集株式の発行等は，それが株主割当方式により実施される場合を除き（202条2項本文参照），次の2つの側面で株主の利益に影響を及ぼし得る。

1　株主の経済的利益への影響（株式価値の希釈化）　募集株式の発行等は，その払込金額の設定次第では，株主の経済的利益につき，その保有株式価値の希釈化という形で影響を与えるおそれがある。たとえば，発行済株式総数5万株の株式会社にあって，1株あたりの株式価値が1万円のときに，払込金額5千円をもって5万株が発行されると，1株あたりの株式価値は7500円（=（1万円×5万株+5千円×5万株）／（5万株+5万株））に希釈化される。ただし，株主の当該利益の基本的対象は，同じ公開会社でも，未上場会社（および非公開会社）と上場会社では，以下のように異なる（283条各号参照）。

(1)　未上場会社（および非公開会社）の場合——1株あたり純資産額　個々の株式は，所有権の変形物という一面を有しており，株式会社の清算に際し，その発行済総数に対する割合に応じた残余財産分配権能を基本的に備えている（105条1項2号・2項）。したがって，未上場会社の株主がここで影響を受け得る経済的利益の基本的対象は，その保有株式の1株あたりの純資産額となる。

(2)　上場会社の場合——株式の市場価格　上場会社の株式については，株式市場によって市場価格（株価）が形成される。上場会社の1株あたり純資産額の大小は，決算時点における当該会社の財務基盤の安定度を示す株価形成評価要素の1つにすぎないものとなる。それゆえ，上場会社の株主が影響を受け得る経済的利益の基本的対象は，その保有株式の市場価格（株価）となる。

2　株主の企業支配関係にかかる利益への影響（議決権比率の低下）　株主は，自身の出資分に相応した株式会社企業の部分的支配にかかる（主観的な）利益を基とし，客観的には他の株主との相関的関わりにおいて当該企業をめぐる支配関係にかかる利益を，社団法人制度を介して実質的に有している。上記1で例示した株式会社にあって，1万株を保有する株主には，自身が1万株にて1億円を出資しているという点に前者の利益が，自身と他の総株主との相関的関わりでの持株比率20%（=保有株式数1万株/発行済株式総数5万株）という点に後者の利益が存する。前者の利益は株式会社企業の（実質的共同）所有権の変形物でもある株式そのものによって，また後者の利益は当該株式に基づく株主総会での議決権によって，それぞれ基本的に保護される。

公開会社であれ非公開会社であれ，募集株式の発行等は，とりわけ第三者割当方式による場合，発行される株式の数量次第では，株主に対し，議決権比率の低下という形で影響を及ぼすおそれがある（308条参照）。具体的には，上記の例によれば，募集株式の発行が第三者に対し５万株という数量で実施されたとき，１万株を保有する株主の議決権比率は20％から10％（保有株式数１万株/発行済株式総数（５＋５）万株）に低下することになる。

5　株主の利益保護制度

設例 5-1

発行済株式総数500万株の上場会社Ａ社は，設備投資のため，８億円の資金調達を策定し，主要取引先Ｂ社に出資を打診した。Ａ社の株価は1000円であったが，Ｂ社はＡ社への影響力を高めようと，１株あたり800円ならば応じると回答してきた。Ａ社はＢ社の回答にそのまま応じ，取締役会決議を経て，Ｂ社に１株あたり800円で100万株の株式を発行することとした。そして，金融商品取引法４条１項に従い有価証券届出書を所管財務局に提出した。これに対し，Ａ社の株式10％を有する株主Ｘはいかなる対応をとり得るか。

募集株式の発行等に関しては，上記4で述べた２つの利益面で現に影響を受ける株主の保護が問題となってくる。会社法はこの問題につき，募集株式の発行等の手続の事前と事後のそれぞれの局面で，以下のように対処する。

１　事前保護制度　**(1)　募集株式の有利発行規制**　(a)　概要　公開会社の取締役会が，募集株式の発行等にかかる募集事項を決定するにあたり，その時点での１株あたり純資産額ないし市場価格に比して甚だしく低い払込金額を設定したとする。この場合，株主には，その差額によって重大な経済的不利益が生じる蓋然性が高まる。しかしながら，そうした払込金額設定に企業戦略上の合理的な理由が認められ，確かに株主には短期的にそのような不利益受忍を強いることになるが，中・長期的にはむしろそれを補うに余りある経済的利益をもたらすと十分に期待し得る場合もある。そこで会社法は，株主に対し，その時点では将来の経済的利益に結びつくかが不確実な経営陣の提案を採用するか否かについて，保有株式の売却による退出以外に，そのまま会社に留まり，自ら直接判断する機会を保障することとした。すなわち，会社法は，公開会社が募集株式の発行等にかかる募集事項を決定するにあたり，その払込金額を募集株式を引き受ける者にとって「特に有利な金額」で設定しようとする場合，株主総会の特別決議を経ることを求め[5)]，また取締役に対し，株主総会にて当該払込金額をもってその者を募集することを必要とする理由について説明することを義務づける（199条2項3項・201条1項前段・309条2項5号）[6)]。

(b)　第三者割当方式による募集株式の発行等の有利性判断基準　　有利発行規制にあって法解釈論上問題となってくるのは，設定された払込金額が「特に有利な金額」にあたるか否かを判断する基準である。株主と株式会社，そして募集株式を引き受ける第三者にとっての「公正な払込金額」（すなわち，株式会社の資金調達等実現のために合理的かつ相当な範囲にて株式の現在価値よりも低く設定することが許されるべき「単に」有利な金額）を具体的にどのように解すべきか，ということである。判例では，上場会社が実施する第三者割当方式による募集株式の発行の場合につき，公正な払込金額とは「発行価額決定前の当該会社の株式価格，右株価の騰落習性，売買出来高の実績，会社の資産状態，収益状態，配当状況，発行ずみ株式数，新たに発行される株式数，株式市況の動向，これらから予測される新株の消化可能性等の諸事情を総合し，旧株主の利益と会社が有利な資本調達を実現するという利益との調和の中に求められるべき」金額であるという一般的・抽象的な定義づけがなされている（最判昭50・4・8民集29・4・350）。また，未上場（非公開）会社が実施する第三者割当方式による募集株式の発行の場合につき，「客観的資料に基づく一応合理的な算定方法によって……決定されていたといえる……発行価額は，特別の事情のない限り」公正な払込金額として扱われるべき旨，判示されている（最判平27・2・

5）この点，株主割当方式による募集株式の発行等の場合，その払込金額がいくらに設定されようとも株主に経済的不利益は生じないとの想定から，有利発行等規制は行われておらず，公開会社では株主総会の特別決議が不要とされている（202条2項本文・3項3号・5項）。

6）非公開会社では，募集事項の決定は株主総会の特別決議による（199条2項・309条2項5号）。経営支配権に関わる議決権比率の維持に，株主が強い利益を有しているためである。ただし，株主総会の特別決議で募集株式数の上限と払込金額の下限を定めることで，募集事項の決定を取締役（会）に委譲することができる（200条1項・309条2項5号）。その場合，払込金額の下限が払込金額の有利性判断の対象となる（200条2項）。

19民集69・1・51〔百選21〕）。

前者の上場会社の場合については，判示された一般的・抽象的な定義の下，具体的には，一定の客観的正当性を有する日本証券業協会の自主規制ルールである『第三者割当増資の取扱いに関する指針』によって，「株式の発行に係る取締役会決議の直前日」の市場価格に「0.9を乗じた額以上の価額」を基本的に公正な払込金額として扱うことができる。

一方，募集株式の引受人となる者がもたらす発行会社の事業への好影響が当該募集事項決定前の株式の市場価格にすでに織り込まれていたり，またその決定直近の相当期間，仕手筋による投機の対象となっていたりする等により，決定直前日の株式の市場価格が異常に高騰していて，その時点での当該発行会社独自の純粋な企業価値を客観的に示しているとはいえない等の特段の事情があるときは，その事情を排除して算定された価額を，特例的に公正な払込金額として扱うことが許容されるべきである[7)]。この点，下級審裁判例には，上記判例の定義にしたがい，公正な払込価額というにはその価額が原則として当該価額決定直前の株価に近接していることが必要であると解すべきとしつつ，投機的な取引等を目的とした大量の株式取得による一時的な現象に止まる株価の上昇が認められる場合については，取締役会決議直前日の株価に比して約40%の価額でも，公正な払込金額として扱うことが許容され得る余地がある旨を示唆した事案がある（ただし，本件の株価上昇は一時的な現象に止まるものとは認めることができず，有利発行にあたるとされた）（東京地決平16・6・1判時1873・159〔百選20・START UP 27〕）。

(2)　**支配関係に重大な変動をもたらす募集株式の発行等規制**　　公開会社では，取締役会が既存の企業支配関係に重大な変動をもたらす規模での募集株式の発行等を策定することも想定される。会社法は，当該発行等によってもたらされる支配株主の異動によって重大な影響を受け得る株主の利益を保護するための制度を規定する。すなわち，手続が開始された募集株式の発行等において，

7）**設例5-1**では，払込金額と株価との差に着目し，また現況は未だ発行手続が完了していないのであるから，Xは，A社の199条2項・3項違反（有利発行）を理由に210条1号により差止請求（実際にはそのための仮処分命令の申立て（本章注10）参照））を試みるのが有効である。特段の事情がない限り，Xの利益は保護される。

ある引受人（その子会社等を含む）がその引き受けた募集株式分を合わせ有することになる議決権数が，総株主の議決権（他の引受人がいるときは，その者が引き受けた募集株式にかかる議決権も含む）の数の50％を超える場合（206条の2第1項。この場合の引受人を**特定引受人**という），個々の株主には会社に対する反対通知権が原則として認められる[8)]。議決権を行使できない株主を除く総株主の議決権の10％以上（ただし，定款によりこれを下回る割合を定めることも認められている）に達する反対通知が法定期間内になされたときは，会社は払込期日（払込期間を定めた場合は，その初日）の前日までに株主総会を開催し，その普通決議[9)]により，募集株式の特定引受人に対する割当て（または当該特定引受人との募集株式総数引受契約）について承認を受けることを求められる（206条の2第4項本文）。なおその場合でも，会社の財産状況が著しく悪化し，その事業継続のため緊急の必要があるときは，当該決議は要求されない（同項ただし書）。

コラム 5-4

企業支配関係に重大な変動をもたらす募集株式の発行等などにかかる東証上場規程

東京証券取引所は，上場会社の募集株式の発行等について，投資家が安心して投資できる市場環境の整備という観点から，会社法の規制よりも厳しい基準で自主規制を施し，企業支配関係にかかり重大な影響を受け得る株主の利益保護をより強力に図っている。すなわち，同取引所の有価証券上場規程432条各号および同規程施行規則435条の2各項によれば，上場会社は遵守事項として，株主総会議決権の現在総数に対し原則として25％以上の議決権を付した募集株式等（同規程2条84号の2）を第三者割当方式で割り当てる場合，または当該割当ておよび当該割当てにかかる募集株式等の転換または行使により支配株主（同規程2条42号の2，同規程施行規則3条の2各号）の異動が見込まれる場合，その割当てにつき，①経営者から一定程度独立した者によるその必要性および相当性に関する意見の入手，または，②株主総会決議等によ

8）この規制における最終的な株主総会決議の要求は，支配株主の異動により重大な影響を受け得る株主の利益保護を図るためのものであることから，例外として次の2つの場合，すなわち，①募集株式数がいかに多くなろうとも株主には企業支配関係にかかる不利益が生じないと想定される株主割当方式による募集株式の発行等の場合，および，②特定引受人がそもそも支配株主の異動をもたらさない当該発行等を行う会社の親会社等である場合は，株主は，会社に対する反対通知権を認められないだけでなく，当該通知権の発生要件たる特定引受人に関連する情報の事前公示（本節⑤1(3)(a)参照）も受けられない（206条の2第1項ただし書・4項本文）。

9）この普通決議要件にかかる定款自治の範囲は，役員の選任・解任決議（341条）と同様に，309条1項の規定を厳格化する方向で制限されている（206条の2第5項）。

る株主の意思確認のいずれかの手続を行わなければならない。ただし，資金繰りが急速に悪化している等により当該いずれの手続の実施も困難であるほどにその緊急性がきわめて高いと認められるときを除く。また，議決権の現在総数に対し300%超の議決権を付した形で当該割当てを実施する決議または決定を行った上場会社には，原則として上場廃止処分が下される（同規程601条1項15号，同規程施行規則601条12項6号本文（例外につき同規程施行規則601条12項6号ただし書））。

(3)　募集株式の発行等にかかる事前公示および株主の差止請求権　公開会社では，募集株式の発行等にかかる募集事項の決定につき，前述の有利発行の場合を除き，取締役会が行い，株主総会に諮らないことが原則とされることから，決定される募集事項の内容に違法性・不当性が伴うおそれがより高まってくる。そこで会社法は，株主に対し，自身の不利益発生を未然に自ら阻止する手段を用意するとともに，その手段を講じる機会を保障するため，公開会社に対して募集事項の内容等の株主への事前開示を求めることとした。そのために創設されたのが，募集株式の発行等にかかる事前公示と株主の差止請求権である。

(a)　事前公示（株主への事前通知・公告）　公開会社は，取締役会の決議により募集株式の発行等にかかる募集事項を決定した場合，（払込金額の決定方法を定めたときは，その方法を含め）当該募集事項を，法定期間内に公示（株主に対して通知または公告）することを原則として求められる（201条3項4項・202条4項5項）。さらにその募集株式の発行等において，ある引受人（その子会社等を含む）がその引き受けた募集株式分を合わせ有することになる議決権数が総株主の議決権（他の引受人がいるときは，その者が引き受けた募集株式にかかる議決権も含む）の数の50%を超える場合は，当該特定引受人の氏名等・住所およびその有することになる議決権数のほか，会社法施行規則42条の2各号が定める事項を公示しなければならない（206条の2第1項・2項。ただし振替161条2項。例外につき，206条の2第1項ただし書および本章注8）参照。なお，金融商品取引法による情報開示規制を別途受ける株式会社にかかる例外につき，201条5項・206条の2第3項，会施規40条・42条の3）。

(b)　株主の差止請求権　株主は，株式会社によって企図されている募集株式の発行等が，①法令または定款に違反して，あるいは，②著しく不公正な方法により行われ，これをもって不利益を受けるおそれがある場合には，株式会社に対し当該発行等の差止めを請求することができる（210条）[10)]。

法令違反には，公開会社につき，取締役会決議を経ない募集株式の発行等（201条1項前段），株主総会決議を経ない募集株式の有利発行等（199条2項・3項），株主総会決議を経ない企業支配関係に重大な変動をもたらす募集株式の発行等（206条の2第4項本文）などがあり，非公開会社につき，株主総会決議を経ない募集株式の発行等（199条2項）などがある。また定款違反には，定款所定の発行可能株式総数を超過した（37条1項参照）募集株式の発行などがある。著しく不公正な方法による場合については，会社法によりその具体的内容が明示されておらず，解釈に委ねられている。

(c)　不公正発行の規制趣旨と判断基準　　(ア)　規制趣旨　　一般に，株式会社が講じる措置にあって個々の株主の利益の実現・保護が劣後を余儀なくされるのは，当該措置により不利益を被ることになる株主も含めた株主共通の利益，すなわち彼らが形成している営利社団たる会社の利益実現が追求されるときである。この理は，その措置決定がどの機関によってなされようとも同じである。そこで会社法は，募集株式の発行等につき，権限機関による決定が法令・定款違反にはあたらないものの，会社の利益実現が追求されているとはいえない内容，または会社の利益に優先して何らかの別の利益の実現が追求される内容で行われる場合を想定し，上記の法令・定款違反の場合に加えて，著しく不公正な方法による場合（いわゆる不公正発行）を，株主による差止請求の原因として規定した。

(イ)　判断基準　　不公正発行とは，具体的には，資金調達の必要もなく行われる募集株式の発行等など，その目的および内容が会社（株主共通）の利益に適う正当なものとは認められない募集株式の発行等と解すべきである。ここでは裁判実務上，現経営陣と株主との間にて企業支配関係をめぐり対立が生じている場合に，募集株式の発行等が会社の利益に適う資金調達目的にて企図される一方で，現経営陣の地位確保（保身）を実現することにもなるときなど，

10）差止請求は，裁判実務上，その認容判決を得るまでに相当の期間を要するため，その間に株式会社が募集株式の発行等を強行した際は，訴えの利益が失われてしまうことから，株主は募集株式の発行等の差止請求訴訟を本案として，民事保全法23条2項による仮処分命令を求めることになる。

その募集株式の発行等につき正当目的と不当目的の両方を認定し得る場合に，不公正発行の判断基準をいかに解すべきかが問題となってくる。この点，下級審裁判例は，上場会社が実施する第三者割当方式による募集株式の発行の場合につき，会社の支配権をめぐり争いがある中で，それが既存株主の持株比率に重大な影響を及ぼすような数量で発行され，その主要な目的が既存株主の持株比率を低下させて現経営者の支配権を維持することにあるときは，著しく不公正な方法にあたる旨，判示する（東京高決平21・12・1金判1338・40。いわゆる**主要目的ルール**。このルールの運用例として，東京高決平16・8・4金判1201・4〔百選96・START UP 26〕[11)]，東京地決平元・7・25判タ704・84参照）。

2　事後救済制度　**(1)　新株発行無効の訴え**　会社法は，募集株式の発行等の手続完了後に株式会社に加入する多くの新株主，そしてこの者たちから始まる株式譲渡によって新たに株主の地位に就くさらに多くの者が，利害関係を有してくると想定されることを踏まえて，既存株主の救済を図るために新株発行無効の訴えを規定している。出訴期間は，発行の効力発生日から公開会社の場合は６か月（非公開会社の場合は１年）以内とされているほか，主張方法，当事者適格，請求認容確定判決の効力に規制が加えられている（自己株式の処分や特殊な新株発行の無効の場合も含む。828条１項２項の各２号３号・834条２号３号・838条・839条。なお，請求認容判決確定時の法律関係の処理につき，840条・841条）。

新株発行の無効原因についても，会社法は具体的に規定せず，これを解釈に委ねている。判例は，非公開会社の場合，株主総会決議を経ない株主割当て以外の方式による募集株式の発行を無効と認める（最判平24・4・24民集66・6・2908〔百選26・START UP 30〕）。一方，公開会社については，株式取引の安全保護の観点から無効原因をきわめて限定的に解する立場をとっており，有効な取

11）この下級審裁判例では，仮に，特定株主の持株比率を低下させて自らの支配権を維持する意図を有していた一部の経営陣により，会社総資産の約２倍にあたる資金調達額となる当該発行が急遽１か月にも満たない検討期間を経て決定されたとしても，事業計画のために当該発行による資金調達を実行する必要があり，その計画にも合理性が認められるときは，支配権の維持が当該発行の唯一の動機であったとは認め難いうえ，その意図するところが会社の発展や業績の向上という正当な意図に優越するものであったとまでも認めることは難しい（として，当該発行は著しく不公正な方法にあたらない）旨，判示され，募集株式の発行の正当目的（当該事案では事業計画のための資金調達の必要性）の存在と目的内容（当該事案では新株割当予定者ではない他社との業務提携をともなう事業計画の内容）の合理性の有無の審査をもって，主要目的ルールの運用が図られた。

締役会決議を経ない新株発行，そして招集通知を欠く取締役会決議による著しく不公正な方法による新株発行を（いずれの事案でも，新株発行は株式会社の組織に関するものであるとはいえ，会社の業務執行に準じて取り扱われるべきものであるとの解釈の下，代表取締役が新株を発行したことを基本的な理由として）有効としている（最判昭36・3・31民集15・3・645，最判平6・7・14判時1512・178〔百選100・START UP 28〕）。ただし，不公正発行差止仮処分命令違反の事案（最判平5・12・16民集47・10・5423〔百選99〕）および新株発行公示義務違反の（ただし，その義務違反のほかに，さらに差止事由がないとはいえない）事案（最判平9・1・28民集51・1・71〔百選24・START UP 29〕）においては，募集新株の発行の無効を認めている。

(2) **新株発行不存在確認の訴え**　募集株式の発行等については，実態が何ら存在しないにもかかわらず，登記がなされる等により発行等が実施された外観が作出されてしまい，その存在を法的に確認する必要に迫られる場合も想定される。これに対して会社法は，当該会社を被告とする新株発行不存在確認の訴えを規定している（829条1号2号・834条13号14号・838条）。

(3) **募集株式の引受人および取締役等の責任**　(a) 募集株式の公正な価額との差額等塡補責任　募集株式の発行等の手続が株主総会の特別決議を経ないまま完了したとき，当該募集株式の引受人により払い込まれた金額と交付された株式の当時の経済的価値（株主の保有株式価値）との甚だしく不衡平な乖離が事後に判明する場合がある。そこで会社法は，引受人が引き受けた募集株式にかかる払込金額が著しく不公正であり，かつその引受けが取締役（指名委員会等設置会社では，取締役または執行役）と通謀してなされていた場合につき，当該引受人に，払込金額と募集株式の公正な価額との差額塡補責任を課している（212条1項1号）。ここに「著しく不公正な払込金額」とは，発行等の決定段階における規制対象である「特に有利な（払込）金額」（199条3項・200条2項）と基本的に同義と解すべきものである。

同様の塡補責任は，現物出資財産について給付した当時のその価額が募集事項上の価額に比して著しく不足していると認められる場合にも，その不足額につき当該募集株式の引受人に課せられる（212条1項2号。なお，当該引受人の救済措置につき同条2項）。さらに，当該引受人の募集および現物出資財産の価額決定に関与した取締役等ならびにその価額相当性証明を担当した弁護士等にも，不足額につき当該引受人と連帯して塡補責任が課せられる（213条，会施規44条～46条）。

(b)　仮装出資の追完・支払責任　　募集株式にかかる金銭払込みまたは現物出資財産給付を仮装した引受人には，たとえ無過失であっても，その仮装した出資および給付を追完する責任が課せられる（213条の2第1項。213条の3第1項ただし書参照）。この責任を免除するには総株主の同意を要する（213条の2第2項）。現物出資財産給付の仮装の場合，株式会社は，当該引受人に対し，その給付に代えて現物出資財産相当額の金銭支払を請求することも認められる（213条の2第1項2号）。当該引受人による出資・給付の履行仮装に関与した取締役等にも，当該引受人と連帯して支払責任が課される。ただし，職務を行うについて注意を怠らなかったことを証明した場合は責任を免れる（213条の3，会施規46条の2）。

なお，上記追完責任を負う引受人は，たとえ株主になっていたとしても，自らその支払をするか，仮装に関与した取締役等が上記支払責任を果たすまでは，当該仮装にかかる募集株式につき，株主の権利を行使することが許されない（209条2項。当該株式の譲受人の取扱いにつき，同条3項）。

第3節　新株予約権

1　新株予約権とは何か

新株予約権とは，その発行会社の株式を原資産として，当該株式の交付を受けるか否かの選択をその権利者に可能ならしめる権利，いわゆる株式**コールオプション**（買付選択権）のことである。2条21号では「株式会社に対して行使することにより当該株式会社の株式の交付を受けることができる権利」と定義されている。株式コールオプションとしての新株予約権は，そのライター（原資産交付（予約完結）債務引受人）となる者が同時にその原資産たる株式の発行者（原資産創造者）でもある株式会社自身である。このため，ライターたる株式会社には新株予約権が行使されることによる損失可能性が生じず（この可能性は**オプション取引**の第三者たる既存株主に転嫁される)，また原資産たる株式の将来の価格形成に直接にライターが重大な影響を及ぼしうる点で，他の原資産にかかるコールオプションとは一線を画す特殊性を有している。この特殊性に起因する法的問題は，後述する新株予約権の有利発行（公正なオプション価額）問題として顕在化する（本節[5]2(1)参照）。

コラム 5-5

コールオプション取引と新株予約権

ある既存の物につき，価値分析の結果，将来価格が上昇すると見込む者はその買付けに向かう一方，下落すると見込む者はその売却に向かう。しかしながら，当該物の価格（価値）は，その時々の流通市場における（参加者全体による）評価をもって形成されるため，彼らの見込みとは逆方向に変動するリスクを伴っている。それゆえ，その物についての将来の価格上昇を確信するに至ったとしても，これを実際に売買する段階になって，当該リスクに影響されて確信が揺らぎ，その売買（契約締結）をためらう者が現れてくる。ここに，この者が抱く当該リスクへの不安に着目し，反対に将来の価格下落に強い確信を有している者が考案したのが，約定期間（権利行使期間）中または期日まで約定価額（権利行使価額）にて自身から買付け（コール）するか否かを選択留保できること（オプション）を，自らが（そのライターとなって）約することの見返りに，（ホルダー（原資産買付選択権者）となる）相手方には別途その対価（オプション料）を支払ってもらう旨を内容とする，いわゆる**コールオプション取引**である。たとえば現在価格1000円の株式（原資産）の買付けを決断しつつも，価格変動リスクに不安を覚える者は，同価格を約定価額として対価50円とするコールオプション取引に応じることにより，以後実際の価格が下落し続けて約定期日に500円になろうとも，買付けする選択をしない（オプションを放棄する）ことをもって，仮に現在価格にて実際に買い付けた場合に生じていた500円分の保有株式の含み損を回避（実際の損失を50円に限定）できる。逆に，約定期日に1500円までその価格が自身の見込み通りに上昇していた場合，買付けする選択（オプションの行使）をし，取得した株式を直ちに市場で売却すれば，500円（実際にはここから50円を差し引いた450円）の売却益を手にすることができる。これらのコールオプション取引の効用に着目し，株式会社の収益力および資金調達力強化の観点から，取締役や従業員等の業績向上への行動意欲（インセンティブ）の喚起や将来出資を検討している投資家の不安の軽減・払拭を図ることを可能ならしめようと会社法が創設するに至ったのが，新株予約権である。

[2] 新株予約権の利用形態

設例 5-2

IT事業を営む未上場の公開会社A社は，優秀な従業員Bを他社に引き抜かれないように予防策を講じたいが，現状では高額の賞与金等を支払う資金的余裕がない。それに代わる同等以上の効果を期待できる方策はないか。

新株予約権は，その法的性質が株式交付契約の予約完結権としての形成権であり，発行会社に当該権利者への株式交付義務を生じさせる（原資産たる）株式の派生的（デリバティブ）権利にすぎない。したがって，当該権利の内容設定については，株主の利益保護の要請に基づく制限が株式本体に直接関わる範囲にとどめられ，その自由が広く許容されている。新株予約権がコールオプションとしての特性を有する限りにおいて，その基本的内容となる権利行使条件も，単に登記すべき事項として規制されているにすぎない（911条3項12号ニ）。そのため実務では，①**ストック・オプション**（取締役等に対するインセンティブ報酬支払のため，第三者割当方式で発行する形態），②**事前警告型ライツプラン**（企業防衛のため，差別的行使条件および差別的取得条項を付して新株予約権無償割当方式（本節[4]参照）で発行する形態），③**ライツ・オファリング**（募集株式の発行等よりも簡便に（かつ株主から事実上強制的に）外部資金を調達するため，新株予約権無償割当方式で発行する形態），そして，④**新株予約権付社債**（2条22号。社債引受けを検討している者にそのインセンティブを付与するのと同時に，社債発行会社が自身の社債償還および利払の負担を軽減するため，発行する社債に新株予約権を付す形態（本章第4節[2]2参照））等，さまざまな形態で新株予約権が利用されている。

[3] 新株予約権の発行と行使にかかる二段階手続規制

新株予約権は，権利者によりその行使がなされてはじめて，発行時に約定した数量の株式交付義務を発行会社に生じさせる（282条1項参照）。そのため会社法は，新株予約権につき，その発行と行使という2つの段階の過程全体にかかり募集株式の発行等に準じる形で，株主および会社債権者の利益保護と株式会社の事業運営上の施策実行の迅速性への配慮との両立を図った手続規制を行うこととした。これにしたがい，**募集新株予約権**の発行決定権限（238条1項柱書）

も，募集株式の発行等と同様，公開会社については取締役会に原則的に法定されている（240条1項前段・241条3項3号・5項。例外につき238条3項各号・244条の2第5項本文。なお，種類株式発行会社につき，238条4項本文・239条4項本文・322条1項5号を参照）。

1　新株予約権の発行段階の手続規制　(1)　**発行方式と権利内容**　募集新株予約権の発行方式も，募集株式の発行等に準じる形で，**公募**（238条以下），株主全員（当該発行会社を除く）に「新株予約権の割当てを受ける権利」を与える**株主割当て**（241条・243条4項），そして**第三者割当て**（244条・245条1項2号）の3種類がある。

株式会社は新株予約権の発行にあたり，新株予約権の内容にかかる法定事項，すなわち，①当該新株予約権の目的である株式の数（種類株式発行会社では，株式の種類および種類ごとの数）またはその数の算定方法，②当該新株予約権の行使に際して出資される財産の価額（いわゆる**権利行使価額**）またはその算定方法，③金銭以外の財産を当該新株予約権の行使に際しての出資の目的とするときは，その旨ならびに当該財産（284条1項にいう現物出資財産）の内容および価額，④当該新株予約権を行使することができる期間（いわゆる**権利行使期間**），⑤新株予約権取得条項を付すときは，その取得事由の細目等を定めなければならない（236条1項・238条1項1号・278条1項1号等。なお，⑥上場会社取締役（または執行役）の報酬等（361条1項4号・5号ロ・409条3項4号・5号ロ）としての募集新株予約権（令和元年新設）の内容につき，236条3項・4項参照）。これら①～⑤（・⑥）の法定事項は，新株予約権の数とともに，（募集新株予約権の発行を有償で実施することを決定した場合は，その募集事項の一つたる新株予約権の払込金額（238条1項3号。払込金額の算定方法を定めた場合は，当該金額の算定方法）も併せ）登記しなければならない（911条3項12号（同号ハ・へは令和元年新設）・915条1項）。

(2)　**手続**　募集新株予約権の発行手続も，公募方式を基本形とする制度設計となっている（238条以下参照）。その過程全体の基本的な流れは，公開会社につき，当該権利の割当ておよびその通知までは募集株式の発行等の手続（本章第2節**図表5-1**①～⑤参照）と同様であるが，新株予約権は株式本体ではないことから，会社債権者の利益保護が要請されない。このため，(i)引受申込者は割当日に新株予約権者の地位を取得し（245条1項柱書・同項1号），(ii)募集新株予約権にかかる金銭払込みが権利行使期間初日の前日（または払込期日）まで許され（246条1項。なお，当該期日までに払込みが完了しない場合，権利を行使することができなくなる。246条3項），また，(iii)発行会社の承諾を得て，これに代わる現物財産の給付，または払込債務と当該会社に対する債権との相殺も許される（246条2項）。

2　新株予約権の行使段階の手続規制　新株予約権者はその地位を取得したとしても，自身の有する新株予約権を行使しなければ，株主となることができない（282条1項）。会社法は，新株予約権者が自らの権利を行使して株主となる過程にかかる手続規制を，概ね図表5-2のとおり定めている。

図表5-2　新株予約権の行使段階の手続の流れと規制内容の概要

① **権利行使期間の到来かつ権利行使条件の成就に際しての新株予約権者による新株予約権の行使**（236条1項4号・280条1項）

新株予約権者は，複数種の新株予約権を複数，しかも有価証券化された形（236条1項10号・288条）で保有することがある。このため，権利行使にあたっては，行使する新株予約権の内容および数，そしてその行使日を発行会社に明示し，また有価証券化された新株予約権を保有しているときは，当該証券の提出も求められる（280条1項・2項本文）。なお，権利行使期間の徒過等により行使できなくなった新株予約権は消滅する（287条）。

② **新株予約権者による権利行使日における権利行使価額での出資債務の完全履行および新株予約権の目的である株式にかかる株主資格の取得**（281条1項・2項前段・282条1項）

出資目的が金銭以外の財産である場合，発行会社はこの段階で遅滞なく募集株式の発行等の手続と同等の現物出資規制に服することが求められる（284条各項）。また権利行使日の当該財産の価額が権利行使価額に足りないときは，新株予約権者はその差額に相当する金銭の払込みを求められる（281条2項後段）。新株予約権の行使に際して履行する出資債務は，新株予約権自体にかかる金銭払込み等の債務とは異なり，発行会社に対する債権との相殺が許されない（281条3項）。新株予約権者に交付する株式数につき1株に満たない端数が生じたときは，その切捨て（236条1項9号）を新株予約権の内容としている場合を除き，上場会社には会社法施行規則58条各号による市場価格につき，未上場会社には1株あたり純資産額につき，それぞれその端数を乗じて得た額に相当する金銭を新株予約権者に対し交付する義務が生じる（283条）。

③ **新株予約権数等の変更登記**（911条3項5号・9号・12号イ・ロ（236条1項1号参照），915条1項・3項1号）

なお，新株予約権を行使した新株予約権者で，新株予約権またはその目的たる株式にかかる金銭の払込みまたは財産の給付につき仮装による追完責任を負う者（286条の2第1項）は，自身がその責任を果たすか，仮装に関与した取締役等が支払責任を果たすまで，当該仮装にかかる新株予約権の目的である株式につき，株主の権利を行使することができない（282条2項。当該株式の譲受人の取扱いにつき，同条3項）。

4　新株予約権の（株主）無償割当て

株式会社は，株主（種類株式発行会社では，ある種類の種類株主）に対し，新たな払込みをさせずに新株予約権を割り当てることができる（277条）。この制度は株式無償割当て制度の延長線上において創設されているため，株主の新株予約権引受申込みの意思表示を要せず，株式会社による一方的な意思決定のみでその割当ての効力が生じる（278条1項3号・279条1項。185条以下・243条4項参照。なお，当該割当てにかかる株主等への通知および当該通知に伴う権利行使期間の特則につき279条2項・3項）。当該割当ての決定権限は，定款に別段の定めがない限り，取締役会設置会社では取締役会，取締役会非設置会社では株主総会に帰属する（普通決議。278条3項。なお，種類株式発行会社の場合につき，322条1項6号も参照）。この決定にあたっては，株主間の公平を図るため，当該株式会社以外の株主（種類株式発行会社では，割当てを受ける種類の種類株主）に対し，その有する株式数に応じて新株予約権を割り当てる形にて，その都度，割り当てる新株予約権の内容および数またはその算定方法，そして割当発効日等を定めることが求められる（278条1項・2項）。新株予約権無償割当ての手続により，新株予約権付社債を割り当てることもできる（278条1項2号参照）。

5　株主の利益保護制度

1　概要　　株式会社は新株予約権を発行すると，同権利の行使を受けることにより自動的に株式交付を義務づけられ，当該義務を履行するために，新株発行または自己株式処分を行うことになる。これらの措置は，株主の利益に重大な影響を及ぼしかねないことから，会社法は，新株予約権について，その発行の事前から事後，そして行使後に至る手続過程の全体を通し，株主の利益を保護する制度を募集株式の発行等に準じる形で規律している。すなわち，事前の保護のため，募集新株予約権の有利発行（238条3項各号・239条2項各号），譲渡制限（種類）株式を目的とする（または譲渡制限）募集新株予約権の発行（243条2項各号・238条4項・239条4項等），公開会社の企業支配関係に重大な変動をもたらし得る募集新株予約権の発行（244条の2第5項・6項，会施規55条の5）がそれぞれ規制されるとともに，事前の公示制度（240条2項～4項・244条の2第1項～4項，会施規53条各号・同55条の2～55条の4等）および株主の募集新株予約権発行差止請求制度（247条各号）が設けられている。また事後救済制度として，新株予約権発行無効・不存在確認の訴え（828条1項4号・同条2項4号・829条3号・834条4号15号・838条・839条・842条各項）が規定され，そして行使段階における保護制度として，現物出資規制（284条，会施規59条等）がなされ，さらにその事後救済制度として，新株予約権行使者・取締役等の募集新株予約権にかかる公正な価額との差額または給付現物出資財産にかかる不足額塡補責任（285条1項各号・286条各項，会施規60条〜62条）および仮装払込・出資・給付分の追完・支払責任（286条の2各項・286条の3各項，会施規62条の2各号）が規定されている[12)]。

2　募集新株予約権の発行差止請求権　株主の利益保護制度において重要な役割を果たすのが，株主の募集新株予約権発行差止請求権（247条）である。募集新株予約権の発行が，法令もしくは定款に違反し，または著しく不公正な方法により行われ，これをもって不利益を受けるおそれがあるとき，株主は株式会社に対し，当該発行の差止めを請求できる（同条各号）。下級審裁判例によれば，新株予約権無償割当てが差別的取得条項を付して行われ，株主の地位に実質的変動をもたらすときは，247条が類推適用されるべき旨，判示されている（東京高決平20・5・12判タ1282・273）。

(1)　法令・定款違反の場合——特に募集新株予約権の有利発行　募集新株予約権の発行差止めにおいても，法令違反として最も争われるのが，募集新株予約権の有利発行である。会社法は，募集新株予約権の有利発行規制として，新株予約権を引き受ける者にとって，(i)金銭の払込みを要しないこととすることが特に有利な条件となるとき，あるいは，(ii)金銭の払込みを要することとして，払込金額（またはその下限）が特に有利な金額であるときは，その募集事項の決定（または決定権限の委譲）につき，取締役による当該募集の必要性の理由説明義務の下で，株主総会の特別決議を経ることを公開会社にも要求する（238条2

---

12)　そのほか，新株予約権の行使後には，新株発行および自己株式処分無効・不存在確認の訴えによる救済も株主に認められるべきである。さらに（その発行日から短期間内に権利行使期間の始期が設定された新株予約権無償割当てにかかる事案についての）下級審裁判例によれば，先行する新株予約権の発行手続に発行差止事由（247条）がある場合，それに引き続いて行われる新株発行手続にも当然に210条の差止事由があり，募集株式の発行等差止請求による救済が認められるべき旨，判示されている（東京高決平20・5・12判タ1282・273）。

項3項・239条1項～3項・309条2項6号・240条1項。なお241条5項)。したがって，公開会社において，取締役会が理由説明を付した株主総会の決議を経ずに，(i)または(ii)にあたる募集新株予約権の発行を実施しようとする場合，当該発行は法令違反となる。(i)の場合に法解釈論上の問題となる「特に有利な条件」については，株主割当方式によるときを除き，たとえば社債と抱き合わせたり（新株予約権付社債)，取締役等に対してストック・オプションを付与したりする等のために募集新株予約権を無償発行する場合において，その新株予約権自体にかかる実質的な対価が，(ii)の場合に問題となる「特に有利な金額」の有利性判断基準となる「公正な払込金額」に相当しているか否かが問われることになる[13)]。ここに「公正な払込金額（オプション価額)」とは，下級審裁判例によれば，二項モデル等の金融工学上の**オプション評価モデル**により算出される新株予約権「発行時点の」オプション価額をいうと解されるとされている（東京地決平18・6・30金判1247・6〔百選25〕)。

なお，定款違反としては，たとえば定款に定めた株主の新株予約権の割当てを受ける権利を無視した募集新株予約権の発行がこれに該当し得る。

設例 5-3

発行済株式総数500万株の上場会社A社の株主Xは，自社の企業価値向上に資する自らの提案に一切耳を貸さない現経営陣の刷新を図ろうと，他の大株主から株式を譲り受け，一気に議決権の32%を保有するに至った。この状況を察知した現経営陣は，B社と協議の上，同社との強固な資本提携関係の構築，そして設備投資のためとして，株価1000円のところ，950円にて発行日翌日から行使可能な，1個あたり株式1株を交付する新株予約権を，オプション評価モデルから算出された50円で120万個発行する旨を取締役会決議を経て決定し，所管財務局への手続をとった。株主Xはいかなる対応をとり得るか。

(2)　**著しく不公正な方法による場合**　　著しく不公正な方法による場合として最も争われるのが，特定の株主の議決権比率を低下させ，その者による支配

13)　**設例5-2**では，Bに対し，A社に残留するだけでなく，A社の業績向上への寄与についても強く動機づけを行うことが望ましいため，権利行使価額を株式の現在価値を超える価額，権利行使期間の始期を数年後，A社在籍，株式上場等を権利行使条件として設定したストック・オプションとして募集新株予約権を無償発行（238条1項2号）することが，A社にとって有効な方策となる。ここで無償としても，仮に賞与金を支払うこととしたときのその金額が，有償発行に際して問題となる公正な払込金額に相当するのであれば，有利発行にはあたらない。

株式獲得を阻止する目的で行われる募集新株予約権の発行である。ここでは，募集新株予約権の払込金額が株式の現在価値（株価）に比してきわめて低くなるのが通例のため，募集新株予約権の発行自体による資金調達はそもそも合理性を欠くものとなってくる。それゆえに，新株予約権の行使の結果として現経営陣の地位確保（保身）が実現される事態も招く当該目的の正当性が，直接に法解釈論上の問題となる。この点，下級審裁判例は，会社（企業）の経営支配権に現に争いが生じている場面において行われる特定の株主の持株比率を低下させることを主要な目的とする新株予約権の発行であっても，株主全体の利益保護の観点から，当該発行を正当化する特段の事情（具体的には，当該特定株主が，たとえば一時的な高配当またはこれを奇貨とする取得株式の高値売抜けを企図している等，当該会社を食い物にする濫用目的をもって株式を取得した株主として保護するに値しない者であって，この者による経営支配権の取得が会社に回復し難い損害

コラム 5-6

企業防衛と新株予約権の発行

企業防衛とは，他の事業者による支配株式の獲得行動につき，経営陣が賛同しない敵対的企業買収の状況で，株式会社がとる阻止行動をいう。新株予約権の発行は，一般にその時点では，新株予約権を引き受ける者に経済的負担をそれほど強いることがないため，企業防衛に利用されやすい措置である。

判例は，買収の対象となった会社が，企業防衛目的で差別的な内容の新株予約権無償割当てを株主総会の承認を経て行ったことにつき，特定の株主による経営支配権の取得に伴い，会社の企業価値が毀損され，会社ひいては株主共同の利益が害されるような場合には，その防止のために当該株主を差別的に取り扱ったとしても，直ちに株主平等の原則（109条1項）の趣旨に反するものということはできないとし，その判断は，最終的には，会社の利益の帰属主体である株主自身が行うべきものであるとした。そして，本件新株予約権無償割当てには圧倒的多数の株主が賛成し，本件総会決議には重大な瑕疵がなく，また当該特定の株主の差別的取扱いが相当性を欠くものとは認められないとして，本件新株予約権無償割当ては株主平等原則の趣旨に反するものとはいえず，また著しく不公正な方法によるものともいえない旨，判示する（最決平19・8・7民集61・5・2215〔百選98・START UP 34〕）。

実務では，同判例のほか，経済産業省と法務省が平成17年5月に共同公表した『企業価値・株主共同の利益の確保又は向上のための買収防衛策に関する指針』や，経済産業省の企業価値研究会が平成20年6月に公表した『近時の諸環境の変化を踏まえた買収防衛策の在り方』等に則して，事前警告型ライツプラン等による敵対的企業買収の予防策（いわゆる買収防衛策）として新株予約権が利用されている。

をもたらすという事情）がある場合には，対抗手段として必要性や相当性が認められる限り，例外的に正当なものとして許されると解すべき旨，判示する（ただし，本事案では当該必要性・相当性を認めるに足るそうした具体的事情は認められず，著しく不公正な方法によるものにあたるとされた）（東京高決平17・3・23判時1899・56〔百選97・START UP 33〕）[14]。

6　新株予約権の流通規制

1　概要　新株予約権者は，権利を行使することで交付を受けることができる株式につき，基本的に権利行使期間終了まで（287条参照），その価値下落による損失リスクを限定・回避し続けることができる。この限りにおいて，新株予約権自体も固有の経済的価値を有しており，取引の対象となり得る。他面にて，新株予約権無償割当てが権利行使価額を有償設定する形で利用される，いわゆるライツ・オファリングの場合は，株主の中に追加出資を望まない者も出てくることが想定され，当該株主の利益保護を図ることも要請されてくる。そこで会社法は，株式と同様に，新株予約権についても譲渡を認める（新株予約権付社債の新株予約権は，社債と一体で譲渡しなければならない。254条）とともに，電子振替取引環境を前提とした証券不発行を当該制度の基本仕様としたうえで（236条1項10号），社債株式等振替法による電子権利化（**振替新株予約権（付社債）**。振替163条以下・192条以下）も可能とするなどして，その流通力を強化し，株主に，保有する株式からの流出物的な経済的価値を回収する機会を十分に保障し得る環境の整備も図っている。そのほか，新株予約権の流通に関しては，譲渡制限（236条1項6号・243条2項2号・261条以下），質入れ（267条以下），そして発行会社による自己新株予約権の取得（ただし273条1項にいう取得条項付新株予約権を介する。273条以下），および消却（276条）も，株式と同様に許されている。

14）**設例5-3**では，株主Xは，B社による新株予約権の行使により議決権比率が32%から約26%（＝160/(500＋120）万株）に低下するおそれがあり，発行決定までの経緯から，当該発行が現経営陣による保身目的実現のためのものであることを理由に，247条2号による差止請求のための仮処分命令の申立てを試みるのが有効である。新株予約権が発行日翌日に全て行使可能となっており，A社が総額12億円を直ちに調達しようとするならば，募集株式の発行のほうが合理的であり，またB社との関係強化を速やかに図るためとしても，その実効性確保の観点からは，募集株式の発行のほうが合理的である。さらにX自身もA社を私物化しようとしているわけではない。よって本件発行は，著しく不公正な方法によるものにあたると解すべきである。

2　新株予約権原簿　新株予約権が譲渡される場合，その譲受人が新たに新株予約権者となったことを発行会社が確知できなければならない。そこで会社法は，現在の新株予約権者を発行会社が特定・管理するための制度として，株主名簿と同様に（251条参照），新株予約権原簿を規定している（249条以下）。

第4節　社　　債

設例 5-4

ＩＴ事業を営む未上場の公開会社Ａ社は事業資金２千万円を調達するため，Ｃ銀行との融資交渉に臨んだが，その場で回答された借入利率は想定していたよりかなり高いものであった。資本増強せずに銀行借入れよりも有効な資金調達手段はないか。

1　社債とは何か

募集株式の発行等および新株予約権の発行・行使による株式の交付をもって行う資金調達は，調達した資金の返済を（そもそも観念さえ）する必要がないという利点を有している。しかし，その資金調達の成果が企業業績に表れるようになるまでの長期間にわたる株価低迷という事態が発生するリスクへの危惧から，頻繁には実施し得ないという難点も有する。こうしたリスクを回避し得る外部資金調達手段としては金融機関からの借入れがあるが，この場合，借入利率，返済期限等の借入条件設定が，貸し手である金融機関の裁量に事実上委ねられるため，株式会社は過度な財務上の負担を強いられるおそれが生じてくる。そこで，会社法が創設するに至った制度が社債である。社債とは，株式の交付によらず借入れにより多額の資金調達を企図する株式会社に，主体的に自ら借入条件を設定し，市場に向けてその条件に応じてくれる者を広く一般に募集して，これに応じる多数の市場参加者から少額ずつ定型的に借入れを行うものである。２条23号では，会社法の規定により会社が行う割当てにより発生する当該会社を債務者とする金銭債権であって，676条各号に掲げる募集事項につ

図表 5-3　社債と株式の基本的な相違点

	社　債	株　式
法的性質	(取引法上の) 金銭債権	(団体組織法上の) 社員権
保護法益	会社への貸付資金の回収およびその利息受領にかかる利益 (701条各項参照)	株式会社内部関係上の，株主たる地位に基づく利益全般。具体的には経営参加およびその成果享受にかかる利益 (105条参照)。
勘定項目	負債の部・固定負債 (会社計算75条2項2号イ)	純資産の部・株主資本 (445条1項～3項，会社計算76条2項1号～3号・4項1号)
備　　考	①会社への拠出資金について，社債権者は貸付約定期間内のみ拘束されるが (676条4号)，株主は原則として会社清算時まで拘束される (105条・481条・504条以下参照)。 ②会社清算時の残余財産の分配順位は，社債権者が株主に優先する (502条本文)。	

いての定めに従い償還されるものと定義されている[15)]。

社債と株式の相違点は，基本的に図表5-3のとおりである。

2　社債の利用形態

会社は，社債により主体的に借入条件を設定して多額の資金調達を試みやすくなるが，その調達先となる市場参加者に借入条件を受け入れてもらえなければ，それを成功させることはできない。このため社債については，その基本形態（2条23号）のほか，以下のように，さまざまな利用形態が会社法および関連法令による規制の下，実務上開発・利用されている。

1　（狭義の）普通社債　2条23号にいう社債，または社債株式等振替法66条2号が規定する振替社債（本節4 1参照）をいう。その目的内容につき設定されているのが社債の法定要件である募集事項（676条，会施規162条）のみで，会社法が規定する発行手続の原則的な流れ（676条以下）にしたがって発行され，かつ社債権者の利益保護制度である社債権者集会制度（本節5 2参照）の適用を受ける。

15）社債については，平成17年会社法施行以後，株式会社以外の会社にも発行が許されている（2条1号・23号・676条柱書）。

普通社債の特殊形態として，その利息につき，①利札（本節④1参照）をもって支払を行う**利札付社債**（697条2項），②募集事項で償還額よりも低い払込金額（676条9号）を設定し，発行時に事実上先払いする**割引債**がある。

2　新株予約権付社債　社債権者となる者に対して自社株式の交付を受けるか否かの選択を認めるコールオプションとしての新株予約権を付した社債である（2条22号）。新株予約権を非分離一体化した形（254条2項・3項参照）で同時発行する（238条1項6号・248条），いわゆる（広義の）**非分離型ワラント債**（280条3項5項・292条2項参照）をいう。とりわけ，その行使に際しての出資の目的を当該社債に限定したものを，**転換社債型新株予約権付社債**（236条1項3号・280条4項参照）という[16)]。

3　短期社債　社債株式等振替法66条1号（および同83条1項）の法定要件を満たした振替社債をいう。短期社債については，その総額払込完了日より1年未満の期間内に元本・利息一括償還期限を設定し，また各社債の金額を社債権者が多数となる想定を要しない1億円以上とすること等が求められる。一方，短期での電子振替決済性を前提として，社債原簿（本節④2参照）の作成，および社債権者集会の設置が不要とされる（振替83条2項・3項）。

4　担保付社債信託法による担保付社債　担保付社債信託法（担信法）に基づき，社債の発行を企図する会社等を委託者，信託会社を受託会社とする信託契約（担信2条1項・18条以下）により，償還不能時の社債を担保するための信託財産として，委託者の有する財産につき設定される担保（担信37条1項・38条参照）を付した社債をいう。信託契約により，当該社債を有する総ての社債権者のためにその担保権の保存および実行等が第三者たる信託会社に託される（担信36条・37条参照）。この特殊性を考慮し，会社法上の社債管理者（本節⑤1参照），社債原簿，社債権者集会等の社債にかかる制度全般にわたり，担信法により特則が設けられている（担信2条2項3項・35条・28条以下・31条以下等参照）。

5　信託社債等　信託社債とは，信託を利用した融資を求める者の財産を，信託財産として受託運用するために，その受託会社（一般的には信託契約を結ぶ信託会社）が発行する社債をいう（会施規2条3項17号）[17)]。この信託財産には，

16）新株予約権と社債が単に同時発行されたものは**分離型ワラント債**というが，その単純同時発行性ゆえに，新株予約権付社債の規制対象からは外されている。

信託社債の運用を担当する証券会社が買取引受けし販売することによって市場参加者に拠出させる資金が，実質的に充てられることもある。

そのほか，償還順位につき社債発行会社（682条1項）に対する他の債権の弁済完了後とする等の劣後条件が設定された**劣後債**などが開発されている。

3 募集社債の発行決定機関と発行手続

社債の発行は，会社による金銭借入れであり，業務執行にあたる。したがって，社債の発行（676条）を決定する権限は取締役会（取締役会非設置会社では定款に別段の定めがない限り，取締役）に帰属する（362条4項5号・348条1項2項。監査等委員会設置会社につき，399条の13第4項5号）。取締役会は当該権限につき，発行総額の上限設定等を除くそのほとんどを（代表）取締役に（会施規99条参照。監査等委員会設置会社につき，会施規110条の5参照），指名委員会等設置会社ではそのすべてを執行役に（416条1項2項4項・418条1号参照），それぞれ委譲することが許されており，これにより社債発行のさらなる迅速化が図られている。

社債の発行手続についても，公募方式を基本形とする規制が行われている（676条以下）。**募集社債**の発行手続の基本的な流れは，募集新株予約権の発行手続と同様である（ただし，募集社債の成立時期と登記を除く（なお，いわゆる打切発行の原則につき，676条11号参照））。株主の利益への影響が高まることがないため，募集株式の発行等および新株予約権の発行・行使の場合におけるような株主の利益保護制度は規定されていない（新株予約権付社債の発行の場合を除く（248条））。

4 社債の流通規制

社債を取得した市場参加者がそれを譲渡することで資金回収を容易に実現できるようにするのと同時に，社債発行会社の社債権者管理事務にかかる負担軽減を図るために，社債券（676条6号・696条以下）および社債原簿（681条以下）が規定されている。

17）一般に信託社債には，社債発行受託会社が信託財産の運用に失敗したときでも，その信託財産の残存額においてしか社債償還債務を負担しないとする旨の条件（いわゆる責任財産限定特約）が付される。

1　社債券・利札，振替社債　　社債券は，社債権者の権利を表章する有価証券である（記載事項につき697条1項，記名式と無記名式の間の転換につき676条7号・698条)。社債券には社債にかかる利息債権を分離独立して表章する**利札**を付すことが認められている（697条2項。なお700条参照)。なお，会社法は社債についても証券不発行を基本としている（676条6号)。株券と同様に，社債券にかかる発行費用の削減および事務処理負担の軽減を図るためのほか，社債株式等振替法により電子権利化をもって，社債券より流通力が一段と強化された**振替社債**（振替66条以下）の利用を促すためである。

2　社債原簿　　社債原簿は，社債発行会社が現在の社債権者を特定・管理するための制度である（681条以下)。会社は，社債を発行した日以後遅滞なく社債原簿を作成し，これを本店に備え置いて社債権者等による閲覧等に供さなければならない（681条柱書・684条1項2項4項，会施規167条等。閲覧等請求拒否事由につき，684条3項)。社債原簿に関する事務を代行する**社債原簿管理人**を定め，この者に当該事務を委託することも許される（683条)。

社債原簿には，社債の種類[18]ごとの総額および各社債の金額，社債権者の氏名・名称および住所（無記名社債の社債権者を除く）などの記載が求められる（681条，会施規165条・166条。社債の譲渡および質入れ等の対抗要件につき，688条・693条・695条の2第1項4項参照)。

5　社債権者の利益保護制度

社債は，市場参加者に広く引き受けられることにより，社債権者が不特定多数となって公衆性を帯びてくることが想定される。一方，社債権者が何らかの問題によって社債の償還を受けられなかったりするなどして個別に訴訟に踏み切る場合，少額の社債権者が訴訟費用のために社債金額を実際にはほとんど回収できなくなってしまうということも想定される。そこで会社法は，そうした公衆性ある多数の社債権者の利益保護を図るため，社債管理者（702条以下）と

18）社債の種類とは，発行ごとの社債ではなく，676条3号ないし8号の2および会社法施行規則165条各号が規定する社債原簿記載等事項内容の同一性を基準としてなされる分類のことである（681条1号)。社債原簿記載事項には募集社債にかかる払込期日（676条10号）が含まれていないことから，会社は同一種類にあたる内容の社債を複数回に分けて発行したり（いわゆるシリーズ発行)，当該内容の新規または既発行社債を別の既発行社債と銘柄統合したりすることができる。

社債権者集会（715条以下）を規定している（そのほか社債償還請求権等にかかる消滅時効の特例につき，701条・705条2項3項参照）。

1　社債管理者　社債管理者とは，公衆性ある多数の（特に少額の）社債権者の利益保護を念頭に，会社に対し，社債権者のために弁済の受領，債権保全その他の社債管理を行うことをその職務とする者である。社債管理者は銀行，信託会社等でなければならない（702条本文・703条各号，会施規170条）。各社債の金額が1億円以上に設定される場合，または社債の数が法定算出方法により種類別で50未満となる場合，社債管理者の設置は例外的に免じられる（702条ただし書，会施規169条。なお，短期社債につき振替66条1号イ参照）[19]。

社債管理者には，以上の職務を全うさせるため，①社債にかかる債権につき社債権者のためにその弁済を受け，またはその実現を保全するために必要な一切の裁判上または裁判外の行為をする権限（705条1項。ただし706条1項。なお行為の方式につき，708条），②その権限を行使するために必要がある場合に，裁判所の許可を得たうえで社債発行会社の業務および財産の状況を調査する権限（705条4項・706条4項）等が定められている。一方，社債権者の利益保護の要請から，自身とは直接法律関係に立たない社債権者に対して，その社債管理にかかる善管注意義務および公平誠実義務が特別に法定されている（704条。なお，社債管理者の法定責任につき，710条参照）。

社債管理者が設置されない場合，保有する社債の管理を自ら行うことになる社債権者の利益に配慮し，会社には，当該管理の補助をその職務とする（したがって社債管理者よりも権限・義務の範囲が限定された）**社債管理補助者**を置くことが認められている（令和元年新設。676条8号の2・714条の2～714条の7・737条1項2号等）。

2　社債権者集会　社債権者集会とは，社債権者が，社債管理者等を共同

19）**設例5-4**につき，C銀行による間接金融も新株発行による資本増強も回避しようとする状況下にて，A社がとり得る有効な手段は募集社債の発行である。調達予定額は2千万円なので，各社債の金額を40万円超に設定し，社債数を（種類別で）50未満に抑えることができれば，A社は経費が別途生じ得る社債管理者の設置（741条1項）を回避することができる。このほか，金融商品取引法が同法2条3項2号ハによるいわゆる**少人数私募債**等の私募につき定める要件（金商施行令1条の6・同1条の7第1号・2号ハ，金商定義13条3項1号等）を満たせば，A社は同法上の情報開示規制にかかる特例的取扱いを受けることもできる。

監督し，かつ同一利害集団としての一般意思を形成する機会を包括的に保障するため，社債の種類ごとにその全員で構成される（臨時的）合議体である（715条）。

社債権者集会には，社債元利金の減免にかかる決定（令和元年改正。706条1項1号）をはじめとする法定事項（706条1項・713条等）のほか，社債権者の利害に関する事項について決議することが認められている（716条。ただし724条3項）。社債権者集会決議にかかる各社債権者の議決権は，社債の種類ごとにその有する未償還社債金額の合計額に応じて認められる（723条。自己社債を有する社債発行会社を除く。なお，議決権行使方法の特則として，725条～728条参照）。社債権者集会の決議は，決議事項の重大性に鑑み，普通決議と特別決議の2種類が規定されている（724条1項・2項。社債権者集会決議を議決権者全員の同意によって省略できる場合（令和元年新設）につき，735条の2）。決議の効力発生には，社債権者の利益の保護のため，裁判所の認可が必要である（734条1項。なお，社債権者集会に関する費用負担につき，742条）。

社債権者集会は，多数の者により組織されることが想定されるため，特別決議によって（724条2項2号），一定の大口社債権者の中から**代表社債権者**を選任し，その決議事項についての決定を委任することができる（736条）。代表社債権者は，社債管理者が設置されていない等の場合に，社債権者集会決議の内容を執行する（737条1項3号）。なお，社債権者集会は，その決議内容の執行につき，これを担当する者（**決議執行者**（737条2項））を特別決議により別途選任することも認められている（737条1項ただし書・724条2項2号）。

第6章 計　　算

この章ではまず，会社法に株式会社の会計に関する詳細な規定が置かれている理由について考える。そのうえで，株式会社の財務状況を示す会計帳簿や計算書類の作成・保存・開示について解説するとともに，株主と会社債権者の利害調整の仕組みを説明する。

第1節 総　　説

1 計算規定の趣旨

株式会社の計算とは，株式会社の会計のことをいう。会社法の計算規定の第1の目的は，会社の財産状態や経営成績などの財務状況を明らかにすることである。会社を合理的・効率的に運営していくために，経営者は，会社の財務状況を正確に把握することが必要である。そのため，会社法は，会社の財務状況を記録した会計帳簿や計算書類の作成と保存を義務づけている。

計算規定の第2の目的は，株主・会社債権者など，会社の利害関係者に対する情報の開示である。株主は，経営者が適切に会社を運営しているかどうかを判断するために，そして，会社債権者は，株主有限責任の原則により会社財産が取引の唯一の担保となることから債権の回収可能性を判断するために，会社の財務状況を知る必要がある。そのため，会社法は財務内容の開示を義務づけている。

計算規定の第3の目的は，株主と会社債権者の利害調整である。利益配当を期待する株主に対しては，配当可能額を明確にしておくことが，そして，会社財産が取引の唯一の担保である会社債権者に対しては，会社の**剰余金**ことば の社外流出を一定限度に抑えて会社財産を維持することが，必要とされる。そのため，会社法は，剰余金のうち一定額を会社にとどめておくことを義務づけ，それを超える部分に限って株主に分配することを認めている。

ことば **剰余金**　会社法における会計上の用語であり，会社の純資産から資本金と資本準備金を引いた額のこと。より厳密な定義は，会社法446条を参照。

②　株式会社の会計原則

株式会社の会計については，会社法第2編第5章（431条〜465条）および法務省令である「会社法施行規則」と「会社計算規則」に詳細な規定が置かれているが，その基本原則は，「一般に公正妥当と認められる企業会計の慣行に従うもの」（431条）とされている。また，会社計算規則3条は，「この省令の用語の解釈及び規定の適用に関しては，一般に公正妥当と認められる企業会計の基準その他の企業会計の慣行をしん酌しなければならない」と規定している。

これらの規定は，実務上公正な会計慣行がある以上，それに従うことが会社法上も要請されることを示している。そして，その会計慣行には，企業会計審議会が定めた「企業会計原則」等の会計基準，財務会計基準機構の企業会計基準委員会が公表する「企業会計基準」，日本公認会計士協会・日本税理士連合会・日本商工会議所・企業会計基準委員会が共同で定めている「中小企業の会計に関する指針」，国際会計基準審議会によって採択された「国際財務報告基準」などがある《判例❶》。

コラム 6-1

会社法会計・企業会計・税務会計の関係

会社法会計は，株主・債権者の保護を目的とし，分配可能利益限度額の計算に関する会計を規制している。企業会計，特に金融商品取引法の下での企業会計は，投資者の保護を目的とし，情報提供機能の観点から企業の財産状態，経営成績およびキャッシュ・フロー［ことば］の状況に関する会計を規制している。税務会計は，法人税法に基づいた課税の公平を目的とし，課税標準額の計算に関する会計を規制している。このように，それぞれの会計は異なる目的を有することから，その内容において若干の差異が生じていた。

しかし，近年の企業会計の動向をみると，急激な経済環境の変化に対応するためにさまざまな会計基準が制定され，改定されてきている。こうした会計基準の制定・改定に機動的に対応するため，会社法は，会社の計算規定を定めるにあたり，具体的な

《判例❶》新旧の会計慣行が併存する場合，旧慣行に従うことが違反とされるためには，新慣行の具体的な内容が明確であること，旧慣行の適用が排除されるべきことが十分に周知されていることが要求される（最判平20・7・18刑集62・7・2101〔百選72・商法百選21・START UP 31〕）。

［ことば］**キャッシュ・フロー**　キャッシュ・フローとは資金の流れのことをいい，期首時点に手許にあった資金から事業活動の結果，最終的に手許に残った資金に至るまでの資金の増減原因を示す計算書を，キャッシュ・フロー計算書という。金融商品取引法では，このキャッシュ・フロー計算書の開示が要求される。

内容を，法務省令である会社計算規則に委任することとした。その結果，会社法会計が企業会計に接近し，会社計算規則の内容は，企業会計のそれとほぼ同一のものになっている。

他方，法人税法上の課税所得の計算は，会社法上の手続を経て確定した計算書類に基づき，租税政策の目的のために特別に定められた事項について税務処理を行う「確定決算主義」を採用している。したがって，会社法会計，企業会計，税務会計の3者は相互に関連しており，その関係はかつてトライアングル体制と呼ばれていた。

第2節 会計帳簿と計算書類

1 会計帳簿等の作成・保存・提出

1　会計帳簿の作成　株式会社は，会社計算規則が定めるところにより，書面または電磁的記録をもって，適時に，正確な会計帳簿を作成しなければならない（432条1項，会施規116条1号，会社計算4条）。会計帳簿とは，商人が，一定時期における営業上の財産およびその価額，取引その他営業上の財産に影響を及ぼすべき事項を記載または記録する帳簿をいう。現在，多くの企業が利用している複式簿記の方法によれば，主要簿である日記帳，仕訳帳，総勘定元帳はもとより，補助簿としての現金出納帳，預金出納帳，仕入帳，売上帳，手形記入簿など（または，これらの電磁的記録）を含み，さらに，伝票会計を採用している場合において利用される伝票も会計帳簿に含まれるものと解されている。

2　会計帳簿等の保存・提出　株式会社は，会計帳簿の閉鎖のときから10年間，その会計帳簿とその事業に関する重要な資料を保存（電磁的記録による保存も可）しなければならない（432条2項，電子文書[ことば]3条1項，会施規232条19号）。また，裁判所は，申立てによりまたは職権で，訴訟の当事者に対し，会計帳簿の全部または一部の提出を命じることができる（434条）。

[ことば] **電子文書法**　民間事業者等が行う書面の保存等における情報通信の技術の利用に関する法律（平成16年12月1日法律第149号）

2 計算書類等の作成・保存・提出

1　計算書類等の作成　計算書類とは，株式会社の財産および損益の状況を示すために必要かつ適当なものをいう。具体的には，①**貸借対照表**，②**損益計算書**，③**株主資本等変動計算書**，④**個別注記表**，および，⑤これらの**附属明細書**である（435条2項，会施規117条1号，会社計算59条1項）。

株式会社は，その成立日における会計帳簿に基づき，その成立日における貸借対照表（開始貸借対照表）を作成しなければならない。さらに，各**事業年度**ことばにおける計算書類および**事業報告**ことばならびにこれらの附属明細書を，その事業年度における会計帳簿に基づき作成（電磁的記録による作成も可）しなければならない。各事業年度における計算書類およびその附属明細書を作成する期間の開始日と終了日は，その事業年度の前事業年度の末日の翌日（その事業年度の前事業年度がない場合は，成立日）からその事業年度の末日までの期間である。この期間は，1年（事業年度の末日を変更する場合における変更後の最初の事業年度については，1年6か月）を超えることができない（435条1項～3項，会施規116条2号，会社計算58条・59条）。

なお，株式会社は，最終事業年度の直後の事業年度に属する一定の日（臨時決算日）における会社の財産の状況を把握するため，法務省令で定めるところにより，①臨時決算日における貸借対照表，および，②臨時決算日の属する事業年度の初日から臨時決算日までの損益計算書を作成することができる。これらを**臨時計算書類**という（441条1項，会施規116条7号，会社計算60条）。臨時計算書類を作成すれば，剰余金の配当に際しての分配可能額に，臨時決算日までの期間損益を反映させることができる。臨時計算書類に関する規制は，公告が要求されていないことを除けば，計算書類に関する規制とほぼ同じである。

ことば **事業年度**　会計の計算書類を作成し，株主総会の承認を受けるための年度を区切った期間。この計算書類を作成するための手続を「決算手続」あるいは「決算」といい，事業年度の末日を「決算日」という。

ことば **事業報告**　事業報告は，会社の状況に関する重要な事項（計算書類およびその附属明細書ならびに連結計算書類の内容となる事項を除く）を主な内容とする開示書類である（会施規117条～126条）。しかし，会社法においては，株式会社の計算書類とはされていない（435条2項）。

コラム 6-2
勘定科目とは

複式簿記では，企業の経済活動を資産，負債，資本，収益，費用の5つの要素に分けて，その増減変動を記録する。これら5つの要素は，さらに形態別あるいは原因別に細分化され，それぞれの増減変動が記録・計算されることになる。その記録・計算の単位のことを，「勘定」という。資産については，現金，商品などの形態別に勘定が設けられ，収益については，売上，受取利息などの原因別に勘定が設定される。それら各勘定科目の内容を表示する名称，たとえば，現金，商品，売上，受取利息などを「勘定科目」という。

2　計算書類の内容　(1)　**貸借対照表**とは，一定時期における商人の財産の状況を示す一覧表である。大きく資産の部，負債の部，純資産の部に分け（会社計算 73 条 1 項），順に列記する報告式と，向かって左側（借方）に資産の部，右側（貸方）に負債の部と純資産の部を掲げ，左右の合計金額を一致させる勘定式がある（図表 6-1）。資産の部には，会社に投下されている資金の運用形態が示され，負債・純資産の部には，資金の調達源泉が示される。

資産の部は，大きく流動資産・固定資産・繰延資産に区分される（会社計算 74 条 1 項）。**流動資産**は，事業取引に関係する資産や，比較的短期間で入れ替わる性質の資産である（同条 3 項 1 号）。**固定資産**は，長期間継続的に事業のために用いられている資産である（同条 2 項・3 項 2 号～4 号）。**繰延資産**ことばは，すでに支出された費用を将来の収益に対応させるために資産として計上されるものである（同条 3 項 5 号）。

負債の部は，大きく流動負債・固定負債に区分される（会社計算 75 条 1 項）。**流動負債**は，事業取引から生じた負債や，比較的短期間に履行期が到来する負債である（同条 2 項 1 号）。**固定負債**は，長期の負債である（同項 2 号）。

純資産の部は，株主資本その他に区分され，株主資本の項目は，資本金・資本剰余金・利益剰余金・自己株式等に区分される（会社計算 76 条 1 項 1 号・2 項）。**資本金**と**資本剰余金**は，設立や株式の発行の際に株主が会社に払い込んだ金額（払込資本）に相当するものである。資本剰余金はさらに，**資本準備金**と**その他**

ことば **繰延資産**　支出の効果が将来にわたって現れるもの。そのため，支出をいったん資産計上し，効果が及ぶ期間にわたって減額（償却）することで費用とする。

図表 6-1　貸借対照表[1]（勘定式）
（平成○年○月○日現在）

（単位：百万円）

科　　目	金　　額	科　　目	金　　額
（資産の部）		（負債の部）	
流動資産	×××	流動負債	×××
現金および預金	×××	支払手形	×××
受取手形	×××	買掛金	×××
売掛金	×××	短期借入金	×××
有価証券	×××	リース債務	×××
商品および製品	×××	未払金	×××
仕掛品	×××	未払費用	×××
原材料および貯蔵品	×××	未払法人税等	×××
前払費用	×××	前受金	×××
繰延税金資産	×××	預り金	×××
その他	×××	前受収益	×××
貸倒引当金	△ ×××	○○引当金	×××
固定資産	×××	その他	×××
有形固定資産	×××	固定負債	×××
建物	×××	社債	×××
構築物	×××	長期借入金	×××
機械装置	×××	リース債務	×××
車両運搬具	×××	○○引当金	×××
工具器具備品	×××	その他	×××
土地	×××	負債合計	×××
リース資産	×××		
建設仮勘定	×××	（純資産の部）	
その他	×××	株主資本	×××
無形固定資産	×××	資本金	×××
ソフトウェア	×××	資本剰余金	×××
リース資産	×××	資本準備金	×××
のれん	×××	その他資本剰余金	×××
その他	×××	利益剰余金	×××
投資その他の資産	×××	利益準備金	×××
投資有価証券	×××	その他利益剰余金	×××
関係会社株式	×××	○○積立金	×××
長期貸付金	×××	繰越利益剰余金	×××
繰延税金資産	×××	自己株式	△ ×××
その他	×××	評価・換算差額等	×××
貸倒引当金	△ ×××	その他有価証券評価差額金	×××
繰延資産	×××	繰延ヘッジ損益	×××
社債発行費	×××	土地再評価差額金	×××
		新株予約権	×××
		純資産合計	×××
資産合計	×××	負債・純資産合計	×××

1）日本経済団体連合会『会社法施行規則及び会社計算規則による株式会社の各種書類のひな型（改訂版）』45 頁（2016）より引用。

資本剰余金に区分される（同条4項）。**利益剰余金**は，会社があげた利益で，会社内部に蓄積されているものに相当する。利益剰余金はさらに，**利益準備金**と**その他利益剰余金**に区分される（同条5項）。なお，会社が保有する自己株式は，控除項目として表示される（同条2項柱書後段・5号）。

このように，貸借対照表の資産・負債の部には，会社が有する資産・負債がいくつかの種類に区分され，会計帳簿に記載されたそれぞれの価額の合計が記載される。資産は，取得価額とすることが原則である（原価主義。会社計算5条1項）が，時価が取得原価より著しく低下し回復の見込みのないものについては，時価を付さなければならない（時価主義。同条3項1号）。また，償却すべき資産については，相当の償却（減価償却ことば）をしなければならない（同条2項）。負債については，債務額とすることが原則である（会社計算6条1項）が，退職給与引当金ことばなど，一定の場合には時価または適正な価格を付すことができる（同条2項）。

(2)　**損益計算書**とは，一定期間に，どのような費用をいくら使い，どれだけの収益をあげたかを，本来の営業活動によるものとそれ以外のものに分けて総括し，その期間の利益あるいは損失の算出過程を示すものである。これによって，その事業年度についての最終的な会社の利益・損失の額だけではなく，それがどのような過程を経て生じたのかが表示される。費用項目と収益項目を左右（借方・貸方）に分けて表示する勘定式と，一列に並べて表示する報告式があるが，実務では後者の例が多い（図表6-2）。

損益計算書には，会社の本来の事業活動から生じた収益が**売上高**として記載され，それに対応する費用として**売上原価**が記載される。売上高から売上原価を減じたものが**売上総利益金額**（マイナスの場合は**売上総損失金額**。以下同じ）である（会社計算89条）。ここから**販売費及び一般管理費**の合計額を減じたものが**営業利益金額（営業損失金額）**であり（会社計算90条），本来の事業活動によって

ことば **減価償却**　建物や機械など金額の高い固定資産などを購入したとき，その購入代金を，購入した年に一度に費用とするのではなく，その物の価値の減少にあわせて少しずつ費用として計上する会計手法。

ことば **引当金**　将来発生する特定の費用や損失に備えるため，あらかじめ当期の費用として繰り入れて準備しておく見積り金額のこと。具体的には，将来の退職者への退職給付引当金や，取立て不能な売掛金などの貸倒引当金が該当する。

図表 6-2　損益計算書[2]（報告式）
（自平成○年○月○日　至平成○年○月○日）

（単位：百万円）

科目	金額	
売上高		×××
売上原価		×××
売上総利益		×××
販売費および一般管理費		×××
営業利益		×××
営業外収益		
受取利息および配当金	×××	
その他	×××	×××
営業外費用		
支払利息	×××	
その他	×××	×××
経常利益		×××
特別利益		
固定資産売却益	×××	
その他	×××	×××
特別損失		
固定資産売却損	×××	
減損損失	×××	
その他	×××	×××
税引前当期純利益		×××
法人税，住民税および事業税	×××	
法人税等調整額	×××	×××
当期純利益		×××

2）日本経済団体連合会・前掲注1）45頁より引用。

会社があげた利益（損失）を示している。ここに受取利息などの**営業外収益**を加え，支払利息などの**営業外費用**を減じたものが**経常利益金額（経常損失金額）**であり（会社計算91条），一時的な収益・費用を除いて会社があげた利益を示している。これに，臨時に発生した収益・費用である**特別利益・特別損失**（固定資産売却益・固定資産売却損など）を加減したものが，**税引前当期純利益金額（税引前当期純損失金額）**である（会社計算92条1項・2項）。ここから法人税を減じるなどして，**当期純利益金額（当期純損失金額）**が計算される（会社計算94条1項・2項）。

⑶　**株主資本等変動計算書**とは，貸借対照表の純資産の部の一会計期間（事業年度）における変動額のうち，主として株主に帰属する部分である株主資本（資本金，資本剰余金，利益剰余金など）の各項目の変動事由（新株の発行，剰余金の配当，当期純利益など）を報告するために作成するものである（会社計算96条。図表6-3）。

⑷　**個別注記表**とは，計算書類等の注記事項をとりまとめたものである。各書類に関連した注記事項に加えて，継続企業の前提（会社の事業継続について疑義があるかどうか）に関する注記や，重要な会計方針に関する注記などが記載される（会社計算97条～116条）。

⑸　**附属明細書**とは，①有形固定資産および無形固定資産の明細，②引当金の明細，③販売費および一般管理費の明細，④関連当事者［ことば］との取引条件および取引条件の決定方針，取引により発生した債権または債務にかかわる主な項目別のその事業年度の末日における残高，取引条件の変更があったときはその旨，変更の内容およびその変更が計算書類に与えている影響の内容など（④については公開会社のみ）のほか，貸借対照表，損益計算書，株主資本等変動計算書および個別注記表，さらには事業報告の内容を補足する重要な事項を表示するものである（会施規128条，会社計算117条）。補足事項を記載する点では個別注記表と同様であるが，附属明細書は株主への提供，定時株主総会への提出・提供は義務づけられていない。

3　計算書類等の保存・提出　　株式会社は，計算書類を作成したときから

［ことば］**関連当事者**　　株式会社の親会社，子会社，関連会社など。詳細は，会社計算規則112条4項に定められている。

図表6-3　株主資本等変動計算書[3)]

（自平成○年○月○日　至平成○年○月○日）

（単位：百万円）

	株主資本									
		資本剰余金			利益剰余金					
						その他利益剰余金				
	資本金	資本準備金	その他資本剰余金	資本剰余金合計	利益準備金	○○積立金	繰越利益剰余金	利益剰余金合計	自己株式	株主資本合計
平成○年○月○日残高	×××	×××	×××	×××	×××	×××	×××	×××	△×××	×××
事業年度中の変動額										
新株の発行	×××	×××		×××						×××
剰余金の配当					×××		△×××	△×××		△×××
当期純利益							×××	×××		×××
自己株式の処分									×××	×××
○○○○○										
株式資本以外の項目の事業年度中の変動額（純額）										
事業年度中の変動額合計	×××	×××	―	×××	×××	―	×××	×××	×××	×××
平成○年○月○日残高	×××	×××	×××	×××	×××	×××	×××	×××	△×××	×××

	評価・換算差額等				新株予約権	純資産合計
	その他有価証券評価差額金	繰延ヘッジ損益	土地再評価差額金	評価・換算差額等合計		
平成○年○月○日残高	×××	×××	×××	×××	×××	×××
事業年度中の変動額						
新株の発行						×××
剰余金の配当						△×××
当期純利益						×××
自己株式の処分						×××
○○○○○						
株式資本以外の項目の事業年度中の変動額（純額）	×××	×××	×××	×××	×××	×××
事業年度中の変動額合計	×××	×××	×××	×××	×××	×××
平成○年○月○日残高	×××	×××	×××	×××	×××	×××

10年間，計算書類およびその附属明細書を保存（電磁的記録による保存も可）しなければならない（435条4項，電子文書3条1項，会施規232条20号）。また，裁判所は，申立てによりまたは職権で，訴訟の当事者に対し，計算書類およびその附属明細書の全部または一部の提出を命じることができる（443条）。

3　計算書類等の監査等

1　監査　(1)　**監査役設置会社**　監査役設置会社（監査役の監査権限を会計監査に限定する旨の定款の定めがある株式会社を含み，会計監査人設置会社を除く）においては，計算書類および事業報告ならびにこれらの附属明細書は，監査役の監査を受けなければならない（436条1項）。

(2)　**会計監査人設置会社**　会計監査人設置会社においては，計算書類およびその附属明細書は，監査役（監査等委員会設置会社にあっては監査等委員会，指名委員会等設置会社にあっては監査委員会）および会計監査人の監査を受けなければならず（436条2項1号），事業報告およびその附属明細書は，監査役（監査等委員会設置会社にあっては監査等委員会，指名委員会等設置会社にあっては監査委員会）の監査を受けなければならない（同項2号）。

2　取締役会の承認　計算書類等の作成は重要な業務執行であることから，取締役会設置会社においては，計算書類および事業報告ならびにこれらの附属明細書は，（前述の監査を受ける必要がある場合にあってはその監査後に）取締役会の承認を受けなければならない（436条3項）。

4　計算書類等の承認・報告

1　計算書類等の株主への提供　取締役会設置会社においては，取締役は，定時株主総会の招集の通知に際して，法務省令の定めるところにより，株主に対し，①取締役会の承認を受けた計算書類および事業報告，ならびに，②監査を受ける必要がある場合にあっては，監査報告または会計監査報告を提供（電磁的方法による提供も可）しなければならない（437条，会施規116条4号，会社計算133条1項）。

3）日本経済団体連合会・前掲注1）47頁より引用。なお，会社法上，株主資本等変動計算書の様式は規定されていない。

２　計算書類等の定時株主総会への提出　取締役は，次の計算書類および事業報告を，定時株主総会に提出または提供しなければならない（438条１項）。①取締役会設置会社以外の会計監査人を置かない監査役設置会社においては，監査役の監査を受けた計算書類および事業報告。②会計監査人設置会社においては，監査役（監査等委員会設置会社にあっては監査等委員会，指名委員会等設置会社にあっては監査委員会）および会計監査人の監査を受けた計算書類および事業報告。ただし，③取締役会設置会社においては，（必要な監査を経て）取締役会の承認（436条３項）を受けた計算書類および事業報告。

そして，これら提出または提供された計算書類は，定時株主総会の承認を受けなければならず，また，事業報告は，取締役がその内容を定時株主総会に報告しなければならない（438条２項・３項）。事業報告が定時株主総会の承認を必要としないのは，事業報告に記載されるべきものが，会社の状況に関する重要な事項ではあるが単なる事実にすぎず，株主総会がその適否を判断して承認するという性質のものではないからである。

３　会計監査人設置会社の特則　会計監査人設置会社である取締役会設置会社については，取締役会の承認を受けた計算書類が，法令および定款に従い株式会社の財産および損益の状況を正しく表示しているものとして法務省令で定める要件にすべて該当する場合には，定時株主総会で計算書類の承認を受ける必要はなく，取締役が計算書類の内容を定時株主総会に報告すれば足りる（439条，会施規116条５号，会社計算126条・135条）。

5　計算書類の公告

株式会社は，法務省令で定めるところにより，定時株主総会の終結後遅滞なく，貸借対照表（大会社にあっては貸借対照表と損益計算書）を公告しなければならない（440条１項）。公告の方法としては，①官報に掲載する方法，②時事に関する事項を掲載する日刊新聞紙に掲載する方法，③電子公告の３種類があるが，その公告方法を①または②の方法とする株式会社は，貸借対照表の要旨を公告するだけで足りる（同条２項・939条１項）。

なお，上記③の電子公告を行わない株式会社であっても，法務省令で定めるところにより，定時株主総会の終結後遅滞なく，貸借対照表の内容である情報

(要旨ではない) を，定時株主総会の終結の日後5年を経過する日までの間，継続して電磁的方法により不特定多数の者が提供を受けることができる状態に置く措置をとることができる (440条3項)。この措置とは，具体的には，インターネット上のホームページに掲載する方法，あるいは，ホームページからファイルをダウンロードさせる形式での提供方法である (2条34号，会施規222条1項1号ロ・223条，会社計算147条)。

さらに，金融商品取引法24条1項の規定により有価証券報告書を内閣総理大臣に提出しなければならない株式会社 (有価証券報告書提出会社) については，計算書類の公告は不要である (440条4項)。なぜなら，EDINET ことば によって，インターネット上で，会社法上の計算書類よりも詳細な情報である有価証券報告書の内容を，誰でも閲覧することができるからである。

6　計算書類等の備置き・閲覧等

株式会社は，定時株主総会の日の1週間 (取締役会設置会社にあっては2週間) 前の日 (株主総会の目的である事項について提案があり，株主全員の同意によって決議を省略する場合は提案のあった日) から，各事業年度における計算書類および事業報告ならびにこれらの附属明細書 (監査役設置会社または会計監査人設置会社においては，さらに監査報告または会計監査報告) を，本店に5年間，その写しを支店に3年間それぞれ備え置かなければならない (442条1項1号・2項1号)。臨時計算書類も同様である (同条1項2号・2項2号)。

これらの計算書類等は電磁的記録による保存も可能であり (電子文書3条1項，会施規232条21号・22号)，そのため，計算書類等が電磁的記録で作成されている場合であって，支店における閲覧・謄写請求に応じることを可能とするための措置として法務省令で定めるものをとっているときは，支店における備置きは不要である (442条2項ただし書，会施規227条3号)。

また，備え置かれた計算書類等について，株主，会社債権者および裁判所の許可を得た親会社の社員は，会社の営業時間内はいつでも閲覧やその書面の謄

ことば EDINET (Electronic Disclosure for Investors' Network)　金融庁が運営する，金融商品取引法に基づく有価証券等の開示書類に関する電子開示システム (http://disclosure.edinet-fsa.go.jp/)。

本または抄本の交付を請求することができる。ただし，書面の謄本または抄本の交付を請求するには，その会社が定めた費用を支払わなければならない（442条3項・4項，電子文書5条・6条，会施規234条35号36号・236条15号16号・237条）。

7　会計帳簿等の閲覧・謄写請求

設例 6-1

Xは，Y株式会社の発行済株式総数の5パーセントを取得したうえで，Y社の取締役Aが会社の資金を不正に流用している可能性があり，それを明らかにするために必要があるとして，Y社に対して会計帳簿等の閲覧・謄写請求を行った。この請求は認められるだろうか。

1　株主の会計帳簿等閲覧・謄写請求権　総株主（株主総会において決議をすることができる事項の全部について議決権を行使することができない株主を除く）の議決権の100分の3（定款で要件の緩和が可能）以上の議決権を有する株主，または，発行済株式（自己株式を除く）の100分の3（定款で要件の緩和が可能）以上の数の株式を有する株主は，株式会社の営業時間内はいつでも，その理由を明らかにして，①会計帳簿またはこれに関する資料が書面をもって作成されているときは，その書面の閲覧または謄写［ことば］の請求をすることができ，②会計帳簿またはこれに関する資料が電磁的記録をもって作成されているときは，その電磁的記録に記録された事項を，紙面または映像面に表示する方法により表示したものの閲覧または謄写の請求をすることができる（433条1項，電子文書5条1項，会施規226条27号・234条34号）《判例❷❸》。

2　閲覧・謄写請求の対象　433条1項が定める閲覧・謄写請求の対象は，会計帳簿またはこれに関する資料である。計算書類および事業報告ならびにこれらの附属明細書は，個々の株主および会社債権者が閲覧・謄写請求権を有することから（442条3項），ここにいう会計帳簿がこれら計算書類の作成の基礎

［ことば］謄写　コピーやプリントアウトしたもの。

《判例❷》請求の理由は具体的に記載する必要があるが，閲覧・謄写請求の要件として，その記載された請求の理由を基礎づける事実が客観的に存在することについての立証は必要としない（最判平16・7・1判タ1162・129〔百選73〕）。

《判例❸》予定されている新株の発行その他会社財産が適正妥当に運用されているかどうかを調査するためという記載では，閲覧請求の目的が具体的でないとして請求が棄却された判例がある（最判平2・11・8判時1372・131）。請求の理由が，どの程度具体的でなければならないかについては学説の争いがある。

となる会計帳簿を指し，また，会計帳簿に関する資料が，会計帳簿に含まれない伝票や受取証のほか会計帳簿の記録材料として使用されたものを含むことは明らかである。しかし，その具体的な範囲については，前述のものに限定されると解する説と，それにとどまらず，会社の経理状況を示す一切の帳簿および資料であると解する説の対立がある《判例❹❺》。

3　請求拒否事由　株主から会計帳簿およびこれに関する資料の閲覧・謄写請求が適切になされたときは，株式会社は原則としてこれに応じなければならないが，次のいずれかの事由に該当する場合には，これを拒むことができる（433条2項1号～5号）。①請求を行う株主が，その権利の確保または行使に関する調査以外の目的で請求を行ったとき。②請求を行う株主が，その株式会社の業務遂行を妨げ，株主共同の利益を害する目的で請求を行ったとき。③請求を行う株主が，その株式会社の業務と実質的に競争関係にある事業を営み，またこれに従事するものであるとき《判例❻❼》。④請求を行う株主が，会計帳簿またはこれに関する資料の閲覧・謄写によって知り得た事実を，利益を得て第三者に通報するために請求したとき。⑤請求を行う株主が，過去2年以内において，会計帳簿またはこれに関する資料の閲覧・謄写によって知り得た事実を，利益を得て第三者に通報したことがあるものであるとき。

4　親会社社員の会計帳簿等閲覧・謄写請求権　株式会社の親会社社員は，その権利を行使するため必要があるときは，請求理由を明らかにし，裁判所の許可を得たうえで，子会社である株式会社の会計帳簿またはこれに関する資料について閲覧・謄写請求をすることができる（433条3項）。しかし，前述した請求拒否事由のいずれかに該当する場合には，裁判所は，閲覧・謄写請求の許可をすることができない（同条4項）。

これまで解説してきたことをふまえて**設例 6-1** について考えてみると，Xは

《判例❹》会計用の伝票は，会計の書類に該当する（横浜地判平3・4・19金判892・23〔百選A32〕）。

《判例❺》法人税申告書は，会計の書類に該当する（東京地決平元・6・22判時1315・3）。

《判例❻》請求拒否事由の「競争関係」とは，現に競争関係にある場合のほか，近い将来競争関係が生じる蓋然性が高い場合も含む（東京地判平19・9・20金判1276・28〔START UP 32〕）。

《判例❼》会社が請求株主との間の実質的競争関係の存在さえ立証すれば，その株主による会計帳簿等の閲覧・謄写請求を拒否することができ，株主の主観的意図は問題とならない（最決平21・1・15民集63・1・1〔百選74〕）。ただし，請求株主が競業の意図がないことを立証すれば，閲覧・謄写請求権の行使が認められるとする説も主張されている。

Ｙ株式会社の発行済株式総数の５パーセントを取得しているため，次の要件を満たせば，Ｘは，Ｙ株式会社に対して株主の会計帳簿等の閲覧・謄写請求権を行使することができる。すなわち，①株主名簿の名義書換が完了していること，②請求の理由が具体的であること，③請求の対象が会計帳簿またはこれに関する資料であること，④請求拒否事由に該当しないこと，である。

8　連結計算書類

事業年度の末日において大会社であって，金融商品取引法24条１項の規定により有価証券報告書を内閣総理大臣に提出しなければならないものは，その事業年度における**連結計算書類**を作成（電磁的記録による作成も可）しなければならない（444条２項・３項）。大会社以外でも，会計監査人設置会社は，法務省令で定めるところにより，各事業年度における連結計算書類を作成することができる（同条１項）。ここにいう連結計算書類とは，その大会社あるいは会計監査人設置会社およびその子会社からなる企業集団の，財産および損益の状況を示すために必要かつ適当なものとして法務省令で定めるものをいう（444条１項かっこ書，会施規116条８号，会社計算61条）。

連結計算書類は，臨時計算書類と同じく公告が要求されていない。さらに，備置き，閲覧等についての規定も設けられていない。これらの定めが置かれなかったのは，連結計算書類の作成を強制されているのが，有価証券報告書提出会社だからである。有価証券報告書は金融商品取引法に基づいて公衆の縦覧に供されているため，会社法の規定に基づいて，重ねて備置き，閲覧・謄写，公告を要求する必要がないものと考えられたのである。それ以外については，計算書類とほぼ同様の規制の下にある。すなわち，連結計算書類は，法務省令で定めるところにより，監査役（監査等委員会設置会社では監査等委員会，指名委員会等設置会社では監査委員会）および会計監査人の監査を受けなければならず（444条４項），さらに，会計監査人設置会社が取締役会設置会社である場合には，上記の監査を受けた連結計算書類は，取締役会の承認を受けなければならない（同条５項）。

また，会計監査人設置会社が取締役会設置会社である場合には，取締役は，定時株主総会の招集の通知に際して，法務省令で定めるところにより，株主に対し，取締役会で承認を受けた連結計算書類を提供するとともに（444条6項），取締役会設置会社である会計監査人設置会社においては，取締役会の承認を受けた連結計算書類を，取締役会設置会社以外の会計監査人設置会社においては，監査役および会計監査人の監査を受けた連結計算書類を，それぞれ定時株主総会に提出または提供しなければならない。さらに取締役は，その連結計算書類の内容および監査結果を，定時株主総会に報告しなければならない（同条7項）。

第3節　資本金・準備金・剰余金

1　資本金・準備金・剰余金の意義

1　株式会社の資本金・準備金制度　株式会社の**資本金**および**準備金**の制度は，株主と会社債権者の利害調整のために設けられた制度である。通常，株主は，できる限り多くの利益分配を求めるが，株主有限責任の原則により会社債権者にとっては会社財産が唯一の取引の担保となるため，その社外への流出を一定限度に抑える必要がある。そのため，会社法では，資本金という一定額を基準とし，それに準備金という予備的な金額の枠を定めた上で，これらに対応する会社財産の維持を求めるとともに，原則として，これらを超える部分に限って剰余金として株主に分配することを認めている。

したがって，資本金および準備金の制度は，剰余金分配規制との関係においてのみ存在意義を有するものであり，そもそもそれらの金額に相当する財産が現実に会社内部に存在するか否か，あるいは，どのような形で保有されているかは問題にならない。資本金あるいは準備金の増加・減少は，貸借対照表に表示される資本金の額あるいは準備金の額という単なる数字の増減を意味するのであって，必ずしも現実の会社財産の増減を意味するわけではない。

2　資本金の額および準備金の額　株式会社の資本金の額は，原則として，設立または株式の発行に際して株主となるものが実際に払込みまたは給付（現物出資の場合）をした財産の額である（445条1項。なお，設立時の財産の額については会社計算43条）。そして，その払込みまたは給付された額の2分の1を超えない額は資本金として計上しないことができ（445条2項），資本金として計上し

図表 6-4　最終事業年度の末日における剰余金の額[4)]

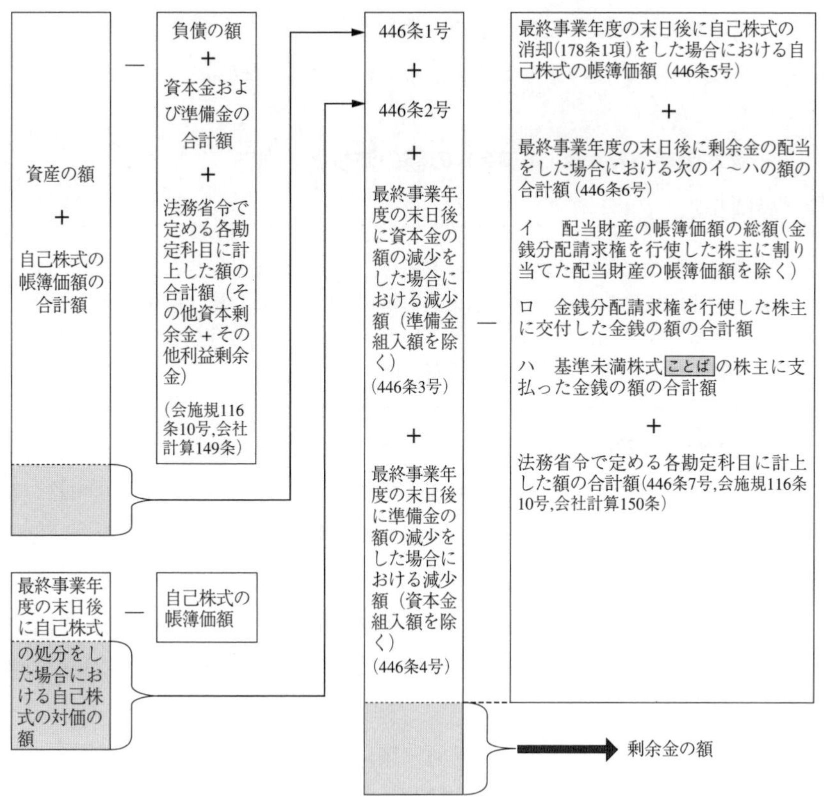

なかった額は，資本準備金として計上しなければならない（同条3項）。さらに，剰余金の配当をする場合には，法務省令で定めるところにより，配当により減少する剰余金の額の10パーセントを，**資本準備金**または**利益準備金**（以下，「準備金」ことばという）として計上しなければならない（同条4項）。

3　剰余金の額　本来，貸借対照表の純資産額ことばから資本金と準備金

4）大坪和敏監修『令和2年版図解会社法』258頁（大蔵財務協会，2020）より引用。

ことば **基準未満株式**　株式総会の決議により，一定数（基準株式数）未満の株式を有する株主に対し，金銭以外の配当財産の割当てをしないこととした場合の，基準株式数に満たない株式（456条）。

ことば **準備金**　会社法は，資本準備金と利益準備金を総称して「準備金」と呼んでいる（445条4項かっこ書）。任意積立金等を任意準備金と呼ぶのに対応して，法定準備金と呼ばれることもある。

ことば **純資産額**　資産の部の合計額から負債の部の合計額を控除した額。

を差し引いたものが剰余金の額となるはずであるが，会社法における剰余金の分配可能額は決算日以後の剰余金の変動も考慮するため，剰余金分配規制との関係で別に剰余金の算定方法を定めている（図表6-4）。

2　資本金等（資本金・準備金）の額の減少と増加

設例 6-2

A株式会社の業績は順調に推移しており，剰余金も十分に存在している。同社は，将来的に事業のさらなる拡大を目指していることから，信用を増すためにも，資本金を増加させたいと考えている。この場合，A社がとりうる方法および手続にはどのようなものがあるか。

1　資本金等の額の減少　株式会社は，株主総会の決議により一定事項を定めることで，資本金の額を減少すること（減資）ができる（447条1項・2項）。その決議要件は，資本金の減少額の全額を欠損填補にあてる場合を除き，原則として特別決議である（309条2項9号，会施規68条）。なお，株式の発行と同時に資本金の額を減少する場合において，実質的に資本金の減少が生じないときは，取締役会の決議（取締役会非設置会社においては取締役の決定）による（447条3項）。

また，株式会社は，株主総会の普通決議により一定事項を定めることで，準備金の額を減少することができる（448条1項・2項）。なお，株式の発行と同時に準備金の額を減少する場合において，実質的に準備金の額の減少が生じないときは，取締役会の決議（取締役会非設置会社においては取締役の決定）による（448条3項）。

2　債権者保護手続（債権者異議手続）　株式会社が資本金等の額を減少する場合には，（減少する準備金の額の全部を資本金とするなど一定の場合を除き）その会社の債権者は，会社に対し，資本金等の額の減少について異議を述べることができる（449条1項・459条3項，会社計算151条）。

会社債権者が異議を述べる機会を確保するため，株式会社は，資本金等の額を減少する場合には，資本金等の額の減少の内容等と，債権者が1か月以上の一定の期間内に異議を述べることができる旨を官報に公告し，かつ，知れている債権者には，各別に催告しなければならない（449条2項。計算書類に関する事項につき，会社計算152条）。ただし，会社が官報に加えて定款所定の日刊新聞紙または電子公告で公告するときは，各別の催告は要しない（449条3項・939条1項）。

会社債権者が期間内に異議を述べなければ，資本金等の額の減少について承認したものとみなされ，異議を述べたときは，会社は，資本金等の額の減少がその債権者を害するおそれがないときを除き，その債権者に対して，弁済，相当の担保の提供，相当の財産の信託のいずれかの措置をとらなければならない（449条4項・5項）。そして，資本金等の額の減少は，債権者異議手続が終了した日か，効力発生日として定められた日の，いずれか遅い時点で効力を生じる（同条6項）。

3　資本金等の額の増加　株式会社は，株主総会の普通決議により一定事項を定めることで，増加の効力発生日における剰余金の額の範囲内でこれを減少して，資本金等の額を増加することができる（450条・451条）。

資本金の額を増加させることを一般に増資といい，有償増資と無償増資の2つの方法がある。そこで，**設例6-2**について考えてみると，まず，有償増資は，株主総会等の新株発行の決議により，発行株式の数やその対価として払い込まれる金額，株式の引受人などを決定する。その後，それに基づいて株式を発行し，払い込まれた金銭等を資本金に計上する（第5章第2節参照）。これに対し，無償増資は，上述の剰余金の資本金組入れのほか，資本準備金の資本金組入れ（資本準備金の額を減少して資本金の額を増加すること）によって行う。減少する資本準備金の全額を資本金に組み入れる場合には，株主総会の決議のみで手続を行うことができるが，その一部だけを資本金に組み入れる場合には，さらに債権者異議手続が必要になる（449条1項）。

4　剰余金についてのその他の処分　清算会社を除く株式会社は，株主総会の決議によって一定事項を定めることにより，損失の処理，任意積立金の積立て，その他の剰余金の処分（資本金等の額の増加，剰余金の配当，会社財産の処分を除く）をすることができる（452条・509条1項2号）。その他の剰余金の処分とは，具体的には，剰余金間の科目振替を意味する。

第4節 剰余金の配当

1 剰余金の配当に関する事項

1　配当に関する事項の決定　株式会社は，その株主に対し，剰余金の配当をすることができる（453条）。ただし，自己株式に対して剰余金の配当をすることはできず（同条かっこ書），また純資産額が300万円を下回る場合にも剰余金の配当をすることはできない（458条）。剰余金の配当をしようとするときは，その都度，株主総会の決議により，①配当財産（その株式会社の株式等を除く）の種類および帳簿価額の総額，②株主への配当財産の割当てに関する事項，③剰余金の配当が効力を生じる日，を定めなければならない（454条1項）。

剰余金の配当について内容の異なる2種類以上の株式を発行しているときは，その種類株式の内容に応じ，上記②の事項として，ある種類の株式の株主に対して配当財産の割当てをしないこととするときは，その旨およびその株式の種類を，また，配当財産の割当てについて株式の種類ごとに異なる取扱いを行うこととするときは，その旨およびその異なる取扱いの内容を定めることができる（454条2項）。そして，上記②の事項についての定めは，株主（自己株式を有する会社自身および配当財産の割当てをしないこととする種類株式の株主を除く）の有する株式の数（配当財産の割当てについて株式の種類ごとに異なる取扱いを行うこととする定めがある場合は各種類の株式の数）に応じて，配当財産を割り当てることを内容とするものでなければならない（同条3項）。

コラム6-3

「剰余金の配当」とは

平成17年改正前商法では，株式会社の財産の減少を制限する規定は，株主に対する利益配当，中間配当，資本金および準備金の減少に伴う払戻し，自己株式の買受け等による株主に対する会社財産の払戻し，利益処分によるその他の金銭の払戻しといった行為に対する個別の規制という形で置かれていた。しかし，これらはすべて会社財産を社外に流失させているという点で同じであることから，会社法においては，このような株主への分配に関する制度を，一律に「剰余金の配当」として整理・統合した。

2　現物配当　配当財産が金銭以外の財産であるとき（現物配当）は，株式会社は，株主総会の決議によって次の事項を定めることができる（454条4項）。①株主に対して**金銭分配請求権** ことば を与えるときは，その旨および金銭分配請求権を行使することができる期間。ただし，この期間の末日は，剰余金の配当の効力発生日として定めた日以前の日でなければならない。②一定の数未満の数の株式（基準未満株式）を有する株主に対して配当財産の割当てをしないこととするときは，その旨およびその数。

なお，配当財産が金銭以外の財産であり，かつ，株主に金銭分配請求権を与えない場合には，株主を保護するために，上述の株主総会の決議は特別決議となる（309条2項10号）。特別決議を要件としたのは，現物配当の場合，配当を受けた株主がすぐにそれを換金できないという問題が生じるためであるから，株主に金銭分配請求権を与える場合には，普通決議で足りる。

3　中間配当　取締役会設置会社は，一事業年度の途中において1回に限り，取締役会の決議によって剰余金の配当（配当財産が金銭であるものに限る）をすることができる旨を定款で定めることができる。これを中間配当という（454条5項前段）。中間配当をしようとするときは，取締役会の決議によって，①配当財産の帳簿価額の総額，②株主への配当財産の割当てに関する事項，③剰余金の配当が効力を生じる日を定めなければならない（454条5項後段・同条1項1号～3号）。

4　金銭分配請求権の行使　株式会社は，株主に対して金銭分配請求権を与えることを定めたときは，その旨および権利の行使期間として定めた期間を，その期間の末日の20日前までに株主に対して通知しなければならない（454条4項1号・455条1項）。そして，金銭分配請求権を行使した株主に対し，その株主が割当てを受けた配当財産の価額に相当する金銭を支払わなければならない（455条2項前段）。また，基準株式数を定めた場合には，株式会社は，基準未満株式を有する株主に対し，455条2項後段の規定の例により，基準株式数の株式を有する株主が割当てを受けた配当財産の価額として定めた額に，その基準未満株式の数の基準株式数に対する割合を乗じて得た額に相当する金銭を支払

ことば **金銭分配請求権**　現物配当に代えて金銭を交付することを株式会社に対して請求する権利。

わなければならない（456条）。

この場合の配当財産の価額とは，配当財産が市場価格のある財産である場合には，①金銭分配請求権の行使期間の末日（行使期限日）の配当財産を取引する市場における最終の価格（行使期限日に売買取引がない場合または行使期限日が市場の休業日にあたる場合には，その後最初になされた売買取引の成立価格）と，②行使期限日に配当財産が公開買付け等の対象であるときは，行使期限日での公開買付け等の契約における配当財産の価格のいずれか高い額をいい（455条2項1号，会社計算154条），それ以外の場合には，株式会社の申立てにより裁判所が定める額をいう（455条2項2号）。

5　配当財産の交付方法　配当財産（金銭分配請求権に基づいて支払われる金銭および基準未満株式を有する株主に対して支払われる金銭を含む）は，株主名簿に記載または記録した株主（登録株式質権者を含む）の住所または株主が株式会社に通知した場所において，これを交付しなければならない（457条1項）。交付に要する費用は，株式会社が負担する。ただし，株主の責めに帰すべき事由によってその費用が増加したときは，その増加額は，株主の負担となる（同条2項）。なお，これらの規定は，日本に住所を有しない株主に対する配当財産の交付については適用されない（同条3項）。

2　剰余金の配当を決定する機関の特則

会計監査人設置会社であって，取締役（監査等委員会設置会社にあっては監査等委員である取締役以外の取締役）の任期の末日が，選任後1年以内に終了する事業年度のうち最終のものに関する定時株主総会の終結の日後の日でないもののうち，監査役会設置会社でないものを除いては，剰余金の配当に関する事項を，株主総会ではなく取締役会が定めることができる旨を定款で定めることができる（459条1項）。これに該当するのは，①会計監査人設置会社である監査役会設置会社であって，定款または株主総会の決議によって取締役の任期を1年と定めた会社（332条1項ただし書参照），②監査等委員会設置会社，③指名委員会等設置会社のいずれかの会社ということになる。つまり，監査等委員会設置会社または指名委員会等設置会社（いずれも必ず会計監査人が設置され，取締役（監査等委員会設置会社の監査等委員を除く）の任期は原則1年である。327条5項・

332条3項4項6項)，および，取締役の任期を1年と定めた監査役会設置会社である会計監査人設置会社は，定款に定めれば，剰余金の配当に関する事項を取締役会で決定することができる。

これは，機動的な配当政策の実施や，どの程度の剰余金の配当を行うべきかの判断を行うのは，株主よりも取締役のほうが適任であるという考え方に基づくものである。また，取締役の任期が1年とされている会社に限定されているのは，会社の決定した剰余金の配当方法に反対する株主が，取締役の不再任という形で，自己の意思を次の事業年度に反映させることを可能にするためである。

この定款の定めがある場合には，株式会社は，取締役会で決定することができる剰余金の配当に関する事項を株主総会の決議によっては定めない旨を，定款で定めることができる(460条1項)。ただし，この定款の定めは，最終事業年度における計算書類が，法令および定款に従い，株式会社の財産および損益の状況を正しく表示しているものとして法務省令が定める要件にすべて該当する場合に限り，その効力を有する(459条2項・460条2項，会施規116条12号・13号，会社計算155条)。

3　債権者保護制度［1］——剰余金の分配可能額規制

会社債権者保護の観点から，必要以上の会社財産が社外に流出することを防ぐため，会社法は，2つの規制方法をとっている。1つは，会社財産が社外に流出する前の分配可能額規制（財源規制）であり，もう1つは，違法な配当等により会社財産が社外に流出した後の欠損塡補責任等である。

1　分配可能額規制（財源規制）　株式会社が行う剰余金の配当その他株主への分配（461条1項1号～8号）により，株主に対して交付する金銭等（その株式会社の株式等を除く）の帳簿価額の総額は，その行為が効力を生じる日における分配可能額（図表6-5）を超えてはならない（461条1項柱書)。これに違反し，分配可能額がないのに，あるいは，分配可能額を超えて剰余金分配を行ったときは，その剰余金分配は無効であると解するのが多数説である。ここで留意しなければならないのは，分配可能額が帳簿価額を基準として算定されることから，株主に対して交付する金銭以外のものも帳簿価額を基準としていること，

図表 6-5 剰余金等の分配可能額

(1)剰余金の額(461条2項1号)	―	(3)配当時の自己株式の帳簿価額(461条2項3号)
		(4)最終事業年度末日後に自己株式を処分した場合の処分対価の額(461条2項4号)
		(5)臨時計算書類について株主総会または取締役会の承認を受けた場合における，零から臨時計算書類の損益計算書に計上された当期純損益額を減じて得た額(461条2項5号，会施規116条14号，会社計算157条)
(2)臨時計算書類について株主総会または取締役会の承認を受けた場合における ①臨時計算書類の損益計算書に計上された零以上の額の当期純損益額(461条2項2号イ，会施規116条14号，会社計算156条) ②臨時計算書類の計算期間内に自己株式を処分した場合の自己株式の対価の額(461条2項2号ロ)		(6)会社計算規則158条に定められた額(461条2項6号，会施規116条14号)
		分配可能額

および分配可能額を算定する帳簿価額が，決算日ではなく分配時を基準としていることである。これらは，適正な剰余金の配当を，いつでも何回でも行うことができるようにするための措置である。

2　分配可能額規制を受ける行為　分配可能額規制の対象となる剰余金の配当その他株主への分配は，図表6-6に示すとおりである。

図表 6-6 分配可能額規制を受ける行為

規制を受ける行為（461条1項1号～8号）	具体例
1号：138条1号ハまたは2号ハの請求に応じて行う株式の買取り	①株式会社が譲渡制限株式の譲渡を承認しない場合における株式会社の株主からの買取り
	②譲渡制限株式を取得した者が当該譲渡制限株式を取得したことについて，株式会社が承認しない場合における株式会社の株式取得者からの買取り

2 号：156 条 1 項の規定による決定に基づく自己株式の取得（163 条に規定する場合または 165 条 1 項に規定する場合における自己株式の取得に限る）	①子会社からの自己株式の取得 ②市場取引または公開買付けによる自己株式の取得
3 号：157 条 1 項の規定による決定に基づく自己株式の取得	市場取引または公開買付け以外の方法による自己株式の取得（具体的な取得内容を決定し，株主に通知した上で，株主からの譲渡しの申込みを受けて行う自己株式の取得）
4 号：173 条 1 項の規定による自己株式の取得	全部取得条項付種類株式の全部取得
5 号：176 条 1 項の規定による請求に基づく自己株式の買取り	相続その他の一般承継により株式を取得した者に対して，定款の定めに基づき，売渡しの請求をした上で行う自己株式の買取り
6 号：197 条 3 項の規定による自己株式の買取り	株式会社が所在不明株主の株式を競売に代えて売却するときに認められる，その全部または一部の自己株式の買取り
7 号：234 条 4 項（235 条 2 項において準用する場合を含む）の規定による自己株式の買取り	株式会社が 1 株に満たない端数の合計数に相当する数の株式を競売に代えて売却するときに認められる，株式の全部または一部の買取り
8 号：剰余金の配当	

コラム 6-4

違法配当の効力

違法配当の効力について，会社法の立法担当者は，461 条 1 項および 463 条 1 項が違法配当の有効性を前提とした規定の書き方であることを主な根拠として，有効であると説明している[5)]。しかし，規定の文言上からは必ずしも違法配当が有効であるとはいえないこと，分配可能額を超える剰余金の配当を決定する決議は法令違反であること，違法配当が現物でなされた場合，会社は違法配当を受けた株主からその現物の返還を求めることができると解すべきことから，多数説は，違法配当は無効であると解している。

4　債権者保護制度［2］――剰余金の配当等に関する責任

1　違法配当の責任　株式会社が，461 条 1 項の規定に違反して，剰余金の分配可能額を超えて株主に対する金銭等の分配をした場合には，その行為に

5）相澤哲編著『立案担当者による新・会社法の解説』別冊商事法務 295 号 135 頁（2006）。

より金銭等の交付を受けた者（剰余金の配当を受けた株主）は，自分が交付を受けた金銭等（分配可能額を超える部分だけではなく，交付を受けたものすべて）の帳簿価額に相当する金額を，会社に対して支払う義務を負う（462条1項）。この義務は過失の有無を問わず発生するが，免除について制限はない。また，①その行為に関する職務を行った業務執行者（業務執行取締役。指名委員会等設置会社にあっては執行役。その他その業務執行取締役の行う業務の執行に職務上関与した者として法務省令で定める者（これに該当する者に関して，会施規116条15号，会社計算159条1号～8号）），ならびに，②分配を決議した株主総会に議案を提案した取締役（会社計算160条）および分配を決議した取締役会に議案を提案した取締役または執行役（会社計算161条）は，連帯して配当された金銭等の帳簿価額の総額に相当する金銭（会社に与えた損害額ではない）を，会社に対して支払う義務を負う（462条1項）。

ただし，①②の者については，その職務を行うについて注意を怠らなかったことを証明したときは，この義務を負わない（462条2項）。また，①②の者の義務は，461条1項各号に掲げられた行為のときにおける分配可能額を限度として義務を免除することについて総株主の同意がある場合を除き，免除することができない（同条3項）。つまり，分配可能額を超えて分配した部分については，総株主の同意があっても免除できない。

2　株主に対する求償権とその制限　462条による株主と業務執行者等の支払義務は，連帯債務であるため，業務執行者等がその義務を履行すれば，株主に対して求償することができる。ただし，違法な分配であることを知らないで金銭等の交付を受けた株主は，求償の請求に応じる必要はない（463条1項）。

また，会社債権者は，支払義務を負う株主に対し，その交付を受けた金銭等の帳簿価額（その額が債権者の会社に対して有する債権額を超える場合にあっては債権額）に相当する金銭を自己に対して支払わせることができる（同条2項）。この規定は，債権者代位権（民423条）とは異なり，自己の債権を保全することは要件とされていないし，弁済期が到来する前であっても請求できる。もっとも，弁済期が到来していなければ，債権者は，自己の債権の弁済にあてることはできない（民505条1項）。なお，債権者から支払請求を受ける株主は，悪意で金銭等の交付を受けた株主に限られるとする見解もあるが，株主の善意・悪意を問わないと解するのが通説である。

3　株式買取請求に応じた場合の責任　株式会社が，種類株式の発行等または株式併合に反対する株主の株式買取請求（116条1項・182条の4第1項）に応じて株式を取得する場合において，請求をした株主に対して支払った金銭の額がその支払の日における分配可能額を超えるときは，株式の取得に関する職務を行った業務執行者（これに該当する者に関して，会社計算159条9号・10号）は，その職務を行うについて注意を怠らなかったことを証明しない限り，会社に対し，連帯してその超過額を支払う義務を負う（464条1項）。この義務は，総株主の同意がなければ免除することができない（同条2項）。

4　欠損が生じた場合の責任（欠損塡補責任）　株式会社が465条1項1号～10号に定められた行為[6)]をした場合，その行為をした日の属する事業年度（その事業年度の直前の事業年度が最終事業年度でないときは，その事業年度の直前の事業年度）の計算書類において，定時株主総会または取締役会の承認を受けたときにおける「自己株式の帳簿価額」，「最終事業年度の末日後に自己株式を処分した場合における自己株式の対価の額」，「その他法務省令で定める各勘定科目に計上した額の合計額」の合計額が剰余金の額を超えるとき，つまり，欠損が生じたときは，当該行為に関する職務を行った業務執行者（これに該当する者に関して，会施規116条15号，会社計算159条11号・12号）は，その職務を行うについて注意を怠らなかったことを証明しない限り，会社に対し，連帯してその超過額（欠損額）を支払う義務を負う。ただし，その超過額が465条1項1号～10号に定められた額を超えるときは，その定められた額までとされる（465条1項）。

これは，いわゆる事業年度末の欠損塡補責任を定めたものである。すなわち，分配可能額規制を遵守していた場合であっても，会社が急に大きな損失を被ったときなど，結果として事業年度末に欠損が生じたような場合には，業務執行者は，その職務を行うについて注意を怠らなかったことを証明しない限り，分配額を上限とする欠損額を連帯して支払う義務を負うのである。そして，この

6）分配可能額規制を受ける461条1項1号～8号に定められた行為に，取得請求権付株式の取得および取得条項付株式の取得が加わった行為。つまり，対価としての金銭が外部に流出する自己株式の取得と，金銭を含む会社財産が外部に流出する剰余金の配当である。

義務は，総株主の同意がなければ免除できない（465条2項）。ただし，この義務が生じるのは，465条1項1号～10号に定められた行為を会社がした場合に限られる。つまり，剰余金の配当をした場合すべてについてこの義務が生じるのではなく，定時株主総会またはそれに代わる取締役会で決議した剰余金の配当，および資本金または準備金の額の減少に伴う剰余金の配当については，この義務は生じない（同条1項10号）。

第7章 組織再編

本章では，合併などの組織再編行為の意義および手続，そして組織再編等で形成される親子会社関係における法的問題，さらに，平成26年改正において導入された特別支配株主による株式売渡請求制度を中心にキャッシュ・アウト制度について解説する。

第1節 組織再編の種類と手続の流れ

設例 7-1

A株式会社は，広島市で食料品販売事業を営んでいるが，北海道に進出することを考えている。札幌市で衣料品事業と食料品販売事業を営むB株式会社は，経営が思わしくない食料品販売事業を切り離し，衣料品事業に特化することを考えている。A社とB社との間で交渉が行われ，A社がB社を支援することとなった。そこで，会社法が用意している制度の下でA社はどのような支援を行うことができるか。A社・B社ともに取締役会設置会社である。

1 組織再編の種類

組織再編 ことば には，合併（748条以下），会社分割（757条以下），株式交換（767条以下），株式移転（772条以下），株式交付（774条の2以下），事業の譲渡・譲受け（467条以下），そして，第三者割当てによる募集株式の発行やTOBを利用した株式取得契約に基づく経営支配権の取得（企業買収）がある。**設例 7-1** では，B社が食料品販売事業を会社から切り離して，衣料品事業に専念することを念頭に置いている。そのための組織再編の方法として考えられるのは，A社が，B社の食料品販売事業を承継する会社分割と，それを譲り受ける事業譲渡である。

ことば **組織再編**　828条は，「会社の組織に関する訴え」の中で，合併，会社分割，株式交換，株式移転，株式交付を取り上げている。しかし本書では，組織再編を，一般にM&Aと言われる行為，つまり上記の行為のほか，事業譲渡・譲受けや株式取得契約も含めた意味で使用する。

2 組織再編のプロセスと会社法の制度

組織再編は，**設例 7-1** のように通常２つの会社間で行われる。そこで，当事者双方における手続の流れを確認しておくこととする。**設例 7-1** では，事業の切り離しを希望するＢ社と，事業の承継・譲受けを模索しているＡ社がある。Ａ社から見ればこの行為は企業買収である。Ｂ社にとってもＡ社にとっても相手先を見つけることが重要である。**設例 7-1** のような組織再編においては，一般に，Ｍ＆Ａ仲介業者，取引銀行，商工会議所などが相談・仲介を行っている。この組織再編は次のようなプロセスを経て行われる。

①Ｂ社は仲介業者との相談の下で案件化を図り，相手となる会社を探す。②Ａ社も，仲介業者の紹介の下で名前を伏せて下交渉を行い，事業を引き受けるための提案を行う。③一定の条件が整った後で，Ａ社・Ｂ社の直接の交渉が行われる。この段階には，買収価格等の条件交渉，基本合意契約の締結が含まれる。組織再編にとって極めて重要な**デュー・ディリジェンス** ことば は，上記のプロセスでは，①の段階で仲介業者によって企業概要書が作成され，②の段階で企業概要書が相手方であるＡ社により検討されたうえで，③の段階において行われる。そして，④当事者の交渉が成功すれば，最終契約の締結，対価の授受，ディスクロージャーが行われる。これが交渉の最終段階である。

会社法上の制度が活用されるのは，③の基本合意契約の締結や，④の最終契約の締結の段階である。合意（または決定）された枠組みに応じて会社法上の種々の制度が適用され，「契約」が交わされる（または「計画」が作成される）ことになる。たとえば，支配株式を譲渡する「株式譲渡契約」，合併を行うための「吸収合併契約」「新設合併契約」，会社分割をするための「吸収分割契約」「新設分割計画」，完全親会社を創設するための「株式交換契約」「株式移転計画」，事業を譲渡するための「事業譲渡等の契約」である。会社法は，これらの契約・計画の内容および締結・作成の手続について規定している。**設例 7-1** では，「吸収分割契約」または「事業譲渡等の契約」が利用されることになり，選択された契約を締結し，それを実現するための手続を実行する。なお，組織再編は

ことば **デュー・ディリジェンス**　組織再編行為前に行う相手方会社の調査のことで，非常に重要な実務である。相手方会社の事業リスク，財務状況等を専門家である公認会計士や弁護士が調査し，その結果は，組織再編の条件に反映される。また，税法が密接に関わってくる。

独占禁止法の規制も受ける（独禁15条以下参照）。

3　組織再編法制の規定の配列

会社法は，合併，会社分割，株式交換・株式移転を，第5編第2章以下（748条～816条）でまとめて規定している（事業譲渡等は第2編第7章467条以下で規律。なお，令和元年改正により774条の2以下および816条の2以下に株式交付制度が新たに設けられた）。その規定の配列は次のような原則によっている。

1　実体法規定（第2章～第4章）の構成　「第2章　合併」「第2節　吸収合併」「第3節　新設合併」のように，各章において，**吸収型の組織再編**（吸収合併，吸収分割，株式交換）に関する規定を先に置き，**新設型の組織再編**（新設合併，新設分割，株式移転）が後に置かれている。また，「第2章　合併」「第2節　吸収合併」「第1款　株式会社が存続する吸収合併」「第2款　持分会社が存続する吸収合併」のように，各節において，株式会社に関する規定を先に置き，その後に持分会社に関する規定が置かれている。

2　手続法規定（第5章）の構成　第5編第5章は，組織再編行為の手続を吸収型と新設型に分けたうえで，同一章で一括して規定している。第2節が吸収型の組織再編に関する手続であり（「吸収合併等の手続」782条以下），第3節が新設型の組織再編に関する手続である（「新設合併等の手続」803条以下）。

各節においては，消滅会社に関する手続を最初に規定し，存続会社に関する手続を後に規定している。たとえば，「第5章第2節　吸収合併等の手続」では，第1款として消滅会社に関する手続，次に第2款に存続会社に関する手続が規定されている。さらに，各款では，株式会社に関する規定，持分会社に関する規定の順で並んでいる。たとえば，「第5章第2節　吸収合併等の手続」「第1

図表7-1　組織再編類型における当事会社の呼称

	吸収合併（吸収型）	新設合併（新設型）	吸収分割（吸収型）	新設分割（新設型）	株式交換（吸収型）	株式移転（新設型）
消滅側当事会社	吸収合併消滅会社	新設合併消滅会社	吸収分割会社	新設分割会社	株式交換完全子会社	株式移転完全子会社
存続側当事会社	吸収合併存続会社	新設合併設立会社	吸収分割承継会社	新設分割設立会社	株式交換完全親会社	株式移転設立完全親会社

款 吸収合併消滅会社，吸収分割会社および株式交換完全子会社の手続」の第1目では，「株式会社の手続」が，第2目では，「持分会社の手続」がそれぞれ規定されている。

第2節 合　　併

合併とは，合併当事会社の一部または全部が解散し，その全財産が清算手続を経ることなく包括的に存続会社または設立会社に移転すると同時に，その社員（株主）もまた当然に存続会社または設立会社の社員（株主）となる効力を有する法律行為をいう。

合併には，合併当事会社の1つが存続し，他の会社が消滅（解散）する**吸収合併**（2条27号）と合併当事会社がすべて消滅（解散）し，1つの新会社を設立する**新設合併**（2条28号）がある。また，合併の当事者になれるのは，すべての種類の会社であり，株式会社に限定されていない。

1 合併の概要

合併とは，2社以上の会社が契約を締結して1つの会社になることである。合併においては清算手続を経ることなく当事会社の資産・負債を1社が包括的に承継する。包括的に承継されるというのは，個々の権利義務の引継ぎ自体について個別の手続がとられることなく移転することをいう。権利義務の移転は，法定の効果として認められる。このように，合併は組織法上の行為であり，たとえば事業譲渡のような取引法上の行為とは区別される。この法的性質は，会社分割，株式交換・株式移転にもあてはまる。

1 合併の種類　合併には新設合併と吸収合併があるが，実務上はほとんど吸収合併が選択される（⇒コラム7-1）。

吸収合併は，会社が他の会社とする合併であって，合併により消滅する会社の権利義務の全部を合併後存続する会社に承継させるものをいう（図表7-2）。

新設合併は，2社以上の会社がする合併であって，合併によりすべての当事会社が消滅し，その権利義務の全部を合併により新たに設立する会社に承継さ

図表 7-2　吸収合併

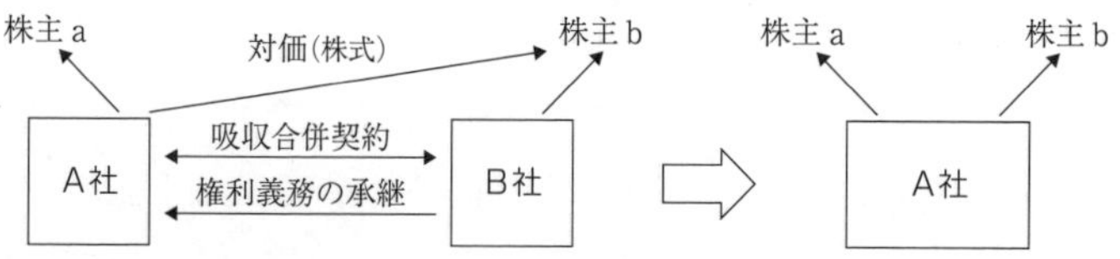

A会社：吸収合併存続会社
B会社：吸収合併消滅会社

図表 7-3　新設合併

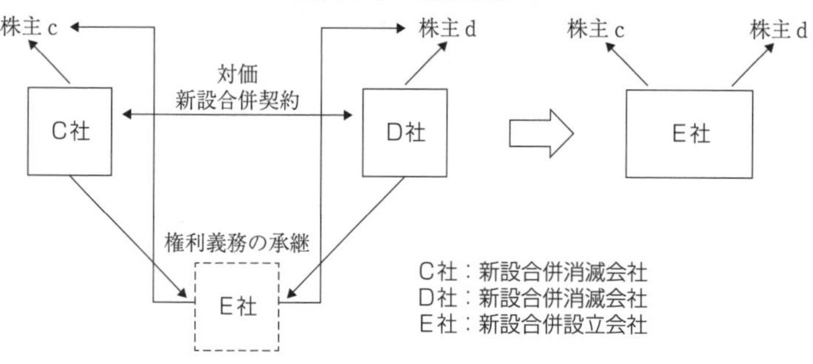

C社：新設合併消滅会社
D社：新設合併消滅会社
E社：新設合併設立会社

せるものをいう（図表 7-3)。

コラム 7-1

合併がほとんど「吸収合併」であるのはなぜか？

合併をする場合，独占禁止法が定める要件に該当するときは，事前に公正取引委員会に届け出なければならないが（独禁法 15 条 2 項参照)，近時の届出中，新設合併であったものは平成 20 年の 1 件のみである（『公正取引委員会年次報告』)。

吸収合併が選択される理由としては，次のことがあげられる。①新設合併の場合，事業にかかる許認可を新たに取得し直さなければならない。②新設合併では，合併当事会社のすべての資産について登記・登録等の移転手続をとらなければならない。③合併にかかる商業登記の登録免許税は資本金の額と連動する（原則として資本金の額の1000 分の 1.5（登録免許税法別表第 1 第 24 号（一）ホ・へ））ので，新設合併では資本金の全額，吸収合併では増加資本金の額のみをベースに課税される。④消滅会社の株主に交付される株式に関して必要となる株式発行実務も，吸収合併と異なり，新設合併の場合は，すべての当事会社の株式について必要となる。⑤上場会社を当事会社に含む合併の場合，新設合併であれば，設立会社の上場申請手続が必要となる。

以上のように，新設合併の場合，手続が煩雑であり，課税額も大きくなる。

2　外国会社との合併　いわゆる国際合併は，一般に認められないと考えられている。しかし，外国会社が日本国内に100％子会社（日本法人）を設立し，その子会社を存続会社として，消滅会社の株主に存続会社の親会社である外国会社の株式を交付する方式（いわゆる「三角合併」）が会社法上認められている。米国の金融大手のシティグループによる日興コーディアルグループの完全子会社化（2008年）がその例である。

3　合併のメリットとデメリット　合併には，規模の拡大による営業面・財務面でのスケールメリット，商品・製品の生産一体化とラインアップの充実，経営の効率化，シナジー効果，新規事業部門の展開などのメリットが考えられる。デメリットとしては，企業文化融合の問題や会社規則，会社組織，人事制度等の統合問題（従業員間の軋轢など）のほか，主要株主の持分比率の低下，同族経営からの脱却による求心力の低下，簿外債務や税務リスク等の引継ぎの可能性などがある。

2　合併契約

会社が合併を行うには，当事会社間で，合併契約を締結しなければならない（748条）。吸収合併の場合は吸収合併契約が，新設合併の場合は新設合併契約が作成される。ここでは主に，吸収合併契約について，そして当事会社が株式会社である場合を前提に説明する。

1　契約事項　吸収合併契約には次の事項を定めなければならない（749条1項）。すなわち，①当事会社（吸収合併存続会社と吸収合併消滅会社）の商号・住所，②消滅会社の株主に対してその株式に代わる金銭等を交付するときは，その金銭等についての事項，③前記②の株主に対する金銭等の割当てに関する事項，④新株予約権を発行している場合，その新株予約権に関する事項，⑤吸収合併が効力を生ずる日（効力発生日）である。

吸収合併存続会社は，効力発生日に，吸収合併消滅会社の権利義務を承継する（750条1項）。

2　対価の柔軟化　合併においては，消滅会社の株主に対して，その有する株式の価値に対応する対価が交付されることになる。対価の種類について会社法は，企業の組織再編をより容易にするという観点を重視している。それが消滅会社の株主に交付される対価の柔軟化である。会社法は，合併のほか，会社分割，株式交換の組織再編において，消滅側会社の株主または消滅側会社への対価として，存続会社の株式だけでなく，社債，新株予約権，新株予約権付社債，金銭その他のあらゆる法律上の財産を交付することを認めている（749条1項2号・751条1項3号・758条1項4号・760条1項5号・768条1項2号・770条1項3号）。存続会社の親会社の株式も対価として認められる。これは組織再編を容易にするメリットである一方で，消滅会社の株主を存続会社から容易に締め出すことを可能にするものである。したがって，消滅会社の少数株主の保護が課題となる。対価の相当性の確保や専ら少数株主の締出しを目的とする組織再編をどのように評価するかが課題となる。

3　合併の承認決議（合併決議）

合併は株主にとって重大な利害関係があり，合併契約の承認は株主総会の特別決議の対象とされている（783条1項・795条1項・309条2項12号）。ただし，消滅会社が公開会社で，かつ対価の全部または一部が譲渡制限株式である場合は，消滅会社の株主総会では，さらに厳重な特殊決議が必要とされる（783条1項・309条3項2号）。また，対価の全部または一部が持分等（持分会社の持分その他これに準ずるものをいう）の場合は，消滅会社の総株主の同意が必要である（783条2項）。

4　反対株主の株式買取請求権

合併決議に反対の株主は，一定の要件のもとで自己の有する株式を公正な価格で買い取ることを請求することができる。その権利が認められる株主とは，①合併を承認するための株主総会において議決権を行使できる株主であって，株主総会に先立って合併に反対する旨の通知をし，かつ，決議に反対した株主（785条2項1号イ・797条2項1号イ・806条2項1号），②議決権制限株式の株主など株主総会において議決権を行使できない株主（785条2項1号ロ・797条2項1号ロ・806条2項2号），そして，③略式合併等の株主総会が不要とされている場合については，すべての株主（785条2項2号・797条2項2号）である。

買取価格は，「公正な価格」でなければならない。公正な価格とは，組織再編によって企業価値が増加する場合は，（組織再編）比率が公正なものであったならば株式買取請求がされた日においてその株式が有していると認められる価格である（最決平24・2・29民集66・3・1784〔百選85・START UP 36〕）。組織再編により企業価値の増加が生じない場合は，株式買取請求がなされた日における「ナカリセバ価格」（株主総会決議がなかったならば有したであろう価格）をいう（最決平23・4・19民集65・3・1311〔百選84〕参照）。このように，組織再編によって生ずる企業価値の増加（シナジー効果）を買取価格に反映させる対応がとられている。

株式の買取価格について株主と会社との間で協議が調えば，会社は，合併の効力発生日から60日以内に支払わなければならないが，協議が調わないときは，株主または会社が，裁判所に対して価格決定の申立てを行うことができる（786条・798条・807条）。株式買取請求をした株主は，会社の承諾がなければ，その請求を撤回することができない（785条7項・797条7項・806条7項）。

5　合併に関する情報の開示手続

1　事前開示　吸収合併の消滅会社・存続会社は，合併契約について，その契約の備置開始日（株主総会の日の2週間前など。782条2項・794条2項）から効力発生日後6か月を経過する日まで，合併契約の内容，合併対価の相当性に関する事項（会施規182条1項1号），合併対価について参考となるべき事項（同項2号）などの合併情報を記載または記録した書面または電磁的記録を，本店に備え置かなければならない（782条1項2項・794条1項2項）。これらの書面等につき株主および債権者は，営業時間内はいつでも閲覧を求め，または会社が定めた費用を支払って，その謄本または抄本の交付・提供を求めることができる（782条3項・794条3項）。新設合併の場合も同様である（803条）。これにより株主は，総会に先立って合併条件の当否を判断することのできる情報が与えられる。

合併対価の相当性に関する事項において開示されるべき内容には，合併比率の理由が含まれる。株主に対する情報開示の充実という立法趣旨からして，合併比率算定の方法，その方法を採用した理由，合併比率算定の基礎とされた会社の資産価値・収益性・株価などの指標，そして企業評価に際して生じた特別の事情があればその旨の説明が必要であろう。

2　事後開示　存続会社は，吸収合併の効力発生後遅滞なく，合併により存続会社が承継した消滅会社の権利義務その他の吸収合併に関する事項として法務省令（会施規200条）で定める事項を記載・記録した書面・電磁的記録を作成し，効力発生日から6か月間，本店に備え置いて，株主・会社債権者の閲覧または謄本・抄本交付請求等に応じなければならない（801条1項・3項・4項）。新設合併の場合も同様である（815条1項・3項・4項）。これにより株主および会社債権者は，開示された情報を合併無効の訴えを提起するための判断資料とすることができる。

6　債権者保護手続

合併は当事会社の財産の合体を生ぜしめるから，会社債権者の利益保護のための特別な手続が必要となる。すなわち，①合併を行う旨，②他の当事会社の商号と住所，③全当事会社の計算書類等，④債権者が一定の期間内に異議を述べることができる旨を官報に公告し，かつ，「知れている債権者」に対し個別に催告しなければならない（789条2項等）。債権者は，合併について異議を述べることができ，その期間は1か月を下ることができない。この期間内に異議を述べなかった債権者は合併を承認したものとみなされる（789条1項・2項・4項等）。異議を述べた債権者に対して会社は，弁済，担保提供，信託会社等への財産の信託のいずれかを行わなければならない。ただし，合併を行っても債権者を害するおそれがないと会社が判断する場合は，その対応は不要である（789条5項等）。

7　簡易組織再編

簡易組織再編制度（784条2項・796条2項・805条）は，合併および会社分割手続を簡素化するために設けられたものであり，大規模会社が小規模会社との間で組織再編する場合，たとえば吸収合併において，合併対価（交付する株式その他の財産）の価額が存続会社の純資産額に対して20％以下の場合において，存続会社での合併承認のための株主総会を省略し，取締役会の決議だけで合併できる制度である。その実益は，たとえばグループ会社内での再編のために，公開会社である存続会社が小規模な子会社を吸収合併する場合，存続会社の合併承認総会を省略することによって時間と費用を節約できる点にある。ただし，存続会社における株主総会の承認決議を省略できない場合が規定されている（796条2項ただし書・3項）。消滅会社においては通常の合併手続が要求される。

簡易合併手続によって株主総会決議が省略される場合，すべての株主に株式買取請求権が認められる（785条2項2号・797条2項2号）。

8 略式組織再編

略式組織再編制度（784条1項・796条1項）は，当事会社の一方が特別支配会社である場合に，他方の当事会社の株主総会を不要とするものである。特別支配会社とは，ある会社の総株主の議決権の10分の9以上を保有している会社をいう（事業譲渡等の承認決議を要しない場合にあたる。468条1項参照）。90％以上の議決権を有する会社が，被支配会社を相手に組織再編をする場合，被支配会社で株主総会の開催を要求する意味が乏しいことから，このような制度が導入されている。

9 合併の差止め

平成26年改正法は，合併のみならず，会社分割，株式交換・株式移転についても，一定の場合につき，消滅側の会社または存続側の会社の株主が不利益を受けるおそれがある場合に，株主が差止請求権を行使できる旨を定めた（784条の2・796条の2・805条の2）。

一定の場合とは，合併を例にとると，①合併が法令・定款違反である（たとえば，合併契約の内容が違法である，合併承認決議がないなど），②略式合併において対価等の合併条件が消滅会社または存続会社の財産の状況その他の事情に照らして著しく不当な場合である（これは株主総会決議不要とすることによる株主の不利益を回避する趣旨であり，従前からの規定の継続である）。

簡易合併の存続会社の株主には，差止請求権はない。また，株主は，相手方当事会社に生じた事由を理由に差止請求をすることはできない。

10 合併の効力の発生および登記

会社が合併したときは，2週間以内に，吸収合併により消滅する会社については解散登記，存続会社については変更登記をすることを要する（921条）。また，新設合併により消滅する会社については解散登記，設立会社については設立登記をすることを要する（922条）。吸収合併は，合併契約で定めた効力発生日に効力が発生し，新設合併は，設立会社の成立の日，すなわち設立登記の日に効力が発生する。

吸収合併においては，効力発生日と登記の日が異なり得ることから，その間の法律関係が不明確となる。そこで会社法は，消滅会社の解散は，吸収合併の登記の後でなければ第三者に対抗できないとしている（750条2項）。

11　合併の無効

合併の効力が生じた後であっても，合併手続に違法があれば合併は無効となる。しかし，合併に無効原因がある場合の解決を一般原則に委ねることは法律関係の安定を害し，不当な結果を生ぜしめるため，会社法は，その無効の主張は，合併無効の訴えによらなければならないとして，無効の主張方法を制限するとともに，提訴権者，提訴期間も制限している。また訴えの効果を画一的に確定し，かつ遡及効を否定している。

1　無効原因　無効原因については明文の規定がなく，解釈に委ねられる。一般には，合併契約の内容の違法，合併契約を承認する株主総会決議の瑕疵，事前・事後開示の不備，株式買取請求手続や債権者保護手続の不履践，要件を満たさない簡易合併や略式合併，独占禁止法違反（独禁15条・18条1項）などがあげられる。合併比率が著しく不公正な場合も，合併無効原因と解すべきである（東京高判平2・1・31資料商事77・193〔百選89・START UP 37〕はこれに反対する）。

2　無効の訴え　合併無効の訴えは，合併の効力発生日から6か月である（828条1項7号・8号）。訴えを提起できる者は，当事会社の株主，取締役，監査役，執行役，清算人，破産管財人，合併を承認しなかった債権者，および合併が独占禁止法に違反して行われたときには公正取引委員会に限られる（828条2項7号・8号，独禁18条）。被告は，存続会社または設立会社である。専属管轄，担保提供命令，弁論等の併合，原告が敗訴した場合に悪意または重過失があったときの損害賠償責任についての定めが設けられているが（835条～837条・846

条)，それらは他の会社の組織に関する訴えの場合も同様である。

3 無効判決の効果 合併無効判決は，訴訟当事者だけでなく第三者に対してもその効力を有するが，すでに存続会社または設立会社，その株主および第三者間に生じた権利義務には影響を及ぼさない（838条・839条）。この判決の確定によって，消滅会社は合併前の状態に復帰するが，上述の範囲において合併の遡及効は制限されるとともに，存続会社または設立会社が合併後に負担した債務については，合併当事会社が連帯して弁済する責任を負い，またその取得した財産については共有とされる。この場合に，各会社の債務の負担部分または財産の持分は協議をもって定めるが，協議が調わないときは裁判所が合併の時点における各会社の財産額その他一切を斟酌してこれを定める（843条）。そして，合併無効判決が確定したときは，存続会社については変更の登記，設立会社については解散の登記，消滅会社については回復の登記を，裁判所書記官が，各会社の本店の所在地を管轄する登記所に嘱託しなければならない（937条3項2号・3号）。

第3節 会 社 分 割

1 会社分割とは何か

会社分割とは，1つの会社を2つ以上の会社に分けることをいう。会社分割の利用形態として，たとえば，①グループ会社の再編成，②特定事業への専業化などをあげることができる。

①は，たとえば後述の株式交換制度を利用して完全親子会社関係を形成したうえで，完全子会社に連なる孫会社等において重複する事業部門を，会社分割制度の下で組み替える方法である。これによって，グループ会社内の事業の効率化が図られる。

②は，高収益の事業部門と不採算の事業部門を抱えている会社が，経営の合理化のため不採算部門を分離して他社に移し，優良事業に専念するというものである。**設例 7-1** は，まさにこの場合にあてはまるといえる。

会社分割は，事業譲渡，現物出資，財産引受け，事後設立と機能的には類似するが，たとえば後述する事業譲渡（467条）とは違って，その事業に関して有する権利義務の全部または一部の包括的な承継が可能となり，承継手続が簡素化される。また，対価の柔軟化によって，資金的な困難が克服される。さらに，会社分割は合併と同じく，組織法上の行為であり，現物出資の場合のような検査役による調査（33条・28条）という厳格な手続が必要とされない。

2　会社分割の種類

会社分割には，**吸収分割**と**新設分割**がある。吸収分割とは，株式会社または合同会社がその事業に関して有する権利義務の全部または一部を分割後，既存の会社に承継させることをいう（2条29号）。新設分割とは，1つまたは2つ以上の株式会社または合同会社がその事業に関して有する権利義務の全部または

図表 7-4　吸収分割

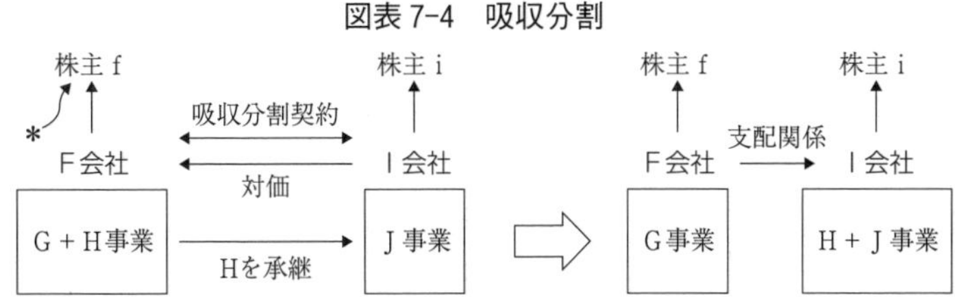

F会社：吸収分割会社
I会社：吸収分割承継会社
＊効力発生後，F会社は，株主 f に，I会社株式を配当できる（758条8号ロ）。
これを「人的分割」ということがある。

図表 7-5　新設分割

株主 k
対価
＊
K会社　新設分割計画
L＋M事業
Mを承継
N新設会社
株主 k
K会社
L事業
N会社(完全子会社)
M事業

K会社：新設分割会社
N会社：新設分割設立会社
＊効力発生後，K会社は，株主 k に，
N会社株式を配当できる（763条1項12号ロ）。
これを「人的分割」ということがある。

一部を新たに設立する会社に承継させることをいう（2条30号）。会社法で会社分割の対象が「事業」ではなく，「事業に関して有する権利義務」と規定されていることから，会社分割の対象は，事業譲渡にいう事業の有機的一体性は求められていないと解されている。

会社分割では，承継する会社（吸収分割承継会社・新設分割設立会社）が交付する金銭等を対価として，分割の対象となる事業の全部または一部が包括的に承継される点で合併に類似するが，分割される会社（吸収分割会社・新設分割会社）が会社分割後も存続する点で合併と異なる。

3 会社分割の手続

手続の流れは，合併の場合と同様である。以下，株式会社を前提に説明する。

1 吸収分割契約の締結・新設分割計画の作成　会社分割を行うには，①当事会社が吸収分割契約・新設分割計画を作成し（757条・762条），②当事会社の株主総会でその承認を得ることを要する（783条1項・795条1項・804条1項）。そして，③情報開示手続，④株主保護および債権者保護の手続を経なければならない。⑤簡易会社分割・略式会社分割の特例的な手続については合併の場合と同様である。

2 吸収分割契約・新設分割計画の法定記載事項　吸収分割契約・新設分割計画の法定記載事項はおおむね次の内容である（758条・763条）。①当事会社の商号・住所，設立会社の目的・商号・本店所在地その他定款で定める事項，設立時役員の氏名など，②資産，債務，雇用契約などの承継される権利義務の内容に関する事項，③承継会社・設立会社が分割会社に対して交付する対価の内容・数量・算定方法などの分割の条件に関する事項，④承継会社・設立会社の資本金・準備金の額に関する事項，⑤吸収分割の場合は効力発生日。以上の事項を記載しなければならない。

3 会社分割の承認決議　吸収分割では，分割会社および承継会社において，新設分割では，分割会社において，それぞれ株主総会の特別決議による承認を得なければならない（783条1項・795条1項・804条1項・309条2項12号）。

4 情報開示手続　事前開示・事後開示とも合併の場合と同様である（事前開示につき，吸収分割の分割会社については782条，承継会社については794条，新設分割会社については803条。事後開示につき，吸収分割の分割会社については791条，承継会社については801条，新設分割会社については811条，新設分割設立会社については815条)。

5　株主の保護　反対株主の株式買取請求権等，株主の保護制度は合併の場合と同様である。

6　債権者保護手続　会社分割においては，分割会社の債務であったものが，分割契約・分割計画の記載にしたがって，分割会社と承継会社・設立会社に振り分けられることから，債務者が変わる場合があるため，それに対応した債権者保護が必要となる。会社法は，会社分割について，合併の場合と同様の手続のもとに，一定の債権者に，会社分割について異議を述べることを認めている（789条・799条・810条)。異議を述べることができる債権者とは，吸収分割においては，吸収分割後に分割会社に対して債務の履行を請求できない分割会社の債権者と承継会社のすべての債権者であり，新設分割においては，新設分割後の分割会社に対して債務の履行を請求できない分割会社の債権者である。

吸収分割・新設分割において，承継会社・設立会社に承継されない債務の債権者（いわゆる「残存債権者」）を害することを知って会社分割をした場合には，残存債権者は，承継会社・設立会社に対して，承継した財産の価額を限度として，その債務の履行を請求できる（759条4項・764条4項)。詐害的会社分割に対応する制度である。

7　労働契約の特例　会社分割においては，労働者の保護のために，「会社分割に伴う労働契約の承継等に関する法律」（労働契約承継法，平成12年法103号）が設けられている。承継対象となる事業に主として従事している労働者の労働契約が分割契約または分割計画に記載されていない場合には，その労働者は異議を述べることができ，異議を述べたときはその労働契約は承継される（同法4条)。また，上記以外の労働者の労働契約が分割契約または分割計画に記載されている場合は，その労働者は異議を述べることができ，異議を述べたときはその労働契約は承継されない（同法5条)。分割会社は，労働契約の承継に関して，労働者と事前に協議をしなければならず（平成12年商法改正附則5条1項)，この義務が遵守されなかったときは，個々の労働者が労働契約承継の効力を争うことができる（最判平22・7・12民集64・5・1333〔百選92〕)。

8　効力発生日および登記　吸収分割は，分割契約で定めた効力発生日に効力が発生し（759条1項），新設分割は，設立会社の成立の日，すなわち設立登記日に効力が発生する（764条1項）。

9　会社分割の特殊な効果　会社分割の効力が発生すると，承継会社・設立会社は，分割契約・分割計画の定めに従い，分割会社の権利義務を包括的に承継する。ただし，個別催告を受けなかった債権者に対しては，分割契約・分割計画において債務を負担しないとされた場合でも，分割会社については，分割の効力発生日に有していた財産額を限度として，承継会社・設立会社については，承継した財産額を限度として，それぞれ弁済の責任を負う（759条2項3項・764条2項3項）。その限度で，重畳的債務引受となる。

10　簡易会社分割・略式会社分割　合併の場合と同様，会社分割についても簡易会社分割・略式会社分割が認められている（784条・796条・805条）。

4　会社分割の無効

合併の場合と同様，会社分割の無効の訴えが認められている（828条1項9号・10号）。会社分割の無効原因として，分割契約・分割計画の内容の違法，分割契約・分割計画を承認する株主総会決議の瑕疵，債権者保護手続の不履践，要件を満たさない簡易会社分割・略式会社分割，独占禁止法違反（独禁15条の2・18条2項）があげられる。分割会社に対して交付する対価が著しく不公正に定められた場合も会社分割無効原因となるかについては，解釈が分かれる。多数説はこれを否定するが肯定説も有力である（これにつき，本章第2節11 1を参照）。

第4節　株式交換・株式移転

1　株式交換とは何か

株式交換とは，株式会社がその発行株式の全部を他の株式会社または合同会社に取得させることをいう（2条31号）。株式交換をする会社を「株式交換完全子会社」（以下「完全子会社」と略称）といい（768条1項1号），当事会社である株式会社の発行済株式の全部を取得する会社を「株式交換完全親会社」（以下「完全親会社」と略称）という（767条）。このように，株式交換は完全親子会社を創設する制度の１つである。なお，この制度の下で完全親会社となることができるのは株式会社または合同会社である。

２　株式移転とは何か

株式移転とは，１つまたは２つ以上の株式会社がその発行済株式の全部を新たに設立する株式会社に取得させることをいう（２条32号）。株式移転により設立する株式会社を「株式移転設立完全親会社」（以下「完全親会社」と略称）といい，株式移転に際して株式移転をする株式会社を「株式移転完全子会社」（以下「完全子会社」と略称）という（773条１項１号・５号）。このように，株式移転も，完全親子会社を創設する制度である。なお，当事会社は株式会社に限られる。

図表 7-6　株式交換

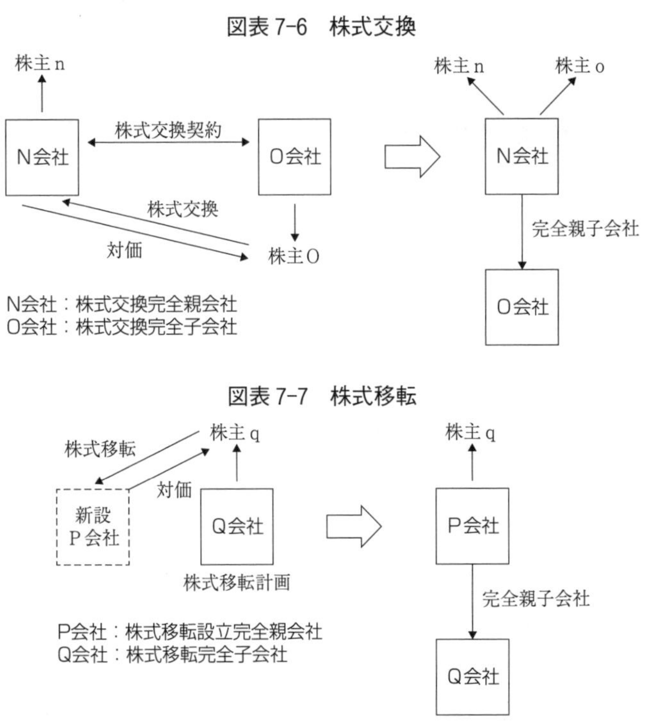

図表 7-7　株式移転

③ 株式移転の利用形態

株式移転の利用として，２つの株式会社（会社グループ）が経営統合のために共同持株会社を設立するケースがよくみられる。これを**共同株式移転**という。これによって２つの会社グループが統合された場合，その後グループ内で重複する事業の再編には，合併，会社分割，事業譲渡などが利用されることになる。

株式交換・株式移転によって，完全親会社は，完全子会社の唯一の株主となり，完全子会社の経営の指揮・管理が容易となるが，その反面，完全子会社となる会社の既存の株主は，株主権の縮減が生じる場合がある。すなわち，完全子会社となる会社の株主は対価として完全親会社となる会社の株式等を取得することによって，それまで有していた完全子会社となる会社に対する株主権を失う。そしてたとえば，完全親会社が完全子会社の指揮・管理のみを行う持株会社（純粋持株会社）となったときは，完全親会社の利益の源泉はもっぱら子会社からの配当のみとなることから，自らの利益の源泉に対して株主権を行使できない完全親会社の株主の一層の保護が必要となる（これについては，本章第８節で触れている）。

④ 株式交換・株式移転の手続

株式交換・株式移転においては，株主総会の決議によって，完全子会社となる会社の株式を完全親会社となる会社が取得し，完全親会社がその対価として完全親会社の株式等を完全子会社となる会社の株主に交付する。この手続の流れは，合併の場合とほぼ共通する。

1　株式交換契約の締結・株式移転計画の作成　株式交換・株式移転において，当事会社は，株式交換契約を作成，締結し（767条），または株式移転計画を作成しなければならない（772条）。

2　株式交換契約・株式移転計画の法定記載事項　株式交換契約・株式移転計画の法定記載事項はおおむね次の内容である（768条・773条）。①株式交換・株式移転後の各当事会社の組織・体制に関する事項，すなわち，完全親会社・完全子会社の商号・住所，株式移転では設立される完全親会社の目的・商号・本店所在地その他定款で定める事項，設立時役員の氏名など，②株式交換・株式移転の条件等に関する事項，すなわち，完全子会社となる会社の株主に対して交付する対価の内容[1]・数量・算定方法（768条１項２号３号・773条１項５号～８号），③完全親会社の資本金・準備金の額に関する事項，④株式交換の場合は効力発生日（768条１項６号）である。なお，株式移転の場合は，新設された完全親会社の成立の日，すなわち設立登記の日に効力が発生する（49条・774条１項・925条）。

３　株式交換・株式移転の承認決議　株式交換・株式移転の当事会社は，効力発生の前日までに，株主総会の特別決議による承認を要する（783条１項・795条１項・804条１項・309条２項12号）。合併の場合と同様に，簡易株式交換や略式株式交換が認められる（784条・796条）。反対株主に公正な価格での株式買取請求権が認められることも合併と同様である（785条・797条・806条）。

４　情報開示手続　事前開示・事後開示手続とも合併の場合と同様である。

５　債権者保護手続　株式交換・株式移転によって当事会社の財産に変動は生じないので，会社法は，原則として会社債権者保護手続を置かない。しかしながら，会社法は，株式交換・株式移転に際して，新株予約権付社債を完全親会社に承継させることを認め，また，対価の柔軟化により，株式交換では，完全親会社となる会社の株式以外の対価の交付を認めた。そこで，これらの場合について債権者異議手続を認めている（789条１項３号・810条１項３号・799条１項３号）。

６　効力発生日および登記　株式交換は株式交換契約に定めた日に効力が発生する（769条１項）。株式移転は，完全親会社の設立登記の日に効力が発生する（774条１項）。株式移転の登記は，株主総会の決議の日など法が定める一定の日から２週間以内に行わなければならない（925条）。

７　株式交換・株式移転の効果　株式交換における完全親会社は，効力発生日に，完全子会社の発行済株式の全部を取得する（769条１項）。株式移転における完全親会社は，その成立の日に，完全子会社の発行済株式の全部を取得する（774条１項）。これにより，完全親子会社関係が創設される。

１）株式交換において，完全子会社となる会社の株主に交付される対価である「金銭等」は，株式交換完全親会社の株式，社債，新株予約権，新株予約権付社債，その他の財産（金銭，他社の株式等を含む）であるが（768条１項２号・３号），株式移転においては，株式移転完全親会社の株式，社債等（社債・新株予約権・新株予約権付社債）であり，金銭は含まれない（773条１項５号～８号）。

完全子会社の株主は，株式交換の効力発生日または株式移転における完全親会社の成立の日に，完全親会社の株主またはその社債の社債権者となる（769条3項・774条2項3項）。

5　株式交換・株式移転の無効

株式交換・株式移転の無効の訴えの手続（828条1項11号・12号）は合併の場合と同様である。

第5節　株 式 交 付

設例 7-2

Ａ株式会社はＢ株式会社を買収しようと考えている。その方法として，株式の公開買付けは行わず，会社法上の制度の利用を考えているが，できるだけ単純な方法を採用したい。

1　総　　説

株式交付とは，株式会社が他の株式会社をその子会社とするために当該他の株式会社の株式を譲り受け，当該株式の譲渡人に対して当該株式の対価として当該株式会社の株式を交付することをいう（2条32号の2）。

この制度は，令和元年改正法で導入されたものである。改正前，他社の買収を考えている会社（買収会社）が，その会社の株式を対価として他社を子会社としようとする場合は，株式交換または対象となる会社の株式を現物出資財産とする会社法199条1項による募集株式の発行が選択されていた。しかし，株式交換では，対象となる会社の発行済株式をすべて取得して完全親子会社とする必要がある。また，現物出資の形での募集株式の発行の場合は，検査役の調査を必要とする（207条）など，費用と時間がかかる。

そこで改正法は，他社を買収して親子会社関係を創設しようとする場合，親会社となる会社（株式交付親会社）が子会社となる会社（株式交付子会社）の株主から，株式交付計画に基づいて，株式交付子会社の株式を譲り受け，その対価として株式交付親会社の株式を交付する組織再編方法を創設した。

2　株式交付の手続

株式交付制度は，部分的な株式交換として，組織法上の行為と同様の性質を有し，その手続も以下の①～⑦のように株式交換と類似している。

①　株式交付計画の作成（774条の2）および事前開示（816条の2）

②　株式交付親会社の株式の割当てに関する事項（774条の3第1項4号・4項）

③　株式交付子会社の株式の譲渡人に対する対価に関する事項（774条の3第1項5号6号・5項）

④　株式交付親会社の株主総会の特別決議（816条の3）

⑤　反対株主の株式買取請求（816条の6）

⑥　株式交付の効力発生（774条の11第1項・2項）

⑦　事後開示（816条の10）

株式交付計画に定めるべき事項は，株式交付子会社の商号および住所，株式交付親会社が株式交付に際して譲り受ける株式交付子会社の株式の数の下限，株式交付の対価に関する事項，申込期日，効力発生日などである。株式の割当ては，株式交付親会社に譲り渡す株式交付子会社の株式の数に応じて交付することを内容とするものでなければならない。株式交付制度にも対価の柔軟化が認められているが，株式交付親会社の株式は必ず交付されなければならない（774条の3第1項3号）。そして，対価の一部として金銭等，たとえば株式交付親会社の親会社の株式を使用することができる（同項5号）。株式交付親会社の株式が交付されなければならないのは，株式交付制度が，会社法199条1項の募集によらずに株式を交付することができる制度として組み立てられているからである。金銭等の交付については，債権者の異議手続を経なければならない場合がある（816条の8）。

株式交付計画は，株式交付計画で定められた効力発生日の前日までに，株式交付親会社の株主総会の特別決議によって承認されなければならない（816条の3。簡易手続の場合を除く。816条の4第1項）。また，株式交付親会社の反対株主には，株式交付親会社に対し，株式を公正な価格で買い取ることを求めることができる株式買取請求権が与えられている（816条の6）。株式交付制度は，株式交付子会社の株主に対して株式の譲渡の機会を提供するものであり，株式交換の場合のように，株式の譲渡を強制するものではなく，株式交付子会社の株主として残る自由を保障している。それゆえ，株式交付子会社では株主総会による承認決議は必要なく，また株式買取請求権も法定されていない。

開示制度について，株式交付親会社は，株式交付計画の内容に関する書面等を備え置き，株主および債権者の閲覧等に供しなければならない（816条の2）。また，株式交付親会社は，効力発生日後遅滞なく，株式交付親会社が譲り受けた株式交付子会社の株式の数などの事項に関する書面を備え置き，株主および会社債権者の閲覧等に供しなければならない（816条の10）。

3　株式交付の差止めと無効

株式交付には差止制度が法定されている（816条の5）。株式交付が法令または定款に違反する場合で，株式交付親会社の株主が不利益を受けるおそれがあるときは，株式交付親会社の株主は，株式交付をやめることを請求することができる。

また，他の組織行為と同様に，株式交付の無効は訴えをもってのみ主張することができる（828条1項13号）。提訴期間は株式交付の効力が生じた日から6か月以内である。提訴権者は，株式交付親会社に株式を譲り渡した株式交付子会社の株主等，株式交付の効力が生じた日において株式交付親会社の株主等であった者または株式交付親会社の株主等，破産管財人もしくは株式交付について承認しなかった債権者である（同条2項13号）。

事業譲渡・譲受け

設例 7-3

設例 7-1 において，A株式会社はB株式会社との間で，B社の食料品販売事業の譲受けを目的とする事業譲渡契約を結ぶことにした。A社・B社はそれぞれどのような手続を行わなければならないか。

1 総　　説

会社法は，企業組織の再編について，第5編の合併，会社分割，株式交換・株式移転，株式交付のほかに，第2編第7章467条以下において，事業の譲渡等の定めを置き，「事業譲渡等」の契約を行う場合，株主総会の特別決議による承認を要するとしている（467条1項・309条2項11号）。いずれの行為も株主の利害に重大な影響を及ぼすからである。また，重要な業務執行に該当するので，取締役会設置会社ではあらかじめ取締役会で決定しておく必要がある（362条4項1号）。

事業譲渡等をする場合，反対株主には株式買取請求権が付与される（469条）。また，合併の場合と同様に，略式事業譲渡等（468条1項），簡易事業譲渡等（468条2項）が認められている。

事業の全部の譲渡は会社分割と同じく，事業の承継を目的とする行為であるが，会社分割が事業を包括的に承継させる組織法上の行為であるのに対して，事業譲渡は，個々の事業財産の移転行為（特定承継）を行うことを要する取引法上の行為であり，事業関係の権利移転手続が会社分割よりも煩雑である。

2 事業譲渡等の手続

1　株主総会による承認　株式会社が次の①～⑥の事業譲渡等を行う場合は，原則として株主総会の特別決議による承認を必要とする（467条1項・309条2項11号）。①事業の全部の譲渡（467条1項1号），すなわち，すべての事業を譲渡する場合[2)]。②事業の重要な一部の譲渡を行う場合（同条1項2号）。例外とし

2）株主総会の特別決議を要する「事業譲渡」の意義については，学説が分かれる。判例は，①一定の事業目的のために組織化され，有機的一体として機能する財産（得意先関係等の事実関係も含む）の全部または一部を譲渡し，それにより，②譲渡会社がその財産によって営んでいた事業的活動の全部または重要な一部を譲受人に受け継がせ，③譲渡会社がその限度に応じて法律上当然に旧商法25条（会社法21条）の定める競業避止義務を負う結果を伴うもの，としている（最大判昭40・9・22民集19・6・1600〔百選82・商法百選15・START UP 38〕）。これが通説であるが，株主に対する影響の面から，上記①の要件のみで株主総会決議を要すると解する学説も有力である。

て，譲渡の対象となる資産の帳簿価額が譲渡会社の総資産額の5分の1を超えない場合は，株主総会決議は不要である。株主に重大な影響を及ぼさないと評価されるからである。③その子会社の株式または持分の全部または一部を譲渡する場合。子会社の株式の譲渡は，経済的には子会社自体の譲渡に等しい行為であり，株主に重大な影響をもたらすからである。ただし，譲渡する株式の帳簿価額が資産総額の5分の1を超えかつ，それによって子会社の議決権の過半数を失う場合に限られている（同条1項2号の2）。④他の会社の事業の全部の譲受けをする場合（同条1項3号）。⑤事業の全部の賃貸，事業の全部の経営の委任等の契約の締結等を行う場合（同条1項4号），そして，⑥いわゆる**事後設立** ことば に該当する取引をする場合である（同条1項5号）。

設例7-2は，B社の事業全部の譲受けではないので，A社で株主総会手続は不要であるが，重要財産の譲受けにあたり取締役会決議を要する（362条4項1号）。これに対して，B社は，譲渡する事業が「重要な一部の譲渡」に該当すれば，株主総会の決議を要する。また事前に取締役会の決議も必要である。仮に，吸収分割が選択された場合，簡易分割・略式分割に該当しない限り，いずれの会社でも株主総会の決議が必要となる。

2　譲渡会社の債権者・債務者の保護　事業譲渡等は，取引法上の行為であり，合併のような組織法上の行為における債権者異議手続は規定されていない。ただし，会社法21条～24条に事業を譲渡し，または譲り受けた会社の責任に関する規定がある。

コラム7-2

会社の基礎の変更

会社の基礎の変更（fundamental changes）とは，株主の重大な利益にかかわり，株主総会の特別決議が要求されている次のような法律行為を一般に指している。すなわち，①定款の変更（466条），②会社法第5編の組織再編行為（組織変更，合併，会社分割，株式交換・株式移転，株式交付），③事業譲渡等（467条）の各事項である。

ことば **事後設立**　設立の手続（25条以下）によって成立した株式会社が，成立後2年以内に，成立前から存在する財産で会社の事業のために継続して使用するものを取得する行為である（たとえば，工場用地の購入）。もしこのような取得行為を会社の設立手続中に行うとすれば，財産引受けとして変態設立事項の規制を受ける（28条・33条）。事後設立に株主総会の特別決議が必要とされているのは，この規制の潜脱を防ぐためである。

定款の変更は明治23年制定の旧商法から存在し，合併は明治32年商法制定時に設けられ，事業譲渡等や組織変更は昭和13年に規定が設けられた。株式交換・株式移転は平成11年に，会社分割は平成12年に創設された。

株主の地位強化の面から，組織再編等については，株式買取請求権が昭和25年に，法令・定款違反の組織再編行為に対する株主の差止請求権制度が平成26年に導入された。

今後，会社の基礎の変更といえる法律行為の類型の整理と株主の一層の保護が必要とされる。

第7節　キャッシュ・アウト

設例 7-4

中小企業A社の社長Xは事業をY社に承継させることを計画しているが，Y社はA社のすべての株式の取得を条件としている。Xが保有するA社株式は議決権ベースで90%であるが，残りの株主は株式の譲渡を拒んでいる。Xがとりうる手段にはどのようなものがあるか。

1　キャッシュ・アウトとは何か

キャッシュ・アウトとは，会社経営の支配権を有している支配株主または多数派株主の意思に基づいて，少数株主の意思に関わりなく，金銭を対価として強制的に少数株主を会社から退出させることである。支配株主たる経営側にとっては，長期的な視野に立った柔軟な経営の獲得，意思決定の迅速化，株主管理コストの削減が可能となる。それに対して，少数株主にとっては，①自己の意思に反して会社からの締出しを強制されること，②対価の不公正，③提供される情報の不十分性，などの不利益が発生し得る。

キャッシュ・アウトの方法として，会社法は，保有する株式の議決権の割合が90%以上であるか否かで，手続上大きな違いを持たせている。議決権ベースで90%以上の株式を有している場合，**特別支配株主**として株主総会を経ることなく，少数株主に対して株式の売渡請求が可能となる（179条）。90%未満の場合には，キャッシュ・アウトを目的として，全部取得条項付種類株式（171条），株式併合（180条以下）または金銭を対価とする組織再編（たとえば749条1項2号ホ）を利用すれば，株主の締出しが可能となるが，いずれも原則として株主総会の特別決議を必要とする。**設例7-4**の場合，Xは特別支配株主として，他の株主に対し売渡請求権を行使して株式を取得すれば，Y社が求めている条件を満たすことができる。

コラム7-3

中小企業の事業承継問題

中小企業庁によると，60歳以上の法人企業経営者の30%（個人事業者では70%）が廃業を予定し，そのうち後継者難を理由とするものが28.6%を占めているとされる。廃業によって，雇用や技術の喪失が生じるため，中小企業の事業承継問題はわが国にとって解決の急がれる問題となっている。現在，商工会議所，金融機関，弁護士・税理士などの専門家や同業種組合が事業承継のためのネットワークを形成し，サポートしている。用いられる手法の中核をなすのがM&A（事業再編）による事業承継である（経済産業省「『事業承継ガイドライン』について」（平成28年12月5日・中小企業庁）参照）。

[2] 特別支配株主の株式売渡請求権

1 特別支配株主の株式売渡請求制度とは何か 会社法は，株式会社の総株主の議決権の10分の9以上を直接または間接に保有する株主を「特別支配株主」として，10%以下の株式を保有する他の株主全員に対する株式の売渡請求権を認めている（179条1項）。株式売渡請求にかかる株式を発行している株式会社を「対象会社」という。対価は現金であり，これによって特別支配株主以外の株主は，対象会社から締め出される。この制度は，平成26年会社法改正に伴い導入されたものである。株主総会決議を必要としないため，迅速にキャッシュ・アウトを行うことが可能となっている。また，特別支配株主は，株式の売渡請求に併せて新株予約権や新株予約権付社債についても売渡請求をすることができる（同条2項・3項）。これは，キャッシュ・アウトを実効あらしめるためである。

2 株式売渡請求の手続 株式売渡請求の手続は次のとおりである。①特別支配株主は，株式を売り渡す株主に対して売渡株式の対価として交付する金銭の額またはその算定方法，売渡株主に対する金銭の割当てに関する事項，特別支配株主が売渡株式を取得する日（取得日）など決定しなければならない（179条の2第1項）。新株予約権および新株予約権付社債を売渡請求の対象とする場合も同様である。次に，②特別支配株主は，対象会社に対し，①の事項を通知し，その承認を受けなければならない（179条の3）。また，③対象会社は，②の承認をしたときは，取得日の20日前までに売渡株主に対して，承認した旨および①の事項を通知しなければならない（179条の4）。そして，④対象会社は，株式売渡請求に関する書面等を本店に備え置き，かつ売渡株主等からの閲覧，謄本・抄本の交付等の請求に応じなければならない（179条の5）。⑤対象会社の承認を受けた後は，特別支配株主による売渡請求の撤回は，取得日の前日までに対象会社の承諾を得た場合に限られる（179条の6）。

3　売渡株主（少数株主）の保護　**(1)　対象会社の承認における取締役の義務**　特別支配株主による株式売渡請求の制度においては，上記のように，対象会社の承認が必要である。その承認の決定機関は，対象会社が取締役会設置会社の場合は取締役会である（179条の3第3項）。取締役会設置会社でない場合は，取締役であると考えられる。このように取締役会・取締役に承認の決定を委ねるのは，売渡株主（少数株主）の利益を保護するために，①キャッシュ・アウトの条件が適正か，②特別支配株主に対価の支払能力があるか等を取締役（会）に判断させるためである。

取締役と会社の間の法律関係は委任であり（330条），取締役が委任関係に基づいて義務を負っているのは会社に対してである。それにもかかわらず，少数株主の利益保護のために義務を尽くさなければならない理由は何に求められるだろうか。株式売渡請求制度は，対象会社の議決権の90%以上を有する特別支配株主が，10%以下の株式しか持たない少数株主に対する株式売渡請求をする場合に，対象会社の承認を介在させることで，取締役が善管注意義務を尽くして株主共同の利益を図り，少数株主の保護を実現しようとする。取締役（会）の承認はこのような制度の趣旨から導かれると考えられる。

(2)　売渡株主の株式売渡差止請求権　特別支配株主による株式売渡請求には差止請求制度が設けられている（179条の7）。その理由は，特別支配株主が，対象会社の株主総会決議を経ることなく，株式の売渡しを請求できるため，少数株主である売渡株主は，株主総会決議の取消しの訴え（831条）によっては保護されないからである。

コラム 7-4

TOB とキャッシュ・アウト

子会社を完全子会社にすることによって，親会社の経営陣は長期的視野に立った柔軟な経営の実現を図ろうとする。上場子会社の場合，その手段としてまずとられるのが，TOB（株式公開買付け）である。しかし，TOB に成功したとしても残存する株主から株式のさらなる買取り（第 2 段階）の手続を要する。親会社が取得した株式の保有（議決権）比率が 90%未満であるならば，株式を全部取得条項付種類株式に変更して，残存株主をキャッシュ・アウトすることになるだろう。この場合，定款変更と会社による株式取得のための 2 度の株主総会特別決議を要する。親会社が取得した株式の保有比率が 90%以上であれば，株主総会を開催することなく，特別支配株主の株式売渡請求制度により，残存株主の株式を取得することが可能となる。制度導入後 6 か月間で，この制度を利用することを開示した件数が 9 件，キャッシュ・アウトが実施された例が 5 件あったとの報告がある（十市崇・江本康能「特別支配株主の株式等売渡請求の実務上の留意点」商事 2083 号 4 頁（2015）参照）

3　その他のキャッシュ・アウトと株主保護

1　全部取得条項付種類株式を利用したキャッシュ・アウト　キャッシュ・アウトは，全部取得条項付種類株式の全部取得によっても行うことができる。たとえば，買収者が対象会社の発行済株式 100 万株のうち 80 万株を取得している場合，対象会社において，①定款変更をして 2 種以上の株式を発行する旨を定め，次に，②発行済株式すべてを全部取得条項付種類株式とする旨の定款変更を行い，最後に，③全部取得条項付種類株式を取得する株主総会決議を行い（171 条・309 条 2 項 3 号），取得対価（171 条 1 項 1 号・2 号）として「全部取得条項付種類株式 20 万株に対して，他の種類の株式 1 株を割り当てる」ものとすれば，対象会社の買収者以外の株主の有する株式は，すべて 1 株未満の端数となる。そこで，端数処理の手続に従い，会社が端数の合計にあたる株式を，（非上場会社の場合は裁判所の許可を得て）買収者に売却し（234 条 2 項），売却金を買収者以外の株主に交付すれば，キャッシュ・アウトを実現できる。ただし，株主総会の特別決議を要し，また不当な締出しにあたる場合は，決議の瑕疵

図表7-8　キャッシュ・アウトにおける株主保護制度の比較

	株式買取請求権	価格決定請求	差止請求	取消し・無効請求
株式併合の利用	あり（182の4）	あり（182の5）	あり（182の3）	あり（831・830）
全部取得条項付種類株式の利用	あり（116条1項2号）	あり（172）	あり（171の3）	あり（831・830）
現金対価型組織再編	あり（785等）	あり（786等）	原則あり（784の2等）	あり（831・828）
株式等売渡請求	なし	あり（179の8）	あり（179の7）	あり（846の2）

第一東京弁護士会総合法律研究所会社法研究部会『Q&A平成26年改正会社法』137-138頁（新日本法規出版，2014）の図表を参考に作成した。

（831条1項3号）を帯びる（キャッシュ・アウトにおける株式の「公正な価格」が争われた事例として，最決平28・7・1民集70・6・1445〔百選86〕）。

2　株式併合を利用したキャッシュ・アウト　株式の併合（180条）は，投資単位調整の手段として用いられるが，併合の割合の分母を大きくすることにより，キャッシュ・アウトの手段としても用いることができる。たとえば，買収者が公開買付けにより，対象会社の発行済株式100万株のうち80万株を取得したとしよう。残りの20万株は，公開買付けに応じなかった相当数の一般株主が保有しているとする。この場合，対象会社において，20万株を1株とする株式の併合を行えば，対象会社の売買者以外の株式の保有する株式は，すべて1株未満の端数になる。そこで，端数処理の手続（235条）により，会社が端数の合計数に相当する株式を，（非上場会社の場合は裁判所の許可を得て）買収者に売却し，売却代金を買収者以外の株主に交付すれば，キャッシュ・アウトを実現できる。ただし，株式の併合は，株式総会の特別決議を要し，また不当な締出しにあたる場合は，決議の瑕疵（831条1項3号）を帯びる。

3　金銭を対価とする組織再編　組織再編における対価の柔軟化の一環として，合併や株式交換において現金を対価とすることが可能である（たとえば749条1項2号ホ。本章第2節[2]2参照）。これにより，株主は現金と引換えに会社から締め出されることになる。

第8節 親子会社（グループ会社）法制

わが国の会社法は，親子会社という概念を用いて，いわゆる「グループ会社」を把握している。会社法は，対象企業を株式会社に限定せず，また経営を支配しているか否かという実質基準により「子会社」「親会社」を定義している（2条3号・4号，会施規3条）。さらに，発行済株式のすべてを親会社に保有されている会社を「完全子会社」，子会社の発行済株式のすべてを保有する会社を「完全親会社」という（株式交換によって創設される親子会社は，特に「株式交換完全親会社」「株式交換完全子会社」という（767条・768条））。

会社法は，組織再編法制によってグループ会社の形成を容易にしてきたが，グループ会社形成後の利害関係者の利益調整については十分な配慮をしているとはいえない。

1　グループ会社の典型的形態とメリット・デメリット

上場会社で形成されているグループ会社の典型的形態と，そのメリット・デメリットは次のようなものであろう。

1　グループ会社の典型的形態　　グループ会社は，持株会社[3)]を頂点に，完全子会社である複数の事業会社が連なり，さらに各事業会社に子会社（持株会社にとっては孫会社）が連なり，それが何層にも及んでいる。文字どおりグループ会社は持株会社を頂点に多くの会社が傘下に加わる形態を構成している。

2　グループ会社のメリット　　グループ会社のメリットは，グループとして活動することで経済的効率性が確保されること，持株会社を作ることで意思決定が迅速になるとともに，持株会社がグループ会社全体を管理運営することで，一層効率性が増すことにある。

3　グループ会社のデメリット　　グループ会社のデメリットは，グループの利益が優先され，場合によっては個々の子会社の利益が害される可能性があ

3）持株会社のうち，事業を行うものを事業持株会社，事業を行わず子会社の管理運営を目的とするものを純粋持株会社という。持株会社が，子会社のすべての株式を保有する完全親会社の形を選択するかどうかは経営政策であるが，一般に少数株主がいないほうが経営管理の自由度は高まる。

ることである。すなわち，子会社の少数株主や債権者の利益が害される局面が生まれやすいが，これについて会社法の対応は十分ではない。

このようなデメリットが生ずる理由は，子会社の取締役の選任・解任権が支配株主である親会社にあることで，子会社の経営者（取締役）は，子会社の利益ではなく，親会社の利益を優先して経営する傾向があることに求めることができる。

2　現行法の対応

現行法では，グループ会社の利害関係者の利益調整のため，次のような対応がなされている。

1　子会社の財産状況の調査　親子会社の形成によって生じる問題について，会社法は，親会社の監査役，監査（等）委員会，会計監査人，会計参与および検査役に対して，その職務を行うにつき必要があるとき，たとえば親会社が子会社を利用して粉飾決算などを行うことを防止または発見することを目的として，子会社に対して事業の報告を求め，または子会社の業務および財産の状況を調査する権限を認めている（381条3項など）。

2　子会社の少数株主保護　子会社の少数株主保護について，会社法は直接の規定をもたないので，個別規定の類推適用によって行うことになる。たとえば，支配株主である親会社と子会社との取引の内容が，株主の権利行使に関する子会社からの利益供与にあたる場合は，120条の適用が考えられる。また，支配株主である親会社が，子会社の株主総会で議決権を行使した結果，子会社の株主にとって著しく不当な決議が成立した場合には，株主総会決議の取消しの訴えの原因となる（831条1項3号）。

3　子会社の債権者保護　子会社の債権者保護についても会社法はいまだ十分な規定をもたない。裁判例では，下級審ではあるが，親子会社関係において法人格否認の法理が適用されたものがある[4)]。

4）仙台地判昭45・3・26判時588・38は，親会社が子会社の業務財産を一般に支配しうるに足りる株式を保有するとともに，親会社が子会社を企業活動の面において統一的に支配している場合であって，債権者が子会社に対する関係で消極的に因果の関係で債権者となった受動的な立場（自ら積極的に子会社との取引を選択した能動的債権者と区別される）にあるときには，親会社はその受動的債権者に対して責任を負うとしている（第1章第2節3参照）。

4 親会社株主の保護　株式交換制度などを通じて完全親子会社関係が形成され，親会社が子会社に対する統括・管理のみを行う純粋持株会社となったときは，完全親会社の株主の利益はその会社が出資している子会社の業績，そして完全子会社の取締役の業務執行に大いに左右されることになる。ここに完全親会社の株主の利益を保護する必要性が生まれる。

これについて会社法は，親会社が純粋持株会社になった場合のみを念頭に置いているわけではないが，親会社株主を保護すべく，親会社株主に子会社のさまざまな書類の閲覧・謄写請求権を認めている。親会社の社員（親会社の株主・社員をいう。31条3項かっこ書）は，その権利を行使するために必要があるときは，裁判所の許可を得て，子会社の株主名簿（125条4項・5項），新株予約権原簿（252条4項・5項），株主総会議事録（318条5項），取締役会議事録（371条5項・6項），委員会議事録（399条の11第3項4項・413条4項5項），会計帳簿（433条3項・4項），計算書類（378条3項・442条4項），社債原簿（684条4項・5項）の閲覧・謄写を求めることができる[5)]。

また，平成26年改正会社法は，多重代表訴訟制度を導入し，一定の要件の下で，完全親会社の株主が，子会社の役員の責任を追及できることとした（第4章第3節3参照）。

5 親子会社間の株式保有の規制　会社法は，子会社を用いた親会社経営者の支配権維持の防止について，子会社による親会社株式の取得を原則として禁止している（135条1項）。また，株式相互保有規制の観点から，議決権の4分の1以上を保有された会社による議決権行使は認められないとしている（308条1項本文かっこ書）。それゆえ，子会社が例外的に親会社の株式を有することとなっても（135条2項），その議決権行使は認められない（第3章第2節4参照）。

5）このほかに，連結計算書類の作成の義務づけ（444条3項），親会社・子会社間の取引の開示等（会社計算98条1項15号・112条，会施規128条3項）がある。

第8章 設立・解散

会社の設立が，会社という法人を成立させる手続であるのに対して，解散・清算は会社の法人格を消滅させる手続である。本章では，株式会社について，設立中の基本的法律関係，設立手続を遂行する役割を担っている発起人の責任，会社の財産形成過程で仮装払込みを防止するための法規制，さらに，会社の解散事由，清算の手続などをみてみよう。

第1節 総　説

1 設立とは

会社の設立は会社という団体を形成し（実体の形成），一定の手続を経て会社が権利義務の主体として企業活動を行うことができる法律上の資格（法人格）を取得することである。株式会社は，設立登記をすることによって成立する（49条）。

会社の成立に関し，現行法では，法律上で定められた一定の要件を充足する手続が履行されたときは当然に会社の成立が認められる（**準則主義**）。株式会社の設立には，会社の財産形成を確実にするための厳格な法規制が定められている。

1　会社の実体形成　会社を設立するには，まず会社の実体たる社団を形成し，次いでこの社団につき法人格が付与されなければならない。会社の実体としての社団を形成するためには，①団体の運営に関する根本規則である定款を作成し，②団体の構成員（社員・株主）を確定し，③その構成員の出資により団体の基本財産を確保し，④団体の活動を実現するための機関を具備しなければならない。このような会社の実体が法定の厳格な手続にしたがって段階的に形成されたとき，設立登記によって法人格が当然に付与され，会社は成立する（49条・579条）。

2　法人格の付与　法人格の付与については，法定の手続が履行されたときには，国が法人格を付与する準則主義が採用されている（⇒**コラム 8-1**）。法定の手続が履行されたか否かは，書面審査の限度で，商業登記所の登記官によって審査され（商登24条7号8号・47条2項参照），問題がなければ会社設立の登記がなされる。

コラム8-1

準則主義

会社法は，株式会社の設立につき，法定の設立手続にしたがえば，当然に会社の成立（法人格の付与）を認める。これを準則主義という。設立に関する法制度の歴史は，特許主義（会社ごとに君主の命令または国家の立法により設立の特権を与える主義），免許主義（会社設立に関する一般法規に服するほか，会社ごとに行政官庁の実質的審査により設立を認可する主義）を経て，今日では一般に準則主義がとられている。

2　設立中の基本的法律関係

1　発起人　株式会社の設立は，設立企画者たる発起人によって行われる。会社法上の発起人とは，形式的に定款に発起人として署名もしくは記名押印した者，または定款を電磁的記録によって作成した場合には発起人として電子署名した者をいう（26条1項・2項）。実質的に会社の設立を企画し尽力しても，定款に署名等をしない者は発起人ではない。ただし，擬似発起人としての責任を負う場合がある（103条4項）。また，発起人の員数制限はなく，1人でも足りる。株式会社の設立に際し，各発起人は少なくとも1株以上を引き受けなければならない（25条2項）。

2　設立中の会社　株式会社は，発起人により社団としての実体が形成され，設立登記により法人として成立する。そこでは，設立登記以前に，すでに会社成立過程の段階において，会社の実体たる社団の形成が認められるのであり，これを「設立中の会社」という[1)]。設立中の会社は会社設立を目的とする権利能力なき社団であり，発起人は，その執行機関として設立事務を行う。この設立中の会社が成長発展して会社になるので，設立中の会社と成立後の会社は実質的に同一である。したがって，設立中の会社のすべての法律関係は，原則として，当然にそのまま成立後の会社の法律関係となる。設立中の会社の概

1）設立中の会社が誕生する時点は，発起人が定款を作成し公証人の認証を受け，かつ各発起人が1株以上の株式を引き受けたときである（多数説。発起人が1人である原始的一人会社についても同様である）。

念を用いて法律上の権利義務の帰属関係を団体法的に巧みに説明するこの考え方を同一性説という。

3　発起人組合と事業行為　会社の設立過程では，発起人が複数の場合には，発起人間に（実際に明示の合意がなくても）発起人組合という民法上の組合関係が存在すると解されている。

発起人が，会社の事業に属する行為のような権限の範囲外の行為を行ったが，当該行為を発起人組合がその目的の範囲内に含めている場合には，その効力は発起人組合に帰属すると解されている（最判昭35・12・9民集14・13・2994〔百選A1〕）。

第2節　設立の手続

設例 8-1

Aさんは知人のBさんとカフェ・レストランを経営する株式会社を設立したいと考えているが，会社を設立するために，Aさんたちがしなければならないことについて考えてみよう。

株式会社の設立方法には，会社が設立に際して発行する株式（設立時発行株式）の全部を発起人だけで引き受けて設立する**発起設立**（25条1項1号）と，その一部を発起人が引き受け（1株でもよい），残りの株式については発起人以外から引き受ける者を募集して設立する**募集設立**（同項2号）とがある。しかし，今日では大規模な株式会社を設立する場合であっても，広く公衆からの投資を募る募集設立はほとんど行われない（⇒**コラム 8-2**）。このほかに既存の会社が新設合併・新設分割・株式移転を行うことによっても，株式会社を設立することができるが，これらの場合については25条以下の設立の規定のほとんどが適用を除外されている（814条）。株式会社設立の流れは**図表 8-1** のとおりとなる。

図表 8-1　株式会社設立の流れ

コラム 8-2

発起設立と募集設立の併存とその選択利用

平成2年までは，発起設立の方法によるときは常に裁判所が選任する検査役の検査を受けなければならなかったため，発起設立はほとんど利用されなかった。平成2年改正法はこの検査手続を廃止したため，今日では発起設立による方法が一般化した。

会社法の立法過程においては，募集設立を廃止し，発起設立に一本化する案も検討されたが，発起設立の方法しかないということになれば，すべての出資者が設立当初から発起人としての重い責任を負うことになるため，これを避けるべく，募集設立廃止案は見送られた。

1　定款の作成

発起設立・募集設立のいずれの場合も，まず，会社の定款を作成すること（26条1項）から始まる。定款とは会社の組織と活動に関する根本規則（実質的意義の定款）であるとともに，そのような規則を記載した書面または電磁的記録（形式的意義の定款）を意味する（巻末資料3参照）。

定款は公証人の認証を受けなければならない（30条1項）。これは，定款の内容を明確にして，後日の紛争を防止するためである。公証人の認証を受ける対象となる定款を「**原始定款**」と呼ぶことがある。

定款に記載される事項には，絶対的記載事項，相対的記載事項および任意的記載事項の区分がある（図表8-2）。

1　絶対的記載事項　　定款に必ず記載しなければならない事項を絶対的記載事項といい，その規定を欠くと定款が無効になる。絶対的記載事項は，①会社の目的，②商号，③本店の所在地，④設立に際して出資される財産の価額またはその最低額，⑤発起人の氏名・名称および住所（以上，27条1号～5号），⑥発行可能株式総数（37条）である。

上記の①～⑤は，定款の認証時に必要である（30条1項参照）。これに対して，⑥の発行可能株式総数は，会社成立時までに発起人全員の同意で定めることが

図表 8-2　定款記載事項の分類

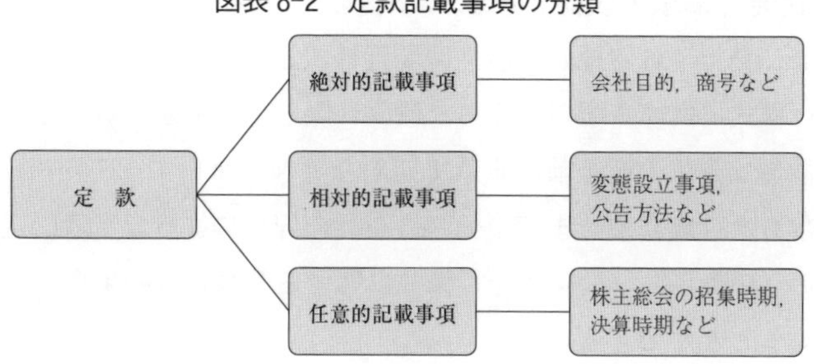

認められ，原始定款で定めた場合も発起人全員の同意で変更できる（37条1項・2項）。

2　相対的記載事項　定款に記載することは必要でないが，定款で定めないとその事項の効力が認められない事項を相対的記載事項という。相対的記載事項に関する規定は，28条各号（本節[5]参照）のほか会社法の全体に散らばっている。たとえば公告の方法は，相対的記載事項である（⇒**コラム8-3**）。

3　任意的記載事項　上記1，2以外の事項で，会社法の規定に違反しない事項を定款に規定することができる（29条）。そのような規定は定款外で定めても効力はあるが，定款に定めた場合は，変更に定款変更の手続が必要になる効果がある。

コラム 8-3

公告方法

公告は，会社が株主や債権者にある事柄を広く知らせることが必要となる場合に用いられる。公告の方法には，①官報に掲載する方法，②新聞（時事に関する事項を掲載する日刊新聞）に掲載する方法，③電子公告の3種類があり，いずれの方法を用いるかを定款で定めることができる（939条1項）。定款に定めを置かない会社では，①が公告方法となる（同条4項）。①の官報は，②の新聞に比べて掲載費用がかなり安いといわれる。③の電子公告は，法務省電子公告システム（http://e-koukoku.moj.go.jp/）から閲覧することができる。

電子公告の場合，それが適法に行われたことを事後に訴訟等で証明することに困難が生じやすいため，電子公告を行おうとする会社は，専門の調査機関に対し，公告期間中，公告の内容である情報が適法な状態に置かれているか否かにつき調査を行うよう求めなければならない（電子公告調査。941条）。

②　株式発行事項の決定と株式の引受け

設立の際に発行される株式を設立時発行株式という（25条1項1号かっこ書）。設立時発行株式に関する事項のうち，設立に際して出資される財産の価額またはその最低額は定款の認証前に定款で定めなければならず（27条4号），発行可能株式総数も会社成立の時までに発起人全員の同意によって定款に定めなければならない（37条1項）。設立時発行株式に関するそれ以外の事項は，定款によらずに定めることができる。

1　発起設立の場合　発起設立の場合，設立時発行株式は，発起人がその全部を引き受ける。引受けの時期は，定款作成と同時である必要はなく，その前でも後でもよい。発起人による株式の引受け ことば の方式には，特段の法律上の規制はない。

2　募集設立の場合　(1)　**発起人の引受け**　募集設立の場合，まず設立時発行株式の一部を発起人が引き受け，残りの株式については，発起人が引き受ける者を募集し（25条1項2号・同条2項・57条1項），払込金額を払い込ませたうえで（63条），創立総会を招集しなければならない（65条）。

(2)　**株主の募集**　募集に応じて設立時発行株式の引受けの申込みをした者に対して割り当てられる設立時株式を設立時募集株式という（58条1項柱書かっこ書）。発起人は，募集に対して申込み（設立時募集株式の引受けの申込み）をしようとする者に一定の事項を通知しなければならない（59条1項）。発起人は，申込者の中から設立時募集株式の割当てを受ける者を定め，その者に割り当てる設立時募集株式の数を定め，申込者に通知する（60条）。申込みと割当てにより設立時募集株式の引受けが確定する（62条）。

③　出資の履行

発起人は，株式の引受け後，遅滞なく，その引き受けた設立時発行株式につき全額を払い込み，現物出資（金銭以外の財産の出資）の場合には出資にかかる

ことば **株式の引受け**　出資を行って株主となることを（設立中の）会社に約束することをいう。発起設立の場合には，定款の作成時またはその後に行われる株式発行事項の決定（32条1項）により引受けが定まる。募集設立の場合には，発起人による「募集」に対して，株主になろうとする者が「申込み」を行い，発起人がこの者に「割当て」を行うことによって「引受け」が確定する。

財産の全部を給付しなければならない（34条1項）。設立時募集株式の引受人は，設立時募集株式の払込金額の全額を払い込む（63条1項）。金銭の出資の場合は「払込み」，現物出資の場合は「給付」といい，両者を合わせて「出資の履行」と呼ぶ。

金銭の払込みは，発起人が定めた払込取扱機関（銀行・信託会社および会施規7条に定められた金融機関）の払込取扱場所においてしなければならない（34条2項・63条1項）。

募集設立の場合の払込みについては，払込取扱機関が払込金の保管証明義務を負う（64条1項）。株式会社の設立の登記を申請するには，「払込みがあつたことを証する書面」が必要となる（商登47条2項5号）。募集設立では，払込取扱金融機関が発行した株式払込金保管証明書を添付するが，発起設立では，払込取扱金融機関の口座に払込みが行われたことが確認できる預金通帳の写し等を添付すれば足りるとされている[2)]。

4　設立時役員等の選任

会社の設立に際して取締役となる者を「設立時取締役」という（38条1項かっこ書）。発起設立の場合は，出資の履行が完了した後，遅滞なく，設立時取締役およびその他の役員等を選任しなければならない（38条・39条）。募集設立の場合は，創立総会で設立時取締役等を選任する（88～90条・39条）。

取締役会設置会社（指名委員会等設置会社を除く）の場合は，設立時取締役の中から設立時代表取締役を選定しなければならない（47条1項）。

5　発起人の権限

設例 8-2

Ａ株式会社設立のため，発起人であるＢは「Ａ株式会社発起人代表Ｂ」の名義で次の行為を行った。Ａ社の成立後，Ｃ，Ｄ，ＥはＡ社に対して代金等の支払を請求することができるか。

2）平成17年会社法で発起設立の場合は保管証明制度が廃止された。

①　A社の定款について，公証人であるCに認証をしてもらったが，認証手数料が未払である。
②　A会社の成立を条件として，成立後のA社のオフィスとして使用する予定の建物の売買契約を不動産会社Dと締結した（代金は3000万円）。
③　駐車場運営会社Eと，成立後のA社が使用する予定のオフィス周辺の月極駐車場を賃貸借する契約を締結した（賃料は1か月あたり15万円）。

設立中の会社のために発起人が行うことが想定される行為は，①設立を直接の目的とする行為，②設立のために必要な行為，③財産引受けと開業準備行為，④事業行為の4つに分けられる。

発起人が設立を直接の目的とする行為をする権限があることは争いがなく，設立に必要な行為をする権限があることまでは一般に認められている。他方，設立後の会社の事業に属する行為をする権限がないことも争いがないが，成立後の事業の準備行為（開業準備行為）をする権限があるか否かについては争いがある。

会社法28条は，上記①②③に含まれる行為のうち，現物出資，財産引受け，発起人の報酬・特別利益，設立費用につき，これらが会社財産の形成を妨げるおそれが大きいことに鑑み，定款への記載を要求している。これらの事項を**変態設立事項**という。変態設立事項は，原則として裁判所が選任する検査役の調査を受けなければならない（33条）[3)]。

1　現物出資　現物出資とは，金銭以外の財産による出資をいう。出資の目的物としては，動産・不動産・債権・有価証券・知的財産権などが考えられる。現物出資を行うには，現物出資者の氏名（名称），出資の目的たる財産，その価額，その者に対して割り当てる株式の数を定款に記載することが必要とされる（28条1号）。記載された価額の相当性は，設立時取締役・設立時監査役の調査の対象となる（46条1項1号）。

現物出資を行うには，さらに検査役調査が原則として必要となる[4)]（例外について，**コラム8-4**）。発起人は，公証人による定款の認証の後遅滞なく，裁判所

3）実務では検査役の調査にかかる費用や手続の長期化が敬遠され，変態設立事項が用いられることは極めて少ない。
4）現物出資において目的物を過大に評価して不当に多くの株式が与えられると，金銭出資をした他の株主との間で不公平となることや，会社債権者を害するおそれがあることに備えた規制である。

に検査役の選任を申し立てなければならない（33条1項）。選任された検査役（実務では弁護士が選任されることが多い）は，調査の結果を書面等により裁判所に報告する（同条2項・4項）。

現物出資は発起人しか行うことができない（63条1項と34条1項を対比）。

コラム8-4

検査役調査の例外

33条10項各号に掲げる場合は，例外として検査役調査が不要となる。具体的には，①現物出資および財産引受けの目的財産の定款記載の価額の総額が500万円を超えない場合，②当該財産が市場価格のある有価証券であって，定款記載の価額が市場価格を超えない場合，③現物出資が相当であることについて，弁護士・公認会計士・税理士等の証明を受けた場合（目的財産が不動産であるときは，不動産鑑定士の鑑定評価も必要）である。

2　財産引受けと開業準備行為　(1)　財産引受け（28条2号）とは，発起人が会社のため，会社の成立を条件として特定の財産を譲り受ける契約をいう。財産引受けを行うには，財産の種類ごとにその価額，譲渡人の氏名を定款に記載しなければならず（28条2号），さらに原則として検査役調査（33条）が必要である。通常の売買契約であるが，現物出資と同じ弊害のおそれがあるため，規制されている（会社成立後も，成立後2年までの期間は，一定規模の財産の譲受けに対して株主総会の特別決議による承認を要求する規制がある（事後設立。467条1項5号））。

設例8-2の②は，財産引受けにあたる。そのため，会社が譲り受ける財産の内容と売買金額を定款に記載することが必要である。また，33条10項1号・2号の例外に該当しないため，検査役の調査を受けるか，価額の相当性につき弁護士等の証明を受けることが必要となる。

(2)　会社が成立後すぐに事業を行えるようにするための，原材料の仕入れや，製品の販売ルートの確立などの行為を開業準備行為という。会社法には開業準備行為についての定めがない。このため，開業準備行為について，財産引受けに関する規定を類推適用すべきかが争われている。学説には財産引受けは開業準備行為の一種であり，財産引受けに関する規定は開業準備行為に類推適用されるという主張がある。しかし，判例は財産引受けに関する28条・33条をそれ以外の開業準備行為に類推適用しない立場に立つ（最判昭38・12・24民集17・12・1744〔傍論〕）。類推適用説に対しては，財産引受け以外の場合につき，検査役が取引の相当性を調査・判断できるのかという疑問がある（江頭77頁）。

3　発起人の報酬等　発起人が受ける報酬その他の特別の利益（28条3号）とは，発起人が成立後の会社から受ける利益のうち金額が確定しているもの，および個々の発起人に人的に帰属する利益である。利益の内容およびそれを受ける発起人の氏名（名称）を定款に記載しなければならない。

4　設立費用　設立費用（28条4号）とは，会社の設立事務を行うために必要な費用をいう。定款認証手数料，印紙税，払込取扱機関に支払う手数料・報酬，検査役の報酬，設立登記の登録免許税（28条4号かっこ書，会施規5条）と，その他の設立費用に区別される。前者の各費用は，定款に記載されていなくても，発起人は成立後の会社の負担で支出することができる。

これに対して，それ以外の設立費用は，定款にその額を記載することが必要である（28条4号）。個別の取引内容の記載は不要であるが，総額（上限額）を定款に記載し，検査役の調査（33条）を受けなければならない。設立費用の総額が定款の記載額を超えた場合は，成立した会社，発起人，取引の相手方の間の法律関係が問題となる。

設例8-2では，①は設立に必要な行為であるが，定款記載は不要であり（28条4号かっこ書），Cは成立後のA社に認証手数料を請求できる（なお認証手数料の額は公証人手数料令35条により5万円と定められている）。②は財産引受けにあたり，③は開業準備行為に該当する。

第3節　設立登記

1　登記の手続

株式会社は，その本店の所在地（定款の絶対的記載事項。27条3号）において設立の登記をすることによって成立する（49条）。

設立の登記は，代表取締役（指名委員会等設置会社においては代表執行役）が，所定の期間内（911条1項・2項）に登記申請書に所定の添付書類を添えて申請する（商登47条1項・2項）。登記官は，添付書類によって設立の手続が法に従って行われたかを審査する。

2 登記事項

登記される事項は会社法911条3項に定められている。たとえば，会社の資本金の額や発行済株式の種類と数，取締役の氏名，代表取締役の氏名・住所，機関設計，公告方法などである。手数料を納付すればだれでも登記簿に記録されている事項を証明した書面の交付を受けることができる（商登10条）。商業登記所のほか，インターネットの登記情報提供サービス[5)]を利用して，会社の登記情報を手に入れることもできる。

3 登記の効果

設立の登記によって株式会社が成立することは（49条），設立中の会社がこれによって法人格を取得することを意味する。

そして，設立登記によって，それまでに設立中の会社に生じた法律関係は成立した会社に帰属し，出資を履行した設立時株主（65条1項かっこ書）は株主となり（50条1項・102条2項），発起人は任務を終え，設立時取締役など（38条1項かっこ書・同条3項各号のかっこ書）がそれぞれ取締役などになって，会社は事業活動を開始する。

会社の成立により，錯誤・詐欺・強迫を理由とする株式引受けの取消しは主張できなくなる（51条2項。募集設立においては，設立時募集株式の引受人は，創立総会において議決権を行使した後は，この主張ができなくなる（102条6項））。

設立関与者の責任

1 総　　説

会社の設立手続中に不正な行為が行われると関係者は多大な不利益を受ける

5）https://www1.touki.or.jp/

おそれがある。このため，設立に関する違法行為や不正行為について，会社法は発起人などに対して罰則（960条1項など）や過料（976条など）の定めを置き，その抑止を図っている。

また，設立に関与した発起人等の民事責任が規定されており，株主代表訴訟による責任追及が認められている（847条）。

2　財産価額の塡補責任

会社設立時の現物出資・財産引受けの目的財産の価額が定款に定めた価額に著しく不足するときは，発起人および設立時取締役は，会社に対して，連帯して，その不足額を支払う義務を負う（過失責任。52条1項）。ただし，発起設立の場合には，①検査役の調査を経たとき，または，②当該発起人・設立時取締役が無過失を証明したときは，これらの者は責任を免れる（ただし，現物出資者・財産引受けの財産の譲渡人である発起人は，①②の場合にも責任を免れることができない。同条2項）。この責任を免除するには，総株主の同意が必要である（55条）。募集設立の場合には，②の無過失の証明による免責は認められていない（103条1項）。自衛能力が十分でない設立時募集株式の引受人を，特に保護するためである。

現物出資・財産引受けにあたって検査役調査が免除され，専門家による証明・鑑定評価がなされた場合には，証明・鑑定評価をした者も発起人等と連帯して財産価額の塡補責任を負う。ただし，無過失を立証した場合にはこの責任を免れる（52条3項）。

3　仮装の出資履行についての責任

出資の履行の仮装とは，実質的には出資の履行といえないが，その外観を作出する行為をいう。払込みの仮装の代表例が預合いと見せ金である（⇒**コラム8-5**）。もっとも，民事上はこれらの概念は厳密に定義されたものではない。

株式引受人が出資の履行を仮装した場合には，会社に対し所定の額の金銭を支払う責任を負う（52条の2第1項・102条の2第1項）。出資の履行の仮装に関与した発起人・設立時取締役も同額の金銭の支払責任を負うが，注意を怠らなかったことを証明すれば責任を免れる（52条の2第2項・103条2項）。両者の責任は連帯債務である。株式引受人・関与した発起人・設立時取締役の対会社責任は，総株主の同意がなければ免除できない（55条・102条の2第2項・103条3項）。

出資の履行が仮装されると，以上のほかにも，設立無効事由となったり，刑事責任が生じたりするといった問題が生じ得る。

コラム 8-5

払込みの仮装――預合いと見せ金

発起人が払込取扱機関の役職員（支店長等）と通謀して，払込取扱機関から借入れをしてそれを払込みに充てるが，借入れを返済するまでは預金を引き出さないことを約束する（＝不返還の合意）行為を預合いという。預合いは通常，現金の移動がなく，帳簿上で資金がやりとりされる。

発起人が払込取扱機関以外の者から借り入れた金銭を株式の払込みに充て，会社の成立後にそれを引き出して借入金の返済に充てることを見せ金という（最判昭38・12・6民集17・12・1633〔百選7・START UP 39〕）。

仮装の払込みについては，①株式引受人の出資義務が残っているか，②他の発起人（新株発行の場合は取締役）の民事責任，③その他の関与者（預合いの場合の払込取扱機関）の民事責任，④株式発行の有効性，などの問題が生じる。平成17年改正前商法は，このうち，②につき発起人・取締役の引受け・払込担保責任（無過失責任）を，③につき払込取扱機関が不返還の合意を主張できないこと（＝成立後の会社に出資金の返還義務を負うこと）を規定していたが，平成26年改正会社法は，①②につき規定を置いた（52条の2第1項・2項）。

仮装の払込みについては，刑事罰も問題となる。965条は，株式の発行にかかる払込みを仮装するという目的で預合いを行った者と，預合いに応じた者を罰する（法定刑は5年以下の懲役もしくは500万円以下の罰金またはその併科）。

4　会社・第三者に対する責任

発起人・設立時取締役・設立時監査役は，その任務懈怠によって会社に生じた損害を賠償する責任を負う（53条1項）。この責任は，総株主の同意がなければ免除することができない（55条）。

また，これらの者は，職務を行うについて悪意・重過失によって第三者（会社以外の者）に生じた損害を賠償する責任を負う（53条2項）。

これらは，会社成立後に役員等が会社・第三者に対して賠償責任を負う旨の規定（423条・429条）に相当するものである（第4章第3節参照）。責任を負う発起人等が複数いるときは，連帯責任となる（54条）。

5　擬似発起人の責任

定款に発起人として署名していない者は，発起人ではない。しかし，募集設立においては，募集の広告その他募集に関する書面に創立委員などとして自己の氏名，および会社の設立を賛助する旨を記載することを承諾した者（擬似発起人）は，発起人ではないが，発起人とみなして発起人と同様の責任を負う旨が定められている（103条4項）。禁反言または外観法理に基づき，発起人らしい外観を信頼した者の保護を図ろうとするものである。

第5節　設立の無効

設例 8-3

設立登記によって成立したIT関係のA株式会社は，設立直後にB株式会社とIT業務システムの設計・開発の契約を締結し，取引関係を持った。しかし，その後A社の設立手続に不備があることを知ったB社は，A社の設立無効を主張できるだろうか。

1　会社設立の無効

1　設立無効の訴えとは　株式会社が設立登記により成立しても，設立の手続などに不備（瑕疵）が存在している場合は，設立の効力を認めるべきではない。しかし，いったん有効に成立したものを無効とすると会社をめぐる法律関係が混乱し，いつでもだれでもこれを主張できるならば，法的安定性も害される。そこで，会社法は，一定の原告適格を持つ者だけが，設立無効の訴えという訴訟の形式によってのみ，一定の期間（提訴期間）に限り，設立の無効を主張できることにしている。

2　提訴期間・提訴権者・認容判決の効力　設立無効の訴えは，設立登記から2年以内に（828条1項1号），株主等（同条2項1号）[6]だけが提起することができる。提訴権者に会社債権者（設立中の会社と取引した者など）は含まれていない。債権者の保護は発起人の対第三者責任（53条2項）によって図られる。

6）株主等は，株主，取締役，監査役，執行役，清算人を指す。

設立を無効とする判決が確定すると，その判決の効力は民事訴訟の一般原則（民訴115条1項）とは異なり，第三者に対しても及ぶ（対世効。838条）。会社を中心とする多数の法律関係を画一的に確定するためである。

無効判決の効力は将来に向かってのみ生じる（839条）。すでに会社・株主および第三者の間に生じた法律関係は影響を受けない。無効判決が確定すると，会社の清算手続が開始され（475条2号），その手続の中で利害関係者の救済が図られる。

3　無効事由　設立無効の訴えがいかなる場合に認容されるか（無効事由・無効原因）は，会社法の規定では明らかにされておらず，解釈によって定まることになる。

設立が無効となるのは，設立手続に重大な瑕疵がある場合に限られる。具体的には，①定款の絶対的記載事項が欠けているか，重大な瑕疵がある場合，②設立時発行株式を1株も引き受けない発起人がいる場合，③公証人による定款の認証がない場合，④株式発行事項につき発起人全員の同意（32条）がない場合，⑤設立に際して出資される財産の価額（の最低額）として定款に定められた金額（27条4号）に相当する出資がなされていない場合，⑥募集設立において創立総会が適法に開催されていない場合，⑦設立登記が無資格者の申請に基づくなどの理由で無効である場合などが，無効事由の例としてあげられる。

出資の履行が仮装された場合に，仮装した株式引受人および関与した発起人・設立時取締役は会社に支払責任を負うが（52条の2第1項2項・102条の2・103条2項），口頭弁論終結時までにこの義務が履行されない場合には，株式引受人間の公平や会社財産の確保が大幅に害されていると推認されるので，たとえ定款記載の出資財産の最低額に相当する出資がなされている場合であっても，設立は無効と解すべきであろう。

2　会社の不成立

会社の設立が途中で挫折し，設立の登記にまで至らないことを会社の不成立という。この場合には，すでに履行された払込金の返還，設立手続に支出した費用の負担などの後始末の問題が生じる。

会社が不成立となった場合には，発起人は連帯して，株式会社の設立に関してした行為について責任を負う（56条）。この責任は無過失責任である。したがって，発起人は設立時募集株式の引受人に対して，払込金の返還について責任を負う。また，定款の認証手数料など会社の設立に関して支出した費用は，発起人の負担となる（同条）。

3　会社の不存在

会社の設立手続の瑕疵がはなはだしく，そのことが外観上も明らかな場合には，訴訟によってのみ設立無効を主張できるとすることが適切といえない場合もある。そのような場合は，「会社は不存在である」とされ，いつでもだれでも会社が存在しないこと，およびそれを前提とする法的主張を行うことができると解されている。もっとも，法律関係の安定性のために会社の不存在が認められる場合は極めて限定される（江頭119頁）。

第6節　解散・清算

1　総　　説

株式会社の解散とは会社の法人格の消滅をもたらす原因となる事実（471条各号）をいう。解散に続いて行われる債権の取立て，債務の弁済および株主への残余財産の分配など，法律関係の後始末をする手続を清算という。会社の法人格は，解散によって直ちに消滅するのではなく，解散後に行われる清算・破産手続の終了（会社法は「結了」と呼ぶ（476条・929条参照））時に消滅する。解散した会社は，事業の拡大や事業自体を目的とする行為はできず，清算の目的は現在行っている業務を終了させること，つまり，債権の取立てや債務の弁済，残余財産の株主への分配である（481条）。

2　解　　散

1　解散の分類と原因　株式会社の解散は，会社の自主的な意思による任意解散，解散命令や個別の規制法の規定による強制解散，そして休眠会社についてのみなし解散に分類することができる（図表8-3）。

会社法471条は，株式会社の解散事由を次のとおり定めている。①定款で定めた存続期間の満了，②定款で定めた解散の事由の発生，③株主総会の決議(特別決議。309条2項11号)，④合併（消滅会社となる場合)，⑤破産手続の開始決定，⑥解散命令・解散判決。なお，①の期間と②の事由は登記で公示される(911条3項4号)。

以上のうち，①②③⑥による解散の場合には，清算手続が開始する。このうち①②③によって解散したときは，清算結了までは，株主総会特別決議により会社を継続することができる（会社の継続。473条・309条2項11号)。この場合には，会社の継続の登記をしなければならない（927条)。

2　解散命令　裁判所は，公益を確保するため会社の存立を許すことができないと認める一定の場合に，法務大臣または株主，債権者その他の利害関係人の申立てにより，会社の解散を命じることができる（824条1項)。解散命令の対象となる一定の場合は，824条1項各号に列挙されている。

3　解散判決　次の①または②の場合において，やむを得ない事由があるときは，総株主の議決権の10分の1以上の議決権を有する株主，または発行済株式の10分の1以上の数の株式を有する株主は，解散判決を求めて訴えを提起することができる（833条1項)。それが認められるのは，①会社が業務の執行において著しく困難な状況に至り，会社に回復することができない損害が生じているか，生じるおそれがあるとき（東京地判平元・7・18判時1349・148)，または，②会社の財産の管理・処分が著しく失当で，会社の存立を危うくすると

図表8-3　解散の種類

任意解散	定款で定めた存続期間の終了（471条1号）
	定款で定めた解散事由の発生（471条2号）
	株主総会の特別決議（471条3号・309条2項11号）
	合併（吸収合併）（471条4号）
強制解散	破産手続開始の決定（471条5号）
	解散を命ずる裁判（824条1項・833条1項）
	個別の規制法（銀行法，保険業法等）上の解散原因の発生
みなし解散	最終登記日から12年経過している休眠会社（472条）

き，のいずれかである（同項1号・2号）。

4　休眠会社のみなし解散　471条の解散事由とは別に，休眠会社についてみなし解散の制度が設けられている（472条）。

休眠会社とは，株式会社で，当該会社に関してなされた最後の登記があった日から12年を経過したものをいう（同条1項かっこ書）。このような会社について，法務大臣が事業を廃止していないことの届出をするように官報に公告をしたにもかかわらず，その届出がされない場合には，2か月の期間の満了時に解散したものとみなされる（同条1項）。この場合でも，解散したものとみなされた時から3年以内であれば，株主総会決議により会社を継続することができる（473条）。

5　解散会社の組織再編行為　解散した株式会社は，当該会社が存続会社となる吸収合併や，当該会社が承継会社となる吸収分割を行うことができない（474条）。法人格の消滅が予定されている会社にこれらを認めることは，法律関係を複雑にするからである。

6　解散の公示　株式会社が解散したときは，合併，破産，解散を命ずる裁判または休眠会社のみなし解散による場合を除き，代表清算人が，2週間以内にその本店の所在地において解散の登記をしなければならない（926条）。

3　清　　算

株式会社が解散すると，合併または破産の場合を除き，一定のルールに従って清算の手続が開始される（法定清算）。株式会社の実質的所有者である株主は有限責任しか負わないため，会社債権者を保護することがその目的である。

会社法上の清算手続は2種類ある。一つは会社財産で債務を完済できないおそれがなく，裁判所の関与なしに行う通常清算（475条以下）であり，もう一つは清算の結果，会社財産で債務を完済できないおそれがある場合に，裁判所の監督下で行われる特別清算（510条以下）である。

清算中の会社（条文上は「清算株式会社」）は，清算の目的の範囲内において権利能力を有し（476条），清算の結了により法人格が消滅する[7]。

7）例外として，合併による会社の解散は，その後に清算を伴わず，合併の効力発生日に法人格が消滅する。

なお，債務超過の疑いがある株式会社が行う特別清算は，破産，民事再生および会社更生とともに，倒産手続の1つである。

1 清算の開始 会社が解散すると，合併・破産による場合を除き，会社は清算をしなければならない（475条1号）。また，会社の設立や株式移転の無効判決が確定した場合に，会社は清算をしなければならない（会社の設立が遡って無効となるのではなく，将来に向けて清算の手続がとられる。同条2号3号）。

2 清算株式会社の機関 清算株式会社には，株式会社の機関設計に関する326条から328条の規定は適用されない（477条7項）。代わって，477条以下の特別なルールが適用される。

清算株式会社には，1人または複数の清算人を置かなければならない（477条1項）。取締役が清算人に就任するのが原則である（478条1項1号）。清算人となる者がいない場合には，利害関係人の請求により，裁判所が清算人を選任する（同条2項）。

清算株式会社は定款の定めによって，清算人会（取締役会に相当），監査役，監査役会を置くことができる（477条2項）。会計参与・会計監査人・指名委員会等・監査等委員会を置くことはできない。

3 清算手続 **(1) 清算人の職務** 清算人は，解散の時点で継続中の事務を完了させ，取引関係を終了させる（現務の結了）。その他，清算人は，債権の取立て・債務の弁済，残余財産の分配を行う（481条）。

清算人会を設置する会社とそうでない会社とでは，業務執行の決定方法および業務執行の権限が異なる。清算人会設置会社では，業務執行の決定は清算人会により，業務の執行は代表清算人・選定業務執行清算人により，それぞれ行われ（489条2項・6項・7項），清算人会を設置しない会社では，前者は清算人の過半数により，後者は清算人により行われるのが原則である（482条1項～3項）。

清算人の地位・権利義務は，取締役のそれとほぼ同様である（同条4項および491条が，取締役に関する多くの規定を準用している。また483条～490条を参照）。

(2) 会社財産の調査 清算人会設置会社では代表清算人・選定業務執行清算人が，清算人会非設置会社では清算人が，その就任後遅滞なく，清算株式会社の財産の現況を調査し，清算株式会社となった日における財産目録・貸借対照表を作成しなければならない（492条1項）。

清算人は，作成された財産目録・貸借対照表を株主総会に提出し，その承認を受けなければならない（同条3項）。

(3)　**債務の弁済**　　清算株式会社は，清算の開始原因が生じた後，遅滞なく，債権者に対し，一定の期間内（2か月以上でなければならない）にその債権を申し出るべき旨を官報に公告し，かつ，知れている債権者には個別にこれを催告しなければならない（499条1項）。

(4)　**残余財産の分配**　　株主に対する残余財産の分配は，会社の債務を弁済した後でなければ行うことができない。ただし，その存否・額につき争いがある債務については，その弁済に必要と認められる財産を留保して残余財産の分配を行うことができる（502条）。

残余財産の分配は各株主の有する株式数に応じてなされる（504条3項。ただし，残余財産の分配について内容の異なる種類株式につき，同条2項）。会社財産を換価して金銭を交付する方法の他，金銭以外の現物を交付する方法によることもできるが（同条1項1号参照），この場合株主には，現物に代えて金銭を交付することを清算株式会社に対して請求する権利（金銭分配請求権）が与えられる（505条）。

清算株式会社は，剰余金の配当を行うことはできず，また，自己株式の取得も無償で取得する場合などを除いて行うことができない（509条）。

(5)　**決算報告の作成・承認**　　清算株式会社は，清算事務が終了したときは，遅滞なく決算報告を作成して，株主総会の承認を受けなければならない（507条1項・3項）。承認があれば，任務懈怠があった場合に清算人が会社に対して負う賠償責任（486条）は免除されたものとみなされる（ただし，職務執行に関し不正の行為があった場合を除く。507条4項）。

(6)　**清算の結了と登記**　　清算事務が終了し，決算報告が株主総会により承認されると，清算は結了し，会社の法人格は消滅する。清算株式会社は，決算報告を承認する株主総会の日から2週間以内に清算結了の登記をしなければならない（929条1号）。この登記は，設立の登記とは異なり，創設的効力を持つものではなく，すでに効力が生じている法人格の消滅を公示するものである。

(7)　**帳簿資料の保存**　　清算人会設置会社の代表清算人・選定業務執行清算人および清算人会非設置会社の清算人は，清算結了の登記の時から10年間，清算株式会社の帳簿および重要な資料を保存しなければならない（508条1項）。

4　特別清算　　特別清算は実質的に破産等と並ぶ倒産処理方法の一種である。特別清算の申立権者は株主・債権者・清算人・監査役であるが，清算株式会社の財産で会社の債務を弁済できない疑いがある場合には，清算人が裁判所に特別清算を申し立てなければならない（511条）。特別清算は裁判所が開始命令を出すことによって開始する（510条）。

特別清算手続の特徴は，会社の意思によって就任した清算人が手続を行うこと，清算人の権限は制約され一定額以上の財産の処分行為等には裁判所の許可が必要になることである（535条1項・536条1項・896条）。清算人は，債務の減免や弁済期限の猶予などの弁済内容について協定案を債権者集会に提出することができ（563条），出席債権者の過半数，かつ，債権額の3分の2以上の賛成で協定が成立するが，裁判所の認可が必要である（567条～570条）。裁判所は，協定が成立する見込みがない場合，協定が成立したが実行の見込みがない場合，または特別清算の利用が債権者の一般の利益に反する場合において，清算株式会社に破産手続開始の原因になる事実があると認めるときは，職権で破産手続の開始を決定しなければならない（574条1項）。なお，特別清算開始後，協定が否決されたとき，および協定の不認可の決定が確定したときは，裁判所は職権で破産手続の開始を決定することができる（同条2項）。

第9章 持分会社・組織変更

この章ではまず，持分会社を構成する合名会社，合資会社，合同会社のそれぞれの特徴について解説する。次に，株式会社から持分会社へ，または，持分会社から株式会社への組織変更の手続について解説するとともに，組織変更に伴う債権者保護手続と組織変更無効の訴えについて説明する。

第1節 持 分 会 社

会社法上の会社には，株式会社，**合名会社**，**合資会社**，**合同会社**がある（2条1号）。これらのうち，合名会社，合資会社，合同会社を総称して**持分会社**という（575条1項）。会社法は，株式会社と持分会社を別々に規定し，持分会社については合名会社，合資会社，合同会社に共通の規律を定め，さらに，合同会社については合同会社の計算等に関する特則（625～636条）を，合資会社については定款のみなし変更特則（639条）を定めている。なお，持分会社の持分とは，民法における共有持分を意味するのではなく，株式のように均一に細分化されていない，包括的かつ単一の出資による社員の地位のことをいう。

平成17年商法改正により有限会社が株式会社に統合され，有限会社制度は廃止されたが，特例として改正前から存在していた有限会社に限り，「会社法の施行に伴う関係法律の整備等に関する法律」に基づき，株式会社か特例有限会社のいずれかを選択できることになった。特例有限会社を選択した場合は，引き続き「有限会社」の商号を使用できるとともに，決算公告が不要とされるなど，従来の有限会社法と同様の規律に服する。

1 持分会社の特徴

所有と経営が一致している持分会社を，株式会社と比較した場合の特徴として，次の点をあげることができる。①原則として各社員に業務執行権があること（590条1項）。②社員は任意に退社することができる一方で（606条1項），持分の譲渡には，原則として他の全社員の承諾が必要とされ，厳しく制限されていること（585条1項）。③定款変更その他の会社のあり方に関する決定は原則として総社員の同意により行われること（637条等）。④設立時に公証人の定款認証が不要であること（30条1項参照）。⑤定款自治の範囲が広く，利益分配の割合などの社員権も，出資割合によらず属人的に自由に定めることが可能であること。⑥役員の任期の定めがないことから役員改選に伴う変更登記が不要であること。⑦大会社の場合であっても会計監査人を設置する義務がないこと。⑧現物出資等を行う場合でも定款に変態設立事項の記載は不要であり，検査役の調査も不要であること。⑨決算公告が不要（618条1項参照）であること。

2　合 名 会 社

合名会社は，直接無限連帯責任を負う**無限責任社員**（580条1項）だけで構成される会社であり，社員になろうとする者（1名でも可）が定款を作成し（575条・576条1項2項），設立登記をすれば成立する（579条・912条）。社員の直接無限連帯責任とは，会社が会社債権者に対し会社の資産で債務の弁済ができなくなった場合，各社員が連帯して，直接に，社員の個人資産から弁済しなければならないという責任である。また，合名会社には資本金の制度がなく，社員の出資は，金銭に限らず，信用・労務や現物出資も認められており（576条1項6号），会社設立時の出資の履行も義務づけられていない。

3　合 資 会 社

合資会社は，上記の無限責任社員と，**有限責任社員**（576条3項・580条2項）とで構成される会社であり，無限責任社員と有限責任社員になろうとする者が定款を作成し（575条・576条1項3項），設立登記をすれば成立する（579条・913条）。合資会社における社員の有限責任とは，出資の価額の範囲内に限定されているが，会社債権者に対して直接，出資額（すでに会社に対して履行した出資額を除く）を限度とした弁済の責任を負うことをいう（580条2項）。無限責任社員の出資については合名会社の場合と同じであるが，有限責任社員の出資は金銭等に限られる（576条1項6号かっこ書）。有限責任社員も原則として業務執行権限を有し，業務決定については社員の過半数で行う（590条2項）。業務執行社員を定款で定めた場合には，業務執行社員の過半数で業務の決定を行う（591条1項）。また，業務を執行しない有限責任社員が持分を譲渡する場合は，他の社員全員ではなく業務執行社員全員の承諾があればできる（585条2項）。なお，合資会社は最低2種類の社員が必要なので，社員がいずれか1種類のみとなったときには，合名会社（無限責任社員のみとなった場合）または合同会社（有限責任社員のみとなった場合）となる定款の変更をしたものとみなされる（639条）。

4　合同会社

合同会社とは，会社が債務を弁済できない場合に，出資額を限度として会社に対し間接的に責任を負うだけでよいとされる間接有限責任社員だけで構成される持分会社である。平成17年会社法により設けられた新たな種類の会社である。社員になろうとする者（1名でも可）が定款を作成し（575条・576条1項4項），設立登記をすれば成立する（579条・914条）。合同会社は，持分会社に属するものの，会社債権者にとって会社財産のみが取引の担保となっていることから，会社債権者保護のため，株式会社と同等かそれに準ずる計算等の特則が定められている（625〜636条）。そのため，合同会社の社員になろうとする者は，出資に際して設立登記までに金銭の全額を払い込むか，または金銭以外の財産の全部を給付しなければならない（578条）。

コラム9-1

有限責任事業組合と合同会社

有限責任事業組合は，平成17年に制定された「有限責任事業組合契約に関する法律」により利用可能となった新しい事業形態である。同法の制定にあたっては，イギリスのLLP（Limited Liability Partnership）を参考にしたとされており，そのため，日本版LLPあるいは単にLLPと呼ばれる。このLLPは，①構成員全員が有限責任で，②損益や権限の分配を自由に決めることができるなど内部自治が徹底し，③構成員課税（パス・スルー課税）の適用を受けるという3つの特徴を有している。

これを合同会社と比較すると，①と②は共通の特徴である。しかし，合同会社と異なりLLPは法人格を有しないため，LLPに対して法人税は課税されず，③の構成員に対して課税される点が，合同会社にはない特徴である。また，合同会社は法人格の同一性を維持したまま組織変更ができるが，LLPは，他の事業形態に移行するためには，いったん解散しなければならない。

第2節 組 織 変 更

設例 9-1

Ａ合資会社は，さらなる事業の拡大を目指し，多様な資金調達方法を利用できる株式会社へと，会社形態を変更しようとしている。そのためには，どのような手続が必要となるだろうか。

1 組織変更の意義と手続

組織変更とは，会社がその法人格の同一性を保ちながら，他の種類の会社になることである。会社法上，株式会社から持分会社へ（2条26号イ），または，持分会社から株式会社へ（同号ロ）の組織変更がある。合名会社から合資会社への変更など持分会社間の変更は，持分会社の種類の変更に過ぎないため，組織変更ではなく，定款変更により行うことができる（637条・638条）。

株式会社から合名会社に組織変更すると，株主は有限責任社員から無限責任社員になることになり，株主が重大な不利益を被るおそれがある。また，合名会社から株式会社に組織変更すると，無限責任社員が存在しなくなることになり，会社債権者が重大な不利益を被るおそれがある。そのため，株式会社の組織変更については総株主の同意（776条1項）が，持分会社の組織変更については総社員の同意（781条1項）が必要となる。さらに，いずれの会社においても，債権者保護（債権者異議）手続を行わなければならない（779条1項・781条2項）。

2 債権者保護（債権者異議）手続

組織変更する会社の債権者は，会社に対し，組織変更について異議を述べることができる（779条1項・781条2項）。そのために，会社は，組織変更計画を開示して，債権者の閲覧に供するとともに，所定の事項および1か月以上の期間を設けて債権者が異議を述べることができる旨を官報に公告し，かつ，知れている債権者には各別に催告しなければならない（779条2項・781条2項）。ただし，株式会社と合同会社が，官報に加えて，定款の定めに従い日刊新聞紙または電子公告の方法によっても公告を行う場合は，各別の催告の必要はない（779条3項・781条2項）。期間内に異議を述べた債権者に対して，会社は，組織変更が債権者に損害を与えるおそれがない場合を除き，弁済または相当の担保を提供する等の債権者を保護する措置をとらなければならない。期間内に異議を述べなかった債権者は，組織変更を承認したものとみなされる（779条4項5項・781条2項）。

3　組織変更の無効

組織変更の手続に瑕疵がある場合，その無効は，効力発生日（744条1項9号・745条1項・746条1項9号・747条1項）から6か月以内に，提訴権者（新旧株主，新旧社員，破産管財人，組織変更について承認をしなかった債権者）のみが，組織変更無効の訴えを提起することによって主張することができる（828条1項6号・2項6号）。無効原因について明文の定めはないが，組織変更計画に重大な法令違反がある，組織変更計画についての総株主（総社員）の同意がない，債権者保護（債権者異議）手続がとられていないなど，重大な手続上の瑕疵が無効原因にあたると解されている。組織変更無効判決が確定した場合，その組織変更は，将来に向かって効力を失う（判決の遡及効の制限。839条）。また，確定した組織変更無効判決は，第三者に対しても効力を有する（対世効。838条）。

以上をふまえて**設例9-1**について考えてみると，合資会社から株式会社への組織変更には，①組織変更計画の作成，②総社員の同意，③債権者保護（債権者異議）手続が必要となる。そして，手続完了後，組織変更計画において効力発生日と定められた日に，組織変更の効力が発生し，A合資会社は株式会社になる。

[資料１]

株主総会招集通知モデル

（出所：全国株懇連合会）

（証券コード ○○○○）
○年○月○日

株主各位

東京都○○区△△○丁目○○番○○号
○ ○ ○ ○ 株 式 会 社
取締役社長 ○ ○ ○ ○

第○回定時株主総会招集ご通知

拝啓　平素は格別のご高配を賜り，厚くお礼申しあげます。

さて，当社第○回定時株主総会を下記のとおり開催いたしますので，ご出席くださいますようご通知申しあげます。

なお，当日ご出席願えない場合は，以下のいずれかの方法によって議決権を行使することができますので，お手数ながら後記の株主総会参考書類をご検討のうえ，○年○月○日（○曜日）午後○時までに議決権を行使してくださいますようお願い申しあげます。

[郵送による議決権行使の場合]

同封の議決権行使書用紙に議案に対する賛否をご表示のうえ，上記の行使期限までに到着するようご返送ください。

[インターネットによる議決権の行使の場合]

当社指定の議決権行使ウェブサイト（http://www.○○○○）にアクセスしていただき，同封の議決権行使書用紙に表示された「議決権行使コード」および「パスワード」をご利用のうえ，画面の案内にしたがって，議案に対する賛否をご入力ください。

インターネットによる議決権行使に際しましては，○頁の「インターネットによる議決権行使のご案内」をご確認くださいますようお願い申しあげます。

なお，議決権行使書面とインターネットによる方法と重複して議決権を行使された場合は，インターネットによる議決権行使を有効なものといたします。

敬　具

記

1．日時　　○年○月○日（○曜日）　午前 10 時
2．場所　　東京都○○区△△○丁目○○番○○号
　　　　　　当社本店
3．目的事項
　報告事項　1．第○期（○年○月○日から○年○月○日まで）事業報告の内容，連結計算書類の内容ならびに会計監査人および監査役会の連結計算書類監査結果報告の件
　　　　　　2．第○期（○年○月○日から○年○月○日まで）計算書類の内容報告の件
　決議事項
　（会社提案）
　第 1 号議案　　定款一部変更の件
　第 2 号議案　　取締役○名選任の件
　第 3 号議案　　監査役○名選任の件
　第 4 号議案　　補欠監査役○名選任の件
　第 5 号議案　　会計監査人選任の件
　第 6 号議案　　取締役の報酬額改定の件
　（株主提案）
　第 7 号議案　　取締役○名選任の件
　第 8 号議案　　取締役○○○○解任の件

4．招集にあたっての決定事項
　当社は，株主総会招集通知書とその添付書類ならびに株主総会参考書類をインターネット上の当社ウェブサイト（http://www.○○○○）に掲載しておりますので，法令ならびに当社定款第○条の規定に基づき，本招集通知には，以下の事項は記載しておりません。従いまして，本招集通知の添付書類は，監査役が監査報告の作成に際して監査をした事業報告，連結計算書類および計算書類ならびに会計監査人が会計監査報告の作成に際して監査をした連結計算書類および計算書類の一部であります。

〈以下省略〉

以　上

◎当日ご出席の際は，お手数ながら同封の議決権行使書用紙を会場受付にご提出くださいますようお願い申しあげます。

◎株主総会参考書類ならびに事業報告，計算書類および連結計算書類に修正が生じた場合は，インターネット上の当社ウェブサイト（http://www.○○○○）に掲載させていただきます。

インターネットによる議決権行使のご案内

〈以下省略〉

[資料２]

議決権行使書面モデル

（出所：全国株懇連合会）

議 決 権 行 使 書

○○○○株式会社 御中

私は，○年○月○日開催の貴社第○回定時株主総会（継続会または延会を含む）の各議決につき，右記（賛否を○印で表示）のとおり議決権を行使いたします。

○年　月　日

各議案について賛否の表示がない場合は，「賛」の表示があったものとして取り扱います。　○○○○株式会社

株主氏名 等

株主番号	議決権の数　個
xxxxxxx	ｘｘｘｘ

（単元株式数　100）

記

議　案	原案に対する賛否		
第１号議案	賛		否
第２号議案	賛	候補者のうちを除く	否
第３号議案	賛		否

ＸＸＸＸ

切り取り線

ご参考

基準日（○年○月○日）

現在のご所有株式数 x, xxx, xxx 株

○議決権行使コード

○パスワード

○議決権行使サイト URL

http://www.xxxx.net

［お願い］

１．株主総会に出席の際は，議決権行使書用紙を会場受付にご提出ください。

２．当日株主総会にご出席願えない場合は，以下のいずれかの方法により議決権を行使いただきますようお願い申しあげます。

（１）　議決権行使書に賛否をご表示のうえ，○年○月○日○時までに到着するよう折り返しご送付いただく方法

（２）　上記の URL に掲載された議決権行使サイトにおいて，○年○月○日○時までに議決権を行使していただく方法

３．第２号議案において，候補者のうちの一部の者につき異なる意思を表示される場合は，株主総会参考書類記載のその候補者の番号をご記入ください。

○○○○株式会社

［資料3］

定款モデル（監査役会設置会社）

（出所：全国株懇連合会）

第1章　総則

（商号）
第1条　当会社は，〇〇〇〇株式会社と称し，英文では，〇〇〇〇と表示する。

（目的）
第2条　当会社は，次の事業を営むことを目的とする。
（1）　・・・・・・
（2）　・・・・・・
（3）　・・・・・・
（4）　前各号に付帯関連する一切の事業

（本店の所在地）
第3条　当会社は，本店を東京都〇〇区に置く。

（機関）
第4条　当会社は，株主総会および取締役のほか，次の機関を置く。
（1）　取締役会
（2）　監査役
（3）　監査役会
（4）　会計監査人

（公告方法）
第5条　当会社の公告方法は，電子公告とする。ただし，事故その他やむを得ない事由によって電子公告による公告をすることができない場合は，〇〇新聞に掲載して行う。

第2章　株式

（発行可能株式総数）
第6条　当会社の発行可能株式総数は，〇〇〇万株とする。

（単元株式数）
第7条　当会社の単元株式数は，100株とする。

（単元未満株式についての権利）
第8条　当会社の株主は，その有する単元未満株式について，次に掲げる権利以外の権利を行使することができない。
（1）　会社法第189条第2項各号に掲げる権利
（2）　会社法第166条第1項の規定による請求をする権利
（3）　株主の有する株式数に応じて募集株式の割当ておよび募集新株予約権の割当てを受ける権利

（4） 次条に定める請求をする権利

（単元未満株式の買増し）

第9条　当会社の株主は，株式取扱規程に定めるところにより，その有する単元未満株式の数と併せて単元株式数となる数の株式を売り渡すことを請求することができる。

（株主名簿管理人）

第10条　当会社は，株主名簿管理人を置く。

2　株主名簿管理人およびその事務取扱場所は，取締役会の決議によって定め，これを公告する。

3　当会社の株主名簿および新株予約権原簿の作成ならびに備置きその他の株主名簿および新株予約権原簿に関する事務は，これを株主名簿管理人に委託し，当会社においては取り扱わない。

（株式取扱規程）

第11条　当会社の株式に関する取扱いおよび手数料は，法令または本定款のほか，取締役会において定める株式取扱規程による。

第3章　株主総会

（招集）

第12条　当会社の定時株主総会は，毎年6月にこれを招集し，臨時株主総会は，必要あるときに随時これを招集する。

（定時株主総会の基準日）

第13条　当会社の定時株主総会の議決権の基準日は，毎年3月31日とする。

（招集権者および議長）

第14条　株主総会は，取締役社長がこれを招集し，議長となる。

2　取締役社長に事故があるときは，取締役会においてあらかじめ定めた順序に従い，他の取締役が株主総会を招集し，議長となる。

（株主総会参考書類等のインターネット開示とみなし提供）

第15条　当会社は，株主総会の招集に際し，株主総会参考書類，事業報告，計算書類および連結計算書類に記載または表示をすべき事項に係る情報を，法務省令に定めるところに従いインターネットを利用する方法で開示することにより，株主に対して提供したものとみなすことができる。

（決議の方法）

第16条　株主総会の決議は，法令または本定款に別段の定めがある場合を除き，出席した議決権を行使することができる株主の議決権の過半数をもって行う。

2　会社法第309条第2項に定める決議は，議決権を行使することができる株主の議決権の3分の1以上を有する株主が出席し，その議決権の3分の2以上をもって行う。

（議決権の代理行使）

第17条　株主は，当会社の議決権を有する他の株主1名を代理人として，その議決権を行使することができる。

2　株主または代理人は，株主総会ごとに代理権を証明する書面を当会社に提出しなければならない。

第4章　取締役および取締役会

（員数）

第18条　当会社の取締役は，○○名以内とする。

（選任方法）

第19条　取締役は，株主総会において選任する。

2　取締役の選任決議は，議決権を行使することができる株主の議決権の3分の1以上を有する株主が出席し，その議決権の過半数をもって行う。

3　取締役の選任決議は，累積投票によらないものとする。

（任期）

第20条　取締役の任期は，選任後1年以内に終了する事業年度のうち最終のものに関する定時株主総会の終結の時までとする。

（代表取締役および役付取締役）

第21条　取締役会は，その決議によって代表取締役を選定する。

2　取締役会は，その決議によって取締役会長，取締役社長各1名，取締役副社長，専務取締役，常務取締役各若干名を定めることができる。

（取締役会の招集権者および議長）

第22条　取締役会は，法令に別段の定めある場合を除き，取締役会長がこれを招集し，議長となる。

2　取締役会長に欠員または事故があるときは，取締役社長が，取締役社長に事故があるときは，取締役会においてあらかじめ定めた順序に従い，他の取締役が取締役会を招集し，議長となる。

（取締役会の招集通知）

第23条　取締役会の招集通知は，会日の3日前までに各取締役および各監査役に対して発する。ただし，緊急の必要があるときは，この期間を短縮することができる。

2　取締役および監査役の全員の同意があるときは，招集の手続きを経ないで取締役会を開催することができる。

（取締役会の決議の省略）

第24条　当会社は，会社法第370条の要件を充たしたときは，取締役会の決議があったものとみなす。

（取締役会規程）

第25条　取締役会に関する事項は，法令または本定款のほか，取締役会において定める取締役会規程による。

（報酬等）

第26条　取締役の報酬，賞与その他の職務執行の対価として当会社から受ける財産上の利益（以下，「報酬等」という。）は，株主総会の決議によって定める。

（取締役の責任免除）

第27条　当会社は，会社法第426条第1項の規定により，任務を怠ったことによる取締役（取締役であった者を含む。）の損害賠償責任を，法令の限度において，取締役会の決議によって免除することができる。

2　当会社は，会社法第427条第1項の規定により，取締役（業務執行取締役等であるものを除く。）との間に，任務を怠ったことによる損害賠償責任を限定する契約を締結することができる。ただし，当該契約に基づく責任の限度額は，○○万円以上であらかじめ定めた金額または法令が規定する額のいずれか高い額とする。

第5章　監査役および監査役会

（員数）

第28条　当会社の監査役は，○名以内とする。

（選任方法）

第29条　監査役は，株主総会において選任する。

2　監査役の選任決議は，議決権を行使することができる株主の議決権の3分の1以上を有する株主が出席し，その議決権の過半数をもって行う。

（任期）

第30条　監査役の任期は，選任後4年以内に終了する事業年度のうち最終のものに関する定時株主総会の終結の時までとする。

2　任期の満了前に退任した監査役の補欠として選任された監査役の任期は，退任した監査役の任期の満了する時までとする。

（常勤の監査役）

第31条　監査役会は，その決議によって常勤の監査役を選定する。

（監査役会の招集通知）

第32条　監査役会の招集通知は，会日の3日前までに各監査役に対して発する。ただし，緊急の必要があるときは，この期間を短縮することができる。

2　監査役全員の同意があるときは，招集の手続きを経ないで監査役会を開催することができる。

（監査役会規程）

第33条　監査役会に関する事項は，法令または本定款のほか，監査役会において定める監査役会規程による。

（報酬等）

第34条　監査役の報酬等は，株主総会の決議によって定める。

（監査役の責任免除）

第35条　当会社は，会社法第426条第1項の規定により，任務を怠ったことによる監査役（監査役であった者を含む。）の損害賠償責任を，法令の限度において，取締役会の決議によって免除することができる。

2　当会社は，会社法第427条第1項の規定により，監査役との間に，任務を怠ったことによる損害賠償責任を限定する契約を締結することができる。ただし，当該契約に基づく責任の限度額は，○○万円以上であらかじめ定めた金額または法令が規定する額のいずれか高い額とする。

第6章　計算

（事業年度）

第36条　当会社の事業年度は，毎年4月1日から翌年3月31日までの1年とする。

（剰余金の配当等の決定機関）

第37条　当会社は，剰余金の配当等会社法第459条第1項各号に定める事項については，法令に別段の定めのある場合を除き，株主総会の決議によらず取締役会の決議によって定める。

（剰余金の配当の基準日）

第38条　当会社の期末配当の基準日は，毎年3月31日とする。

2　当会社の中間配当の基準日は，毎年9月30日とする。

3　前2項のほか，基準日を定めて剰余金の配当をすることができる。

（配当金の除斥期間）

第39条　配当財産が金銭である場合は，その支払開始の日から満3年を経過してもなお受領されないときは，当会社はその支払義務を免れる。

以　上

[資料4]

役員等の会社に対する責任一覧

	責任の種類	責任を負う者	過失の要否	責任額	責任の全部免除	責任の一部免除
一般責任	任務懈怠責任(423 I)	役員等	過失責任(利益相反取引は過失推定(423 III))	損害額(競業取引は利益額が損害額と推定(423 II))	可能(総株主の同意(424)または訴訟上の和解(850))	可能(425・426・427)
	自己のためにした利益相反取引(428)	取締役 執行役	無過失責任(428 I)	損害額	可能(総株主の同意(424)または訴訟上の和解(850))	不可(428 II)。訴訟上の和解により可能(850)
特別法定責任	利益供与禁止に係る責任(120)	取締役 執行役	過失責任(利益供与者は無過失責任(120 IV))	供与した利益の価額	可能(総株主の同意(120 V)または訴訟上の和解(850))	不可。訴訟上の和解により可能(850)
	財産価額塡補責任(213・286)	取締役 執行役	過失責任(213 II ②・286 II②)	現物出資財産の不足額	総株主の同意に係る規定はない*。訴訟上の和解により可能(850) 現物出資で検査役調査を受けた場合は免責(213 II ①・286 II①)	不可。訴訟上の和解により可能(850)
	出資履行仮装の責任(213の3・286の3)	取締役 執行役	過失責任(213の3 I・286の3 I)	出資履行仮装の全額	総株主の同意に係る規定はない*。訴訟上の和解により可能(850)	不可。訴訟上の和解により可能(850)
	剰余金違法配当の責任(462)	取締役 執行役	過失責任(462 II)	交付した金銭等の帳簿価額に相当する金銭	不可(462 III本文)	不可。分配可能額に限り,総株主の同意(462 IIIただし書)または訴訟上の和解により可能(850)
	違法な株式買取りの責任(464)	取締役 執行役	過失責任(464 I)	分配可能額の超過額	可能(総株主の同意(464 II)または訴訟上の和解(850))	不可。訴訟上の和解により可能(850)
	欠損塡補責任(465)	取締役 執行役	過失責任(465 I)	欠損額(465 I各号に定める額を超過した場合は,当該各号に定める額)	可能(総株主の同意(465 II)または訴訟上の和解(850))	不可。訴訟上の和解により可能(850)

*発起人,設立時取締役の財産価額塡補責任(52条)および出資履行仮装責任(52条の2)については,総株主の同意により全部免除ができる(55条)。

判　例　索　引

◆大　審　院◆

◆最高裁判所◆

◆高等裁判所◆

◆地方裁判所◆

事 項 索 引

あ行

か行

さ行

た行

新・ワンステップ会社法　〈検印省略〉

2021年4月30日　第1版第1刷発行
2022年8月25日　第1版第2刷発行

編著者　鈴木正彦
　　　　田邉真敏

発行者　前田　茂

発行所　嵯峨野書院

〒615-8045　京都市西京区牛ヶ瀬南ノ口町39　電話(075)391-7686　振替01020-8-40694

創栄図書印刷・吉田三誠堂製本所

ISBN978-4-7823-0605-5

会社法概論

國友順市 編著

コンパクトかつ充実した内容で，会社法の基本的な理解と，一通り学んだ後の知識の整理にも役立つ概説書。大学生だけでなく，一般社会人や各種国家試験受験者にとっても会社法の理解を助ける手引書として好適。

A5・並製・304頁・定価（本体2600円＋税）

新社会人へ贈る ビジネス法務

山本忠弘 監修

新社会人が知っておくべきビジネス法務を，弁護士・税理士・司法書士・社会保険労務士が口語調でわかりやすく解説。主人公のイチロー君のサクセスストーリーに沿って学習できる。新社会人や就職前の学生はもちろん，社会人になってもビジネス法務にイマイチ自信のない方へ。

A5・並製・249頁・定価（本体2300円＋税）

ワンステップ民法

宮本健蔵 編著

民法典の全領域を，簡潔に明らかにした概説書。法律問題を身近に感じられるよう，各章の冒頭に法律相談という形で具体的ケースを提示した。権利義務関係の発生から消滅に至るまでの全体像を把握するため，主として契約関係の展開に応じて解説している。

A5・並製・376頁・定価（本体2900円＋税）